Im Spiegel des Todes

Beiträge zu Tod und Sterben aus buddhistischer Sicht

Zusammengestellt von

Alfred Weil

Mit Texten von:

Sogyal Rinpoche, Ekkehard Saß, Fumon S. Nakagawa, Maya Keller-Grimm, Lama Anagarika Govinda, Günter Neumeyer, Rev. M. Daishin Morgan, Georg Grimm/A.H. Leonowens, Jürgen Pilartz, S.N. Goenka, Christine Longaker, Lama Yeshe Tharchin, Chögyam Trungpa Rinpoche, Ajahn Chah, Dean Krasomil, Alfred Weil, Bokar Rinpoche, Geshe Thubten Ngawang, Paul Debes, Kalu Rinpoche, Klaus Heinsch, Anagarika Kassapa, Winfried Kruckenberg, Edgar Thriemer, Shigetsu Sasaki Sokei-an Roshi

Titelbild: Le Miroir de la vie et de la mort, 17. Jahrhundert, Musée Carnavalet, Paris

Deutsche Buddhistische Union e.V.

Herausgeberin: Deutsche Buddhistische Union (DBU) e.V.
Umschlag-Gestaltung und Satz: *Tom Geist*

1. Auflage 1995
ISBN 3-9804620-0-5

Deutsche Buddhistische Union (DBU) • Amalienstr. 71 • 80799 München
Tel. (089) 2 80 10 4 • Fax (089) 28 10 53

INHALT

Wie jedes irdene Gefäss

Alle Wesen sind dem Tode unterworfen, enden im Tode, können dem Tode nicht entgehen.

Wie jedes irdene Gefäß,
Gebildet von des Töpfers Hand,
Ganz einerlei, ob klein, ob groß,
Am Ende doch zerbrechen muß.

Genau so auch sind alle Wesen dem Tode unterworfen, enden im Tode, können dem Tode nicht entgehen.

(Samyutta-Nikaya 3,22, nach Nyanatiloka)

Es gibt ein Ungeborenes

„Es gibt ein Ungeborenes, Ungewordenes, Unerschaffenes, Ungestaltetes. Wenn es dieses Ungeborene, Ungewordene, Unerschaffene, Ungestaltete nicht gäbe, so wäre hier ein Ausweg aus dem Geborenen, Gewordenen, Erschaffenen, Gestalteten nicht zu erkennen. Weil es nun aber ein Ungeborenes, Ungewordenes, Unerschaffenes, Ungestaltetes gibt, deshalb ist ein Ausweg aus dem Geborenen, Gewordenen, Erschaffenen, Gestalteten zu erkennen...

Das Geborene, Gewordene, Entstandene, Geschaffene, Gestaltete, Unbeständige, aus Alter und Tod Gebildete, das Nest des Siechtums, das Gebrechliche, aus dem Strom der Nahrung Entsprungene: es reicht nicht hin, um daran Wohlgefallen zu finden. Der Ausweg aus ihm ist der Friede, das dem Sinnen Unzugängliche, Beständige, die ungeborene, unentstandene Stätte, frei von Kummer und Leidenschaft, die Aufhebung der Leidenserscheinungen, das selige Zurruhekommen der Prozesse."

(Itivuttaka 43, nach Seidenstücker)

Einführung
Tod und Sterben im Buddhismus

Alfred Weil

Unser Leben ist geprägt von einem merkwürdigen Widerspruch. Auf der einen Seite begegnet uns der Tod fast unablässig. Die Massenmedien bringen sein Bild in jedes Wohnzimmer - jeden Tag und in allen erdenklichen Variationen. Oftmals überdeutlich und schonungslos, nicht selten ‹publikumswirksam› und sensationsorientiert. Trotzdem bringt uns das den Tod existentiell in keiner Weise nahe. Ganz im Gegenteil. Es scheint, daß es kaum eine Zivilisation gegeben hat, die dem Sterben und der Sterblichkeit so unwissend und hilflos gegenüberstand wie die unsere. Wir wollen trotz der vielen Informationen über Kriege und Katastrophen, Verbrechen und Unfälle mit tödlichem Ausgang nicht wirklich sehen, nicht hören, nicht darüber nachdenken. Wir wollen mit dem Tod nichts zu tun haben - und können deshalb nicht mit ihm umgehen.

Die Haltung der Religionen und aller tieferen Weltanschauungen ist eine ausdrücklich andere. Leben und Sterben sind für sie untrennbar. Wer leben will, muß sterben können. Wer das Wesen des Lebens begreifen will, muß das Wesen des Todes verstehen. Der Buddha nannte gar Krankheit und Tod als Gründe dafür, daß Erwachte in dieser Welt erscheinen und ihre Lehre vortragen. Vergänglichkeit und Wandel stehen infolgedessen ganz im Mittelpunkt des Buddha-Dharma.

Dennoch wurde es den Interessierten bisher nicht allzu leicht gemacht, das Thema mit seinen vielen Facetten kennenzulernen beziehungsweise sich ihm aus gesamtbuddhistischer Sicht zu nähern. In jüngerer Zeit haben verschiedene Autoren damit begonnen, das Thema umfassender und in seiner Vielschichtigkeit darzustellen, meist jedoch unter Bezug auf eine der buddhistischen Überlieferungen. Darüber hinaus muß man sich nach wie vor auf eine intensivere Suche einlassen, um einzelne verstreute Beiträge in Zeitschriften und Büchern zu finden.

Das vorliegende Buch soll dem ein wenig abhelfen. In ihm ist eine nennenswerte Zahl einschlägiger Aufsätze zusammengefaßt und nun leicht zugänglich. Außerdem enthält es zahlreiche Hinweise auf weitere Literatur.

Die Veröffentlichung orientiert sich an einer der zentralen Aufgaben der Deutschen Buddhistischen Union (DBU): die Lehre des Buddha schul- und traditionsübergreifend darzustellen. Sie umfaßt daher ein breites Spektrum von Darstellungen der verschiedenen buddhistischen Richtungen. Autorinnen und Autoren der Pali- beziehungsweise der Theravada-Tradition sind ebenso vertreten wie die des tibetischen Buddhismus und des Zen. Aber auch solche, die sich bewußt nicht (mehr) ohne weiteres an herkömmlichen Mustern orientieren und eher den wissenschaftlichen und kulturellen Hintergrund des Abendlandes im Blick haben.

Dabei sind die einzelnen Beiträge formal wie inhaltlich recht unterschiedlich: Kurze und lange wechseln sich ab, eigens für Bücher oder Zeitschriften geschriebene Texte stehen neben Aufzeichnungen von Interviews, Reden und Gesprächen. Lehrerinnen und Lehrer des Ostens wie des Westens kommen zu Wort, Laien wie Ordinierte. Manche Beiträge widmen sich dem Thema vor allem aus einer globalen Sicht, andere greifen Einzelaspekte heraus. Manche sind systematische Darstellungen, andere praxisorientierter mit zahlreichen konkreten Hilfen. Nicht wenige sind geprägt von persönlicher Betroffenheit und dem Umgang mit eigenen Erfahrungen, Schwierigkeiten und Einsichten.

Natürlich war die vorgenommene Einordnung der Texte in die jeweiligen Kapitel nicht immer zwingend, ihr lagen neben inhaltlichen bisweilen einfach pragmatische Gesichtspunkte zu Grunde.

Das erste Kapitel setzt sich schwerpunktmäßig mit dem Tod als einem universellen ‹menschlichen Problem› auseinander. Was bedeutet die Tatsache der Sterblichkeit für uns, für die Art und Weise, wie wir leben? Wie gehen wir mit der Aussicht des Sterben-Müssens um, was lehrt sie uns? Ist sie nur Bedrohung, beängstigend und sinnlos, oder willkommener Ansporn für die spirituelle Weiterentwicklung?

Wie die ‹letzten Stunden› eines Menschen aussehen können, wie Frauen und Männer dem Tod begegnen, wird anschließend beleuchtet. Weisen des Sterbens, die so vielfältig sind wie das Leben bunt ist - beeindruckend und ermutigend besonders bei denen, die den Tod achtsam und gelassen erleben. Drei Beispiele zeigen, wie ein Leben im Dharma ein würdiges Sterben ermöglicht.

Abschied und Trauer sind mit dem Sterben immer ganz eng verbunden. Die meisten von uns haben Schwierigkeiten, wenn es heißt: ‹nicht festhalten, loslassen!› Wie geht man mit seinen Emotionen um, ohne sie zu verdrängen und ohne sich von ihnen überwältigen zu lassen? Wie und wo finden wir Unterstützung? Welche inneren und äußeren Faktoren erleichtern den Abschied? Auch damit befaßt sich das zweite Kapitel, das uns die Notwendigkeit des Freiwerdens von Verhaftungen vor Augen führt.

Nicht nur die Zurückbleibenden, sondern gleichermaßen die Sterbenden bedürfen der Hilfe. Der ‹Begleitung im Sterben› widmet sich der dritte Abschnitt und leuchtet den Spannungsbogen zwischen ‹Helfen-Wollen und Helfen-Können› aus. Nirgends werden gravierendere und zugleich schmerzlichere Defizite erkennbar als in der Hilflosigkeit während der Stunden oder Wochen vor dem Tod eines Menschen in unserer unmittelbaren Umgebung.

Wir wissen: Sterben ist weniger ein momentanes Ereignis als ein sehr komplexer und sich über einen längeren Zeitraum erstreckender körperlicher und psychischer Vorgang. Daß es vor allem ‹Transzendierung› und Wandlung ist, thematisieren die Beiträge im vierten Kapitel. Sie beschreiben das wahre ‹Wesen von Tod und Sterben›, machen uns vertraut mit den einzelnen Phasen der Auflösung, die dem gewöhnlichen Blick völlig verborgen bleiben, und dem alsbaldigen Wiederwerden.

‹Fortexistenz, Bardo und Wiedergeburt› sind die Stichworte zu den weiteren Fragen: Was geschieht nach dem Tod? Welche Vorstellungen von ‹Diesseits› und ‹Jenseits› kennt der Buddhismus? Wie sehen Leben und das Erleben ‹danach› aus? Gibt es eine Wiederkehr, und nach welchen Daseinsgesetzen erfolgt sie? Die Betrachtung wendet sich nun der gesamten Existenz zu, den generellen Erfahrungs- und Erlebnismöglichkeiten der Wesen im Samsaro.

Das Schlußkapitel faßt schließlich wieder mehr die spirituelle Praxis ins Auge und weist Wege, wie man die vielleicht wichtigste Aufgabe des Lebens lösen und das ‹Sterben lernen› kann. Es führt das Verständnis von Tod und Sterben und die Konsequenzen daraus für unsere Haltung im Alltag zusammen. Es eröffnet zugleich einen Ausblick auf die endgültige Befreiung, das Nirvana, das Todlose - und damit auf die Essenz der Buddhalehre.

Überblickt man die Texte im Ganzen, läßt sich eine weitgehende Übereinstimmung der einzelnen buddhistischen Schulen in den Grundaussagen feststellen.

Ein durchgängiger Tenor ist die nachdrückliche Aufforderung und die wiederholte Ermutigung, sich dem Tod zu stellen und nicht die Augen zu verschließen. Ja, mit dem Leben kann nur richtig umgehen, wer mit dem Tod richtig umzugehen gelernt hat. Eine klare Absage also an alle Oberflächlichkeit und die Einladung zu einem tieferen Gewahrsein der Realität. Leben und Sterben gehören zusammen. Vor dem Tod braucht man sich nicht zu fürchten. Wenn man ihn durchschaut hat, wird man sich nicht länger sträuben und ihn fliehen, sondern ihn als Chance begreifen und nutzen wollen.

Im Gegensatz zur naturwissenschaftlich-materialistischen Betrachtungsweise, für die der Tod ‹das Ende› ist, hat der Buddhismus eine einzigartige Psychologie des Todes, ja des Nachtodes begründet. Sie ist im Westen noch kaum bekannt, und ihre ganze Tiefe gilt es erst noch auszuloten - nicht nur aus einem abstrakten wissenschaftlichen Interesse heraus. Sie könnte die Grundlage werden für eine völlig veränderte Umgangsweise mit Tod und Sterben - individuell wie gesellschaftlich. Das gilt im medizinischen, im psychologischen, im sozialen und religiösen Bereich gleicherweise.

Der Tod ist keineswegs das Ende eines Wesens und seiner Erlebnismöglichkeiten. Das Wissen um Fortexistenz und Wiedergeburt gehört zum Kern der buddhistischen Anschauung. Leben ist nicht die kurze Zeit zwischen Geburt und Sarg, sondern ein (unvorstellbar) langer Prozeß des Entstehens und Vergehens körperlicher und psychischer Erscheinungen, die wir ‹Ich› und ‹Welt› nennen. Leben ist die Daseinswanderung der Wesen von Existenz zu Existenz, in der Tod und Sterben nur wiederkehrende Episoden sind.

Grundlegende Übereinstimmung gibt es auch hinsichtlich der Karma-Lehre. Unser alltägliches Tun und Lassen beeinflußt nicht zuletzt die Art und Weise unseres Todes. Die guten wie die schlechten Gewohnheiten bestimmen das Wie des Sterbens, und sie bestimmen den weiteren Fortgang. Die Qualität unserer nachtodlichen Existenz, sei sie übermenschlich oder untermenschlich, ist das Ergebnis eigenen Wirkens. Es kehren lediglich die Früchte unserer Aktivitäten als wohltuende oder schmerzliche Erlebnisse wieder. Kein Wunder also der nachdrückliche Hinweis in vielen Beiträgen, die Maßstäbe der Lebensführung so zu wählen, daß wir die Ergebnisse unseres Handelns jederzeit und gerne entgegennehmen können; und die Aufforderung, jeden Augenblick zu nutzen, um sich auf diese entscheidende Zeit des Lebens vorzubereiten.

Immer wieder betonen die Autorinnen und Autoren die Wichtigkeit gerade der Todesstunde, kann sie doch zu einer bedeutungsvollen Weichenstellung werden und die weitere Zukunft wesentlich beeinflussen. Die Zeit des Sterbens ist eine Zeit besonderer Offenheit und vielfältiger Gestaltungspotentiale. Deshalb sind besonders dann Achtsamkeit, Klarheit und Mut gefordert. Angesprochen sind beide, die Sterbenden und die Menschen um sie. Niemand braucht dann länger ein hilfloses und schutzloses Opfer des Todes zu sein, Sterben kann zu einem ‹aktiven› Geschehen werden.

Der Weg des Buddha ist ein Übungsweg, der nicht zuletzt einlädt, das Sterben zu lernen und nach und nach den Tod zu meistern. Die intellektuelle Auseinandersetzung mag am Anfang stehen, doch eine neue Anschauung allein genügt nicht. Erforderlich ist die Veränderung der ganzen Persönlichkeit. Es gilt, die Verblendungen und Irritationen des Geistes aufzulösen und mit ihnen Begehren, Rücksichtslosigkeit und Übelwollen. An ihre Stelle treten Güte, Mitempfinden, Freude und Gelassenheit. Wo sie stark sind, wird der Geist klar und ermöglicht einen ungetrübten Blick. Dann werden die drei Merkmale aller Erscheinungen unmittelbar sichtbar: ihre Vergänglichkeit, ihre Unvollkommenheit, ihre Substanzlosigkeit und Leerheit. Leben wird erkannt als das, was es letztendlich ist: ‹Werden zum Gewesensein›.

Das Wesen von Tod und Sterben auf diese Weise zu begreifen heißt, das Wesen der gesamten Existenz aufzudecken und damit einen Schlüssel zur völligen Befreiung zu erhalten. Beunruhigung und Angst gibt es nur dort, wo Ego-Verhaftung noch vorhanden ist, wo Individualität und Universalität nicht im rechten Verhältnis zueinander stehen, wo die Ich-Illusion noch nicht entlarvt ist. Auch hier sind sich alle buddhistischen Traditionen einig.

Wenn eben von den grundlegenden Gemeinsamkeiten die Rede war - deren Herausarbeitung ja ausdrücklich beabsichtigt ist - so lassen sich doch manche (tatsächliche und vermeintliche) Unterschiede ausmachen. Wie kommen sie zustande?

Zunächst muß man sich vor Augen führen, daß eine Anthologie nie das ganze Themenspektrum vollständig abdecken kann. Es liegt in der Natur der Sache, daß die einzelnen Beiträge ihren jeweiligen eigenen

Charakter bewahren und eine unmittelbare und direkte Vergleichbarkeit der Aussagen nicht bei jeder Einzelheit gegeben ist. Schon daraus ergeben sich Gewichtungen und Akzentuierungen - neben denen in der Sache selbst, die hier zwar erwähnt, aber nicht ausführlich untersucht werden können.

Gilt in der buddhistischen Tradition der letzten zweieinhalbtausend Jahre die Tatsache des nachtodlichen Lebens und Erlebens als ganz selbstverständlich, so fallen solche Aussagen auf, die die Frage nach der Fortexistenz für falsch gestellt, die Antworten darauf für unnütz oder gar für irreführend halten. Wer sofort einen Widerspruch vermutet, tut es (meist) zu Unrecht. Eine Erklärung liegt in der unterschiedlichen Perspektive der Betrachtung. Die Lehre des Buddha kann man nur verstehen, wenn man Aussagen auf der Ebene der ‹relativen Wahrheit› und solche auf der Ebene der ‹absoluten Wahrheit› gewissenhaft auseinanderhält.

Vom höchsten Standpunkt aus sind Jenseits und Wiedergeburt ebenso illusionär wie unser jetziges Leben. Es ist letztendlich nutzlos, auf sie zu bauen und dort Glück und Frieden zu suchen, wo es sie gibt. Und dennoch: Für alle dem Daseinskreislauf noch Verhafteten ist es außerordentlich wichtig, die Gesetze dieses Kreislaufes zu kennen. Nur so kann man sich in der Existenz zurechtfinden und sie bewältigen, um schließlich irgendwann alle Verstrickungen endgültig zu lösen. Für die meisten wird das Leben nach dem Tode so real sein wie das momentane - und eine entsprechende Vorbereitung ist sehr bedeutsam. Die jeweilige Perspektive bei dieser Frage erklärt auch, daß Geborenwerden und Sterben das eine Mal positiv und als schöpferischer Neubeginn, das andere Mal als Leiden und Zeichen der Unvollkommenheit beschrieben werden.

Es scheint, daß in der Zen-Literatur die Beschäftigung mit dem eigentlichen Sterbeprozeß und der Frage des ‹Danach› nicht denselben Stellenwert hat wie etwa in der Pali- und der tibetischen Tradition. Das Fehlen von Texten hierzu legt diesen Schluß nahe. Vielleicht ist der vom Zen so deutlich betonte Praxisbezug ein Grund dafür, und der ständige Anstoß zur Überwindung der Begrenztheit der Erfahrung in der Meditation seine Antwort. Wer hier und heute lernt, die Realität zu sehen und in ihr zu leben, wird es im Sterben ebenfalls tun!

Allerdings betrachten heute manche naturwissenschaftlich geprägten Buddhisten Aussagen über die Fortexistenz tatsächlich als überholt, beziehungsweise als bloßes Zugeständnis des ‹Volksbuddhismus› an die ‹weniger gebildeten› Anhänger des Buddha-Dharma. Das gilt genauso für die ‹Jenseitsvorstellungen›, mit denen die buddhistische Tradition insgesamt sehr vertraut ist, die sie aber für unbuddhistisch und für in der Sache falsch halten. Eine Diskrepanz, die sich nicht wegdiskutieren läßt.

Charakteristisch für den tibetischen Buddhismus ist die Lehre von den Bardos. Aus einem tiefen Wissen und mit großem Kenntnisreichtum im Detail werden die grundlegenden Phasen des Lebens beziehungsweise die maßgeblichen Umbruchsituationen des menschlichen Bewußtseins dargelegt. Dazu gehören die ‹drei Bardos des Lebens› (die Zeit von der Geburt bis zum Tod; der Schlaf- und Traumzustand; der meditative Bewußtseinszustand) und die drei ‹Bardos des Todes› (der Sterbevorgang; der Bardo der Dharmata und der Bardo des Werdens). Eine solche detaillierte Lehre des ‹Zwischenzustandes› kennt die Pali-Tradition nicht. Sie hebt mehr die Kontinuität des Lebens- und Bewußtseinsprozesses hervor und spricht davon, daß der Eintritt in eine neue Lebensform nach dem Sterben in etwa so lange dauert, wie man braucht, um eine Last von den Schultern abzusetzen und zu Boden zu legen. Das nachtodliche Erleben eines Ich in einer neuen Umgebung erscheint hier weit unmittelbarer.

Erwähnt werden soll ebenfalls der stärkere Akzent, den die nördlichen Schulen des Buddhismus auf die sozialen Konsequenzen ihrer Anschauung legen, und die daraus erwachsenden praktischen Initiativen - wie etwa die Hospiz-Bewegung. Auch hier unterstreichen die südlichen Schulen eher die ‹individuelle› Dimension der Sterbeproblematik und die ‹persönliche› Auseinandersetzung. Dem anderen helfen kann man, soweit man selbst Einsicht und Sicherheit erlangt hat, und die ‹Welt› verändert sich in dem Maße zum Besseren, in dem das ‹Ich› gewandelt und vervollkommnet wird. Heilsames karmisches Wirken gestaltet immer beides - ‹Innen› und ‹Außen›.

Trotz der Vielzahl von Gedanken und Erkenntnissen, die in diesem Band zusammengetragen wurden, ist eine Vollständigkeit nicht einmal im Ansatz realisiert. Vieles wurde nicht einmal angesprochen oder nur berührt, und manche Frage bleibt offen: Wie steht der Buddhismus zum Freitod, zur Abtreibung oder zur Sterbehilfe? Welche buddhistischen Bestattungsformen und -rituale gibt es? Welche Aussagen macht er über die Wiedergeburt in den außermenschlichen Daseinsbereichen? Welche Antworten gibt er auf ethische Fragen im Zusammenhang mit dem Töten? Die Beantwortung bleibt einer anderen Gelegenheit vorbehalten. Dennoch bieten die vorliegenden Beiträge ausreichend Stoff für eine erste Auseinandersetzung mit den zentralen Aspekten von Tod und Sterben und genügend Anregungen, um weiter zu suchen und zu forschen.

Werden zum Gewesensein

Der Tod als menschliches Problem

Der Tod aus tibetisch-buddhistischer Sicht

Sogyal Rinpoche

Reflektionen zum Tod

Das „Tibetische Totenbuch" ist jetzt im Westen recht verbreitet; aber ohne seinen Zusammenhang und Hintergrund zu kennen, dürfte es wohl sehr schwierig sein, es zu verstehen oder gar Nutzen für die Begleitung Sterbender daraus zu ziehen. Daher könnte es von ziemlicher Bedeutung sein, einen kurzen Blick auf die buddhistische Sicht des Todes zu werfen, also auf die Behauptung, daß der Tod nicht getrennt vom Leben betrachtet werden kann. Würde der Tod nicht im Zusammenhang mit dem Leben gesehen, wäre er sinnlos und von blinder Ungerechtigkeit. Wenn man wirklich in die Natur des Todes blickt, ist er wie ein Spiegel, der den wahren Sinn des Lebens reflektiert.

Was ist Tod? Und warum haben wir solche Angst vor dem Tod? Wir fürchten den Tod, weil wir leben und am Leben bleiben wollen. Tod ist die Unterbrechung des Lebens, wie wir es kennen. Tod ist angsteinflößend, weil er die Möglichkeit von etwas völlig Unbekanntem darstellt. Ein wenig ist es, als würde man in die Fremde reisen; es erfordert Mut, weil man nicht weiß, wie es sein wird. Sich auf etwas völlig Unbekanntes einzulassen, ist äußerst beängstigend - man ist ganz einsam und auf sich gestellt in einem eigenartigen Land, in der Fremde.

Der Tod ängstigt uns, weil wir uns nur in unserem gewohnten Leben sicher fühlen, umgeben von vertrauten Dingen: unseren Lieben, unseren Freunden, unserem Zuhause. Damit identifizieren wir uns und ziehen unsere Sicherheit aus einem Leben mit all diesen Dingen, die wir fälschlicherweise für dauerhaft und unveränderlich halten. Solch ein Leben ist hohl, leer, ohne Substanz.

Wir bauen auf eine Kontinuität, eine Vertrautheit, eine Dauerhaftigkeit, die so nicht wirklich ist. Folglich werden wir von Veränderungen, Verlusten - Lebenserfahrungen, die eine Art Tod darstellen - aus dem Gleichgewicht geworfen. Unsere Annahmen und Erwartungen greifen nicht mehr. Aus diesem Grunde sieht man den Tod als Feind des Lebens. Der Tod scheint immer in der Mitte des Lebens zu kommen; wenn die Dinge gerade zu laufen beginnen, ist unglücklicherweise da schon das Ende.

Wir haben Angst, daß wir nicht andauern; Angst, die vertrauten Dinge aufgeben zu müssen. Aber ob wir wollen oder nicht - alles in diesem Leben verschwindet sowieso, selbst dieser unser Körper, den wir so wertschätzen. Wie Milarepa sagte: „Der Leichnam, vor dem wir uns so ekeln, ist schon jetzt bei uns." Und, nebenbei bemerkt: man muß sogar seine Karriere aufgeben, wenn man stirbt. Man tut gut daran, sich vorzubereiten, um zu vermeiden, daß man einen Schock bekommt, wenn der Tod einen „in den Ruhestand" versetzt.

Wir alle wollen etwas erreichen im Leben; etwas soll an uns erinnern. Wir suchen irgendwie ein bißchen Unsterblichkeit - durch unsere Kinder, indem wir ein Museum gründen oder Bücher schreiben. Aber das lassen wir alles zurück.

Selbst dieser unser Geist verändert sich andauernd. Er ist so instabil; wir sind nichts als ein Bewußtseinsstrom - bedingt durch jeden Einfluß, der in ihm entsteht. Viele Gedanken rasen herum; aber wer sind wir wirklich? Wissen wir das? Natürlich, wir haben einen Namen, eine bestimmte Lebensgeschichte, unseren Paß und Kreditkarten - aber wenn uns all dies genommen wird, wer sind wir wirklich?

Wenn man sich auf einen Aspekt seines Seins stützt, der so zerbrechlich und unsicher ist und sich dauernd wandelt, wie verläßlich kann das sein? Dennoch suchen wir genau dort nach Erfüllung, Sicherheit und Befriedigung. Wir verlassen uns auf etwas, das grundsätzlich unverläßlich ist, bauen unsere Sicherheit auf etwas, das unsicher ist. Wir schließen eine Versicherung mit voller Deckung ab, aber wir haben eine Fußangel übersehen: den Tod und die ganze Frage der Ewigkeit.

Was ist mit der anderen Möglichkeit, dem sogenannten Tod? Wenn der Tod kommt - bist du bereit? Hast du Geld gewechselt und deine Koffer gepackt? Hast du den richtigen Ausweis - den man die Natur des Geistes nennt? Hast du das Richtige erreicht, die richtige Voraussetzung für das Leben danach?

Diejenigen, die ein Nahtod-Erlebnis hatten, beschreiben, daß sie ihr ganzes Leben überschauten und gefragt wurden: „Was hast du aus deinem Leben gemacht; und was hast du erreicht in bezug auf Liebe und Wissen?"

Wir müssen uns mit diesen Dingen sehr ernsthaft auseinandersetzen. Für einen spirituell Praktizierenden ist es in der Tat so, daß es ihn lebendiger macht, mit dem Tod zu leben. Der Tod ist der Disziplinlehrer, der uns aufweckt und der Wahrheit ins Gesicht sehen läßt, wann immer wir in die Irre gehen. Der Tod ist die Wahrheit des Lebens. Und im Leben erscheint der Tod in Form von Veränderungen, die uns zur Wahrheit zurückführen. Darum hat der Buddha im Mahaparinirvana-Sutra selbst gesagt: „Von allen Spuren ist die des Elefanten die größte. Von allen Meditationen der Achtsamkeit ist die über den Tod die höchste."

„Die ganze Welt und ihre Bewohner sind vergänglich; insbesondere gleicht das Leben der Wesen einer Seifenblase. Der Tod kommt ohne Vorwarnung. Dieser mein Körper wird ein Leichnam sein. Dann wird der Dharma meine einzige Hilfe sein. Ich muß ihn mit freudigem Eifer praktizieren."

Wir müssen eine andere Möglichkeit in Erwägung ziehen: Wir müssen uns tiefer auf das Leben einlassen und hinter die Fassade blicken. Wir wissen nur zu gut, daß wir den Tod verdrängt haben, und darum wollen wir nichts über ihn wissen. Ein tiefes Angstgefühl erfüllt uns; aber je mehr wir den Tod isolieren und ignorieren, desto stärker bedrängen uns Unsicherheit und Angst. Davonrennen läßt die Angst nur noch monströser werden.

Wir sollten uns entschließen, das Leben tatsächlich zu erforschen und zu fragen: „Was ist das Leben wirklich?" Die Lehren sind hierbei hilfreiche Bezugspunkte. Sie geben uns etwas, womit wir arbeiten können. Aber die Belehrungen sind nicht die Wirklichkeit. Natürlich sind die Lehren wahr, aber man muß die Wahrheit selbst erfahren.

Mit dem Tode leben

Wir müssen unsere Art zu leben neu bewerten: unsere Prioritäten, die Basis unserer Sicherheit und unsere Annahmen und Vorstellungen. Wir werden merken, wie viele Nebensächlichkeiten, sogenannte ‹Verantwortungen›, sich angesammelt haben und unser Leben völlig blockieren; und obwohl wir immer wieder betonen, daß wir uns eigentlich den wesentlichen Dingen widmen wollen, finden wir doch niemals die Zeit dafür. Wir werden von einer „aktiven Faulheit" davongetragen.

Immer beschäftigter und immer geschäftiger haben wir weniger und weniger Zeit für Sinnvolles. Wir werden immer müder und abgespannter und haben immer weniger Energie. Wir verlieren unsere Jugend und Vitalität und enden vielleicht alt und verbittert, verhärmt und verschroben.

Die ganze Zeit tickt die Lebensuhr ab. Die Sonne nimmt ihren Lauf, die Zeit vergeht - um wieviel näher sind wir dem Tod?

Der Tod kommt näher, jede Minute. Sind wir bereit? Nicht im Entferntesten. Ganz abgesehen davon, daß wir uns auf den Tod nicht vorbereitet haben - wir haben nicht einmal über ihn nachgedacht. Schon Drakpa Gyaltsen, ein berühmter tibetischer Meister, beobachtete: „Die Menschen verbringen ihr Leben mit Vorbereiten, Vorbereiten, Vorbereiten... und treffen auf das nächste Leben gänzlich unvorbereitet."

Manchmal müssen wir uns aufrütteln. Wir sollten uns fragen: „Was ist, wenn ich heute Nacht sterben sollte?" Denn wir wissen nicht, wo wir morgen aufwachen werden, selbst wenn wir den Wecker stellen. Es gibt da ein bekanntes Sprichwort: „Ob morgen oder das nächste Leben zuerst kommt, wissen wir nicht." Und der Tod kommt ohne Warnung. Die einzige Sicherheit, die wir im Leben haben, ist die Unsicherheit, nicht zu wissen, wann oder wie wir sterben werden. So wie ein Sprichwort sagt: „Selig sind die Unwissenden."

Wir halten das Leben für selbstverständlich. Wann immer ein Tod eintritt, kommt er, um uns an die Vergänglichkeit zu erinnern, und er verdeutlicht die Kostbarkeit des Lebens. Wenn uns beinahe ein Auto überfährt, dann begreifen wir, wie zerbrechlich das Leben ist. Wenn du von einem Flugzeugabsturz oder Autounfall hörst, bedenke: Diese Menschen haben nicht erwartet zu sterben.

Kennen wir nicht viele Geschichten von Bekannten, sogar Freunden, die ganz plötzlich gestorben sind? Wir müssen nicht krank sein, um zu sterben. Genau wie unser Auto oder unsere Waschmaschine kann auch unser Körper plötzlich kaputtgehen und nicht mehr funktionieren. Aber weder wir noch unsere Ärzte können sagen, wann. Wir können uns wohlfühlen und plötzlich schwer krank werden oder sterben. Tatsächlich werden Krankheiten häufig erst erkannt, wenn es schon sehr spät ist. Es gibt keinerlei Garantie, daß, nur weil du heute nicht krank bist, auch morgen keine Krankheit diagnostiziert werden wird.

Zu erkennen, wie zerbrechlich dieses Leben ist, läßt uns erfahren, wie kostbar es ist. Und häufig erkennen Menschen erst im Angesicht des Todes, daß sie weder etwas Gutes aus ihrem Leben gemacht haben, noch seine Möglichkeiten überhaupt zu schätzen wußten, als sie noch gesund waren.

Das Leben ist kostbar, denn in ihm liegt ein Potential, das wir nutzen können, um einen letztendlichen Zweck zu erfüllen. Unser Potential ist es zu erkennen, was Leben wirklich ist: die Wahrheit zu finden, die Natur von allem - die auch die Natur unseres Geistes ist.

Unser Glaube an Dauerhaftigkeit schafft all unsere Probleme. Wir messen unserem Glauben an die Dinge so große Wichtigkeit bei, aber wie uns das Leben oft lehrt, hat das, was wir glauben, meist wenig oder gar nichts mit der Wirklichkeit zu tun.

Ob wir nun etwas glauben oder nicht, die Wirklichkeit ist davon häufig recht verschieden und Glaube ist bloß das Hängen an unserer eigenen Meinung. Wir bauen also unser Leben auf äußeren Schein, auf Sandburgen. Und egal, wie sehr die Wahrheit sich zeigen will, wir ignorieren sie. Selbst unser Ego ist bloße Erzeugung, auf Konzepte gegründet - ein Ersatz dafür, daß wir uns selbst nicht kennen.

Wir können allerdings von vergangenen Annahmen und Irrtümern lernen, jenem falschen Dafürhalten, das uns in die Falle gelockt hat. Es gibt da ein weiteres tibetisches Sprichwort: „Je häufiger du dir die Nase stößt, desto mehr lernst du." Auf diesem Wege lernen wir auch, daß uns gar nichts anderes übrig bleibt, als Veränderung zu akzeptieren; nicht nur was wir glauben, auch die Wirklichkeit selbst ändert sich andauernd. Wenn sich alles dauernd verwandelt, was ist dann wirklich oder wahr? Genau das müssen wir entdecken.

Warum ist alles vergänglich und verändert sich dauernd? Weil das Leben so ist. Diese Tatsache macht die Struktur des Lebens aus. Wenn wir wirklich akzeptieren, was dieses Leben ausmacht, ergibt sich daraus Freiheit. Und wenn dann Veränderungen eintreten, sind wir wie ein Fels: durch Erosion schön geformt. Durch alle Veränderungen verwittert, entwickeln wir eine tiefe Gelassenheit.

Das Gute an den Veränderungen ist, daß in der entstehenden Lücke die Wahrheit enthüllt wird, so, wie wir durch einen Riß in den Wolken einen Blick auf den klaren Himmel erhaschen können. Im Wandel liegt etwas, von dem wir lernen können. Im Übergang und in der Unsicherheit der Veränderung liegt eine Möglichkeit zum Erwachen. Doch wichtig sind nicht die Veränderungen selbst, sondern was sie enthüllen. Sie sind der lebendige Pulsschlag, durch welchen wir den Tod kennenlernen. Denn die in unserem Leben so häufigen Veränderungen oder kleinen Tode sind ein lebendiges Bindeglied zum Tod. Sie drängen uns loszulassen und enthüllen die Möglichkeit, in diesem Zwischenraum den himmelsgleichen, leeren, offenen Raum der wahren Natur unseres Geistes zu erleben.

Sich auf den Tod vorzubereiten bedeutet also, seiner im Leben gewahr zu sein. Wenn wir tief über die vergängliche Natur der Dinge nachdenken, macht uns die daraus resultierende Erkenntnis bereit, etwas anzunehmen, sie stärkt uns und verwandelt unsere Ansicht vollständig. Indem wir uns durch die Veränderungen hindurchkämpfen, werden unsere rauhen Kanten abgeschliffen, wir werden erwachsen, werden weiser, entdecken und zeigen unsere Liebe und unser Mitgefühl. Wenn dann Veränderungen eintreten, sind sie weniger ein Schock, und statt durch sie zu verlieren, gewinnen wir durch die Tatsache, daß wir uns nicht länger etwas vormachen, an Erkenntnis. Indem wir die Krisen und Umwälzungen in unserem Leben zu nutzen lernen, entwickeln wir ein emotionales Annehmen-Können des Todes.

Bis dahin verbinden sich für uns Vergänglichkeit und Tod mit Verlust des Vertrauten und Bekannten. Wir versuchen, uns abzusichern, damit sich so wenig wie möglich ändert; oder wir betäuben uns - ein kosmetisches Hilfsmittel, um den Wechsel nicht spüren zu müssen. Aus diesem Grunde sehen wir das Sterben und den Tod als negativ, unerwünscht, dunkel, unbekannt, morbid - wir leben in einer Welt des schönen Scheins. Aber wenn wir aufwachen, müssen wir einsehen, daß es bloß ein Märchen war. „Das Leben ist die Erzählung eines Narren, voll Lärm und Raserei und ohne jede Bedeutung." Dieses Nichts ist es, vor dem wir uns fürchten.

Wie Buddha sagte: „Die Existenz ist wechselhaft wie Herbstwolken. Geburt und Tod der Wesen anzuschauen, gleicht dem Betrachten der Bewegung eines Tanzes. Die Lebenszeit dauert wie ein Blitzstrahl nur am Himmel - sie rauscht wie ein Sturzbach den steilen Berg hinab und vorbei."

Wir brauchen nur an all die großen Zivilisationen zu denken, die heute nur noch Geschichte sind; oder sogar die großen Lehrer wie Christus oder Buddha, oder an unsere eigenen Aussichten - höchstwahrscheinlich werden wir keine hundert Jahre alt werden. Alles verändert sich dauernd. Diesen Prozeß konstanten Fließens nennen wir Leben. Viele

Menschen sehen im Tod ein einmaliges großes Ereignis. Sie stellen sich vor, daß er an ihnen vorbeiginge, wenn sie ihn nur ignorierten. Andere stellen sich den Tod vor wie das Ausschalten eines alten Fernsehapparats - einfach ins Nichts verdämmern. Sie sagen: „Laßt uns jetzt Spaß haben, morgen könnten wir tot sein.“ Wenn der Lebensstrom verbraucht ist, ist es aus mit dir.

Wieder andere glauben an ein Leben danach - oder Reinkarnation. Selbst in Hollywood ist das heutzutage populär. Die Möglichkeit eines nächsten Lebens ist bestechend, denn dann brauchen wir vielleicht nicht hier und heute selbst zu arbeiten. Wir können's im nächsten Leben erledigen, es gibt ja eine Menge Zeit. Besonders wenn man daran glaubt, hat man eine Art Versicherung. Als würde man einem exklusiven Club beitreten, eine Mitgliedschaft erwerben; als würde der Besitz einer Kreditkarte einen in den Bardos retten können.

In England gab es eine große Konferenz über den Tod. Einige der Referenten waren sehr aufgeregt über die Entdeckung, daß 25 Prozent der Bevölkerung an ein Leben nach dem Tod glauben. Was allerdings ist der Sinn, an ein Leben nach dem Tod zu glauben? Es geht darum, jetzt ein gutes Leben zu leben. Das Leben danach ist die Kontinuität dieses Lebens - wenn dir dieses Leben nicht gefällt, wird dir das danach kaum mehr gefallen. Vom Regen in die Traufe - das sei besonders den Menschen gesagt, die Selbstmord zu begehen versuchen.

Karma

Der bloße Glaube an Leben nach dem Tod reicht nicht. Man muß das Prinzip von Karma verstehen. Karma wird oft mißverständlich als Schicksal oder Vorbestimmung gedeutet. Das Wort Karma bedeutet aber einfach ‹Handlung› - das unfehlbare Gesetz von Ursache und Wirkung. Welche Aktion ein Individuum auch immer ausführen mag, ob mit Körper, Sprache oder Geist, sie zeitigt eine entsprechende Reaktion. Jede Handlung trägt ihr Ergebnis bereits in sich; und auch wenn sich dieses noch nicht gezeigt hat, es ist nur eine Frage der Zeit bis zur Reifung - bis sich passende Umstände ergeben.

Viele Menschen bezweifeln das Prinzip von Karma. Weil die Reaktion häufig verzögert ist, manchmal bis in ein nächstes Leben hinein, ist es schwierig zu erkennen, daß sie immer eintritt. Wenn wir das Ergebnis oder Karma einer Handlung erfahren, die lange zurückliegt, erinnern wir uns gar nicht mehr an die Handlung, die der Auslöser für die gegenwärtige Erfahrung ist. Wir nehmen daher an, die Dinge geschähen aus ‹Zufall›, und wenn gute Handlungen als für uns angenehme Umstände reifen, dann haben wir einfach ‹Glück gehabt›.

Wie Buddha gesagt hat: „Was du bist, ist was du getan hast; was du sein wirst, ist was du jetzt tust." Padmasambhava hat diese Aussage weiter ausgeführt, indem er sagte: „Wenn du dein vergangenes Leben kennen willst, dann schau dir deine gegenwärtigen Umstände an. Wenn du dein zukünftiges Leben kennen willst, dann schau dir dein gegenwärtiges Handeln an."

Es ist nicht nötig, sich an vergangene Leben zu erinnern. Es gibt eine gewisse Gerechtigkeit - das Gesetz der Natur, das Gesetz von Karma, das Gesetz von Ursache und Wirkung. Aus diesem Grunde gibt es ein Leben danach, eine Evolution, eine spirituelle Entwicklung. Wir sind keine Zufälle. Wir sind nicht einfach eines Tages plötzlich aus dem Nichts heraus dagewesen. Wir sind nicht ein bloßer Irrtum unserer Eltern - wir sind aus einem bestimmten Grund gekommen. Wir sind alle werdende Buddhas, aber bis wir tatsächlich erleuchtet sind, haben das Leben und das Sterben kein Ende.

Das heißt wiederum nicht, daß alles vorherbestimmt oder Gottes Wille wäre. Manche Menschen verschleudern die wertvolle Möglichkeit dieses Lebens, indem sie denken: „Ich werde auf jeden Fall erleuchtet, also laß ich's mir gut gehen. Warum sich sorgen - es wird ja sowieso alles gut." Es wird sehr, sehr lange dauern, besonders mit dieser Einstellung.

Das Prinzip von Karma zu achten ist ein wichtiger Weg der Vorbereitung auf den Tod - jetzt, da wir noch leben. Handlungen haben eine ungeheuere Gewalt. Wie Shantideva, ein buddhistischer Meister des achten Jahrhunderts aus Indien, sagte:

> *„Was immer an Freude ist in dieser Welt,*
> *Alles kommt vom Wunsch, ‹andere mögen glücklich sein›.*
> *Was immer an Leid ist in dieser Welt,*
> *Alles kommt vom Wunsch, ‹ich möge glücklich sein›.*
>
> *Was immer an Glück ist in dieser Welt,*
> *Kommt vom Denken an andere;*
> *Was immer an Leiden ist in dieser Welt,*
> *Kommt vom Denken an einen selbst."*

Wenn wir etwas tun, das andere verletzt, dann werden unsere Handlungen - mehr als daß sie den anderen schaden - letztlich uns selbst

Leiden bringen. Und wenn wir anderen Glück und Nutzen bringen, schaffen wir damit - zusätzlich zu der Hilfe für andere - zukünftiges Glück und gute Umstände für uns selbst. Viele unserer Handlungen sind selbstsüchtig motiviert, daher spricht S.H. der Dalai Lama, wenn er zu positivem Handeln auffordert, davon, wenigstens ‹weise selbstsüchtig› zu sein.

Das Tibetische Totenbuch

Das „Tibetische Totenbuch" ist eigentlich nur ein kleiner Teil eines ganzen Lehrzyklus, der in Zusammenhang mit Padmasambhava steht, der Persönlichkeit, die den Buddhismus nach Tibet und in die Länder des Himalaya gebracht hat und der von den Tibetern als der ‹zweite Buddha› verehrt wird.

Diese ganz speziellen Lehren, „Shyi Tro Gongpa Rangdrol" genannt, demonstrieren, wie der gewöhnliche verwirrte Geist durch die Entdeckung seiner wahren Natur in die „ursprüngliche Natur des Buddhageistes befreit" werden kann. Padmasambhava erkannte, daß diese Lehren von ganz besonderem Nutzen in den Zeiten sein würden, in denen die Menschen unter besonders großer Verwirrung leiden, gleichzeitig aber über wenig Zeit und Stabilität verfügen.

Der wahre Titel des von Dr. W. E. Evans-Wentz für die erste englische Übersetzung 1927 sogenannten „Tibetischen Totenbuches" lautet „Bardo Thödröl", was „Große Befreiung durch Hören in den Bardos" bedeutet.

Das Wort Bardo bezeichnet einfach „einen Übergang oder eine Lücke zwischen zwei Realitäten", eine Zeit der Unsicherheit oder Veränderung, in der die Möglichkeit des Erwachens besonders präsent ist. Padmasambhava setzte das gesamte Spektrum von Leben und Tod in Zusammenhang mit diesen Bardos. Sie werden häufig in vier verdichtet: Das ‹natürliche› Bardo dieses Lebens, das ‹schmerzvolle› Bardo des Augenblicks vor dem Tod, das ‹lichtvolle› Bardo der Dharmata und das ‹karmische› Bardo des Werdens.

Zusätzlich zu diesen vier unterteilt man der Bardo dieses Lebens in zwei weitere: der Bardo der Meditation und der Bardo des Schlafes und der Träume. Für jedes dieser Bardos existiert jeweils ein vollständiger Satz von Belehrungen und Meditationspraktiken, die aufzeigen, wie Nutzen aus ihrer erhöhten Möglichkeit zur Entdeckung der Natur des Geistes gezogen werden kann, um Erleuchtung zu erlangen.

Tatsächlich begegnen uns ständig Bardo-Erfahrungen, da das Leben ja ein andauernder Prozeß von Geburt, Tod und Übergang ist. Normalerweise werden diese Erfahrungen von uns jedoch übersehen, weil unser Geist von einer soliden Situation zur nächsten springt und die dauernden Übergänge in unserer Erfahrung ignoriert. Es geht in dieser Herangehensweise also darum, wie wir diese Möglichkeiten zum Erwachen nutzen können, die sich im Leben und Tod andauernd bieten. Indem wir uns der Lücke oder des Übergangs der Bardo-Erfahrungen klarer bewußt werden, sind wir besser vorbereitet, wenn sie im Moment des Todes besonders machtvoll auftreten.

Eine buddhistische Betrachtung über Einsicht und Tod

Ekkehard Saß

Es ist überliefert, daß der Buddha von magischen Wundern nicht viel hielt, sondern das „Wunder der Belehrung" allen anderen möglichen Wundern in dieser Welt immer voranstellte. Und „Wunder" wird es auch wohl immer wieder genannt werden müssen, wenn einer aufhorcht, hinhört, zuhört. Wenn einer seine gewohnten Reaktionen aufgibt und sich dem Denken eines anderen öffnet. Wenn er sich nicht belästigt fühlt durch den behutsamen Hinweis auf einen Fehler.

Der „normale" Mensch glaubt immer zu wissen, was richtig sei. Er merkt gar nicht, wie er immer nur zu dem greift, was ihm angenehm ist, wie er alles ablehnt, was ihn „stört". Er merkt nicht seine abgrundtiefe Fesselung. Er ist ein so schlechter Beobachter, daß er zum Beispiel die üblen Formen des Rauchens mit beredten Worten schildern kann und dabei eine Zigarette nach der anderen raucht.

Wir alle fahren in den Zügen unserer Gewohnheiten. Und während wir mit dem Kopf wissen, was zu tun und was zu lassen ist, tun wir gerade immer das Verkehrte und unterlassen eben gerade nicht das, was so wichtig zu lassen ist. Wir verstehen nicht mehr, was notwendig ist, und so wendet sich unsere Not nicht, wendet sich nie und nimmer, und wir sind ratlos, warum das so ist und so bleibt.

Bis wir an einem Beispiel sehen, daß alles ganz anders sein kann. Da gibt einer eine üble Angewohnheit auf, löst sich aus schrecklicher Abhängigkeit, ist plötzlich frei und geht einen ganz anderen Weg. Er zeigt, daß man das Schlechte lassen kann. Nicht, weil es ein „Gott" befiehlt, nicht, weil es irgendwo geschrieben steht, nicht, weil ihm ein schlauer Arzt das geraten hat, - nein, er kam ganz von selbst darauf, als er für einen Augenblick sein Lebenskarussell anhielt und sich klarmachte, daß er ganz allein der rasende Motor seines Wahnsinns war, daß er ganz allein diesen Motor anhalten oder weiterlaufen lassen konnte. Und was dieser kann, das kann ich auch. „Man kann es!“ Ich sehe es ja. Es ist möglich, daß Ansicht und Tun zusammenfallen. Besser: Ein-sicht und Tun. Ein-sicht heißt einsehen, hineinsehen in die Dinge, ihre Ursachen und Zusammenhänge. Wenn dies so ist, dann muß jenes auf eine ganz bestimmte Weise geschehen. Das Beispiel des anderen fordert zur Nachahmung heraus. Ich versuche es einmal. Vielleicht kommt nicht sogleich ein Erfolg. Dann versuche ich es wieder. Und noch einmal und noch einmal.

Und dann blitzt es auf: Ach, so ist das tatsächlich! Da verläuft etwas ganz anders, als ich vermutete und gewohnt war. Und Freude kommt auf, wie bei einem Wanderer, der endlich aus der Irre herausgefunden hat und den richtigen Weg einschlägt.

So beginnt das „Wunder“ der Belehrung durch den Buddha mit dem Beispiel ganz ebenso wie in einer handwerklichen Lehre. Da macht der Meister etwas vor, der Lehrling tut es ihm nach. Eine theoretische Erklärung nutzt da nicht viel. Und dann muß das leibhaftig Erfahrene geübt werden. Schlechte Gewohnheit wird durch gute Gewohnheit ersetzt. Gute Gewohnheit erheitert mich und macht mich froh. Und sie schärft meine Erkenntnisfähigkeit. Wie werde ich noch länger dem folgen wollen, was mir Schmerz zufügt, Not und Elend bringt?

Das „Wunder“ ist die glückliche Sekunde blitzschneller Einsicht, das Durchtrennen einer Fessel, die bereits mein Fleisch abschnürte. Das Beispiel eines anderen war nötig und wohl auch seine Stimme, die zu mir sprach. Und das Vertrauen, daß er über mehr Weisheit verfügte als ich.

Und ich mußte hören wollen, wie ich schon vielen zugehört hatte? Nein, noch nie hatte ich richtig zugehört. Erst jetzt konnte ich es, da mir nichts anderes mehr übrig blieb.

Und die ganze umfassende Lehre des Buddha wurde allmählich zu einem einzigen „Wunderding“, das das Unmögliche möglich macht: heiter und befreit zu werden im Anblick der „Lebenstatsache Tod“, die fast alle anderen Menschen betrübt und bekümmert werden läßt. Wie ist so etwas möglich? Eben nur durch Entfaltung und häufige Übung, durch die unablässige Wendung nach innen. Durch die Sehnsucht nach Wachwerden, nach dem Erreichen des unvergleichlichen Friedens.

„Die Betrachtung über den Tod, entfaltet und häufig geübt, bringt hohen Lohn und Segen, hat das Todlose zum Ziele und Ausgang.“ So lautet die Anweisung und so wird täglich in der inneren Sammlung geübt.

Wie vor 2500 Jahren, als der Buddha lebte und lehrte, hat sich auch heute nichts an der Unsicherheit und Bedrohtheit des Lebens geändert. Auch heute bedenken die ernsten Nachfolger des Erwachten, „sobald der Tag zur Neige geht oder sobald die Nacht weicht und der Tag anbricht: ‹Wahrlich, viele Möglichkeiten zum Sterben bestehen für mich.›“ Wir haben hier keine Schlangen und Skorpione, aber Hunde und Autos. Auch heute können uns Speisen schlecht bekommen, können vergiftet sein. Auch heute können uns Menschen anfallen, berauben und töten. Der Tod schießt in Gestalt eines wahnwitzigen Motorradfahrers an mir vorbei. Er dröhnt im Tiefflug eines Düsenjägers. Er lauert im Atomkraftwerk und in den Atombomben, die rings um uns gelagert sind und täglich am Himmel spazieren gefahren werden. Der Tod sitzt in den Krankheitskeimen, die andere Menschen mit sich herumtragen und auch ich selbst vielleicht, ohne es zu wissen. Wir teilen diesen Körper mit unzähligen anderen Lebewesen.

„Und dabei möchte ich ums Leben kommen. Das aber wäre für mich ein Hindernis.“

Denn ich komme dann nicht weiter auf dem Wege zur Befreiung. Aus all meinem Bemühen, dem endlosen Kreislauf von Geburt und Tod zu entrinnen, werde ich herausgerissen. Das Bedenken des Todes soll zum Ansporn werden, keine Zeit verstreichen zu lassen, nicht säumig zu sein. Die Betrachtung des allgegenwärtigen Todes soll mich wachrütteln: denn so wie ich jetzt bin, so trete ich mein Erbe an. Ich nehme das Üble mit, wenn es noch da ist, und ich kann mich auch auf das Gute verlassen, das ich getan habe. Aber wichtig ist die durch Betrachtung des Todes immer von neuem veranlaßte Selbstprüfung:

„Finden sich in mir wohl noch unüberwundene üble, unheilsame Dinge, die mir, wenn ich in der heutigen Nacht oder am heutigen Tage sterben sollte, zum Schaden gereichen könnten im nächsten Leben?“

Natürlich finde ich die. Immer noch nicht genug Herzensgüte, noch nicht genug Mitgefühl, noch nicht genug Mitfreude und Gleichmut sind entfaltet. Immer noch schlagen die Herzenstrübungen des Neides, der Ablehnung, der starren Meinung durch. Also muß der Wille angetrieben werden, all das zu überwinden. Ausdauer und Standhaftigkeit nehmen so durch die Betrachtung des Todes zu. Achtsamkeit und Geistesklarheit werden geschärft. Die Betrachtung des Todes führt mich zu großer Ernsthaftigkeit, und diese Ernsthaftigkeit ist es schließlich, die mich den Tod allmählich wirklichkeitsgemäß sehen läßt. Ja, die mich die Angst vor ihm immer mehr überwinden läßt.

„Die Ernsten sterben nimmermehr, die Leichten sind den Leichen gleich."

Was mit diesem Text gemeint ist, läßt sich nun etwas erahnen. Einen erwachten, heilgewordenen Menschen trifft der Tod nicht mehr. Er verweilt nur noch in seliger Freude, übt sich im Guten bei Tag und bei Nacht. Er kann nicht mehr anders. Dies als Fernziel und Ausblick zu haben, auch wenn man ganz am Anfang des Buddha-Weges steht, gibt großen Ansporn und vertreibt das düstere Todesbild. Die Übung der Todesbetrachtung bringt wohltuende Besänftigung mit sich. Sie übt eine sachte Bremswirkung aus auf die so leicht aufflackernden Rauschzustände des Lebens.

„Wer im Geist häufig von der Vorstellung des Todes erfüllt ist, dessen Geist schreckt zurück vor der Lebenslust, wendet sich weg, kehrt sich ab, fühlt sich nicht dazu hingezogen, und Gleichmut oder Abneigung stellt sich ein."

Die rein gedankliche Überlegung reicht dabei nicht aus. Wir müssen tiefer ergriffen werden. Der logische Satz: Alle Menschen müssen sterben, also muß auch ich sterben, bleibt immer nur in unserem Kopf stekken. In einem alten Kommentar heißt es darum: „Man betrachtet den Tod wie einen Mörder, der mit gezücktem Schwert vor einem steht." Das führt schon eher zu Ergriffenheit.

Und weiter: „Man sage sich, daß alles Glück mit dem Tode endet, - daß selbst die mächtigsten Wesen in der Welt dem Tode nicht entrinnen können, - daß wir diesen Körper mit unzähligen anderen Kleinlebewesen teilen müssen, - daß dieses Leben abhängig von Ein- und Ausatmung ist, - daß man nicht weiß, wann, wo und woran man sterben wird, was für ein Schicksal einen nach dem Tode erwartet, - daß das Leben gar kurz und begrenzt ist."

Das Kriterium dieser Übung ist eindeutig: das innere Hinstreben zur Lebenslust, zur triebhaften Daseinsbejahung („Es ist so schön auf Gottes Erdboden") sollte schwächer werden und schließlich reiner Gelassenheit und tiefer Ruhe gewichen sein. Erst dann ist die Vorstellung des Todes entfaltet, erst dann besteht im Fühlen (in unseren inneren Tendenzen) ein Unterschied zwischen einst und jetzt, erst dann ist das Ziel der Entfaltung erreicht, und man ist sich dessen auch klar bewußt.

Der Jünger des Buddha kann einfach nicht mehr vom Tode überrascht werden, er hat seine „Manöver“ gründlich durchschaut.

Er hat auch keine so große Sorge mehr um Leib und Leben. Nicht daß er nachlässig würde, ganz im Gegenteil, seine Achtsamkeit entfaltet sich ja immer mehr. Und diese Achtsamkeit führt ihn zu immer hellerem Wissen und zu einem immer helleren Gemüt.

Der Tod bekommt in dieser Übung eine ganz andere Dimension: Er bleibt nicht mehr auf ein individuelles Leben beschränkt. Und vor allem: Er ist kein Ereignis von großer Bedeutung, das irgendwann einmal kommt, wenn man Glück hat am Ende des Lebens, wie es immer heißt, - der Tod ist allgegenwärtig, geschieht momentan und ununterbrochen von Bewußtseinsmoment zu Bewußtseinsmoment. Ich erfasse etwas - und muß es schon wieder hergeben, - ich beginne etwas, - und schon ist es wieder zu Ende. Leiden entsteht, - Leiden vergeht. Glück entsteht, - Glück vergeht. Tod ist der Name der Allvergänglichkeit, und nur wenn ich ihr ganz klar und immer deutlicher in die Augen sehe, werde ich vielleicht einmal dorthin gelangen, wo es keinen Tod mehr gibt, kein Kommen und Gehen, kein Schwinden und Wiedererscheinen, kein Diesseits und kein Jenseits und kein Dazwischen, - und dann ist das Ende des Leidens erreicht. So verheißt es mir der Buddha. Wie sollte ich da nicht bereit sein, seinen Wegweisungen zu folgen?

Die Zeit des Sterbens ist jetzt immer da, nicht erst, wenn der Tod der Mutter oder der Ehefrau oder eines Verwandten eingetreten ist. Und wenn ich die Zeit des Sterbens nie mehr vergesse, dann kann der Tod nicht mehr endgültig sein, dann ist er ein ähnlicher Übergang wie der ununterbrochen von Gegenwart zu Gegenwart erlebte.

Und wohin dieser Übergang führt, das habe ich nach dem Saat-Ernte-Gesetz in der Hand. Wir haben Arbeit, - nicht gut wird es sein, das Leben zu „vertändeln“, wie es Johann Georg Zimmermann, der große klassische Lobredner der Einsamkeit, gesagt hat.

„Gar kurz ist das Leben der Menschen, begrenzt und flüchtig, voller Leiden und Qualen. Weise sollte man dies erkennen, Gutes tun und den heiligen Wandel führen, - denn kein Geborener entrinnt dem Tode.“

Kurz ist das Leben der Menschen, auch wenn es fast 90 Jahre währt. Die Gleichnisse des Buddha, des Erwachten, sind eindringlich: Wie der Tautropfen an der Spitze eines Grashalmes beim Aufgehen der Sonne gar schnell zergeht, nicht lange bleibt, - so auch ist das dem Tautropfen vergleichbare Leben der Menschen gar begrenzt und flüchtig. Oder es ist begrenzt und flüchtig - wie beim Herabgießen einer mächtig geballten Regenwolke die Blasen auf dem Wasser gar schnell zergehen, nicht lange bleiben, - oder wie die mit einem Stocke im Wasser gezogene Furche gar schnell verschwindet, nicht lange bleibt, - oder wie der fernhin eilende, schnell strömende, alles mit sich fortreißende Gebirgsstrom auch nicht für einen Augenblick, eine Weile, eine Minute, stillesteht, sondern immer weitereilt, weiterfließt, weiterströmt, - oder wie ein kräftiger Mann mit der Zungenspitze einen Speichelkloß bildet und ohne jede Anstrengung ausspeit, - oder wie wenn man in einen glühendheißen Metalltopf ein Stück Fleisch wirft, dasselbe gar schnell zergeht, nicht lange bleibt, - oder wie das Schlachtvieh, das zum Schlachten bestimmt ist, ganz gleich, welchen Fuß es auch hochhebt, stets ganz nahe am Rande des Todes steht.

Könnte es noch einen eindringlicheren Aufruf zum Ernst geben? Wachwerden heißt in der Buddha-Lehre vor allem immer wieder, die Vergänglichkeit zu erkennen:

„Alle Wesen sind dem Tode unterworfen, enden im Tode, können dem Tode nicht entgehen."

So ist die tägliche Übung des Buddhisten, diese Erkenntnis anschaulich werden zu lassen, sie aus dem abstrakten Denken herauszuholen und wahrlich erschütternde Erfahrung werden zu lassen. Kaum einer ahnt, welche innere Umwandlung dazu vonnöten ist und wie langsam diese innere Umwandlung sich vollzieht.

Erst wenn uns das Sterben täglich begleitet, wenn wir es nicht mehr geflissentlich übersehen und immer wieder auf uns beziehen, wenn wir in den Sammlungs- und Vertiefungsübungen das Loslassen und damit das Sterben immer und immer wieder üben, werden wir zur Befreiung von jeder Todesangst durchdringen und damit das unvorstellbare Glück gewinnen, an der Tatsache des allgegenwärtigen Todes nicht mehr zu leiden.

„Nicht irgendeine andere Gewalt kann ich da wahrnehmen, die so schwer zu bezwingen wäre, wie die Gewalt des Todes."

Also müssen wir uns in der Betrachtung des Todes üben und üben. Also ist jeder Tag versäumt, den wir nicht mit dieser Übung zubringen.

„Da wir mit dem Tode leben, sollten wir auch im Leben an ihn denken. Jeder kann der nächste sein, alle kommen dran. Es ist gut, sich darauf einzurichten. Dann wird es vielleicht ganz leicht werden zu sterben." So etwa gab es ein einsichtiger Mensch zu verstehen, der „urplötzlich" vor der Tatsache stand, daß er Krebs hatte.

Immer wachen wir zu spät auf. Darum bin ich dankbar, daß ich mich mit der Buddha-Lehre jeden Tag wieder neu wachrufen kann, jeden Tag, der eine Wiedergeburt des Alten und Gewohnten darstellen kann, aber auch eine Wendung zu bringen vermag, einen Lichtblick, einen Heiterkeitsstrahl: „Das Glück des Loslassens."

Der Tod aus der Sicht des Zen

Fumon S. Nakagawa

Ein Mönch fragte Daizui Zenji (Tasui-Fachen; 834-919): „Wie ist es, wenn der Tod kommt?“ Daizui sagte: „Gibt man mir Tee, so trinke ich ihn. Gibt man mir Speise, so esse ich sie.“ Der Mönch fragte weiter: „Wer nimmt die Gabe an?“ Der Meister sagte: „Räume deine Mönchsschale auf!“

Eine ähnliche Geschichte gibt es über den chinesischen Zen-Meister Unmon (Yunmen Wenyan; 864-949). Ein Mönch fragte Unmon Zenji: „Der Tod ist gekommen. Wie kann man ihm entgehen?“ Unmon sagte: „Wo gibt es ihn überhaupt?“

Solche Zen-Dialoge über den Tod stimmen uns innerlich heiter, bringen uns aber auch zum Nachdenken. Zum Beispiel könnten wir uns selber fragen: An welcher Stelle bereitet der Tod Schwierigkeiten, und wem? Beginnt die Schwierigkeit nicht schon damit, daß der Tod überhaupt als ernsthaftes Lebensproblem formuliert wird ? Und wer tut das überhaupt?

Der Tod als solcher ist ein natürliches Ereignis, das alle Lebewesen erwartet, die in diese Welt geboren werden. Nur wir Menschen können an den Tod denken, bevor er uns wirklich begegnet. Das ist das Problem. Mit dieser Fähigkeit richtig umzugehen, daß wir den Tod denken können, das ist die echte Aufgabe im Leben der Menschen.

Es ist das Ich der Menschen, das sich den eigenen Tod mit Angst und Schrecken vorstellt. Aber in der Wirklichkeit des jetzigen Augenblicks ist der Tod ein bloßer Begriff und eine Vorstellung jenseits der momentanen Wirklichkeit. In den buddhistischen Lehren wird der Tod daher letztlich als ein Problem des Ich behandelt, er ist eine der vielen Schwierigkeiten, die aus der Ich-Anhaftung resultieren. Die zentrale Lehre zur Ich-Anhaftung ist die der Drei Merkmale (Trilakshana). Alles, was existiert, trägt die Drei Merkmale, die das Buddha-Dharma beschreibt:

1) *Anitya (Veränderlichkeit, Unbeständigkeit, Vergänglichkeit),*

2) *Duhkha (Leiden, Unbefriedigtsein, Unerfülltheit, Leidhaftigkeit),*

3) *Anatman (Unpersönlichkeit, Nicht-Wesenhaftigkeit, Substanzlosigkeit).*

Das Erwachen zu Anitya (als allgemeiner Wahrheit dieser Welt) und Anatman (der Wahrheit von Anitya, wenn sie der Mensch auf sich selbst anwendet) löst die Ich-Anhaftung und das daraus entstehende Duhkha. Dadurch entsteht ein innerer Friede, das Ausgelöschtsein der Klesha-Leidenschaften, und das ist Nirvana. Im Mahayana wird dieser innere Friede oft auch nach außen wirkend dargestellt; dieser nach außen wirkende Frieden könnte auch als viertes Merkmal im Buddha-Dharma bezeichnet werden, so daß Trilakshana Anitya, Anatman und Nirvana umfassen würde.

Auch das Zen lehrt nichts anderes. Aber es lehrt Trilakshana auf seine Art: dynamisch und lebendig, radikal und heiter. „Gibt man mir Tee, so trinke ich ihn. Gibt man mir Speise, so esse ich sie." Oder: „Wo gibt es den Tod überhaupt?"

Der japanische Soto-Zen-Meister Ryokan (1758-1831) erlebte ein schweres Erdbeben, das weite Teile des Landes verwüstete. Weit über tausend Menschen starben, und über zehntausend Häuser wurden zerstört. Um diese Zeit schrieb Ryokan einen persönlichen Brief an seinen Freund, einen Laien. Zu Anfang des Briefes beschreibt Ryokan dieses Erdbeben als ganz besonders schrecklich; er zeigt sich aber erfreut über das Glück im Unglück, daß von seinen eigenen Bekannten und Verwandten niemand zu Tode kam. Am Ende des Briefes jedoch stehen seine berühmten Lehrzeilen: „Aber trotz alledem hat es doch seine Richtigkeit, einem Unglück auch zu begegnen, wenn es schon kommen muß. Es hat seine Richtigkeit, daß man stirbt, wenn man sterben muß. Dies ist die wunderbare Weise, die einen vor Unglück bewahrt."

Ohne Angst, ohne Sorge und ohne wirre Vorstellungen im Kopf sterben, wenn man sterben muß, und mit allen Schwierigkeiten und Problemen leben, solange man am Leben ist: Das ist die Praxis des Erwachens. Wenn die Persönlichkeit durch jahrelange Zen-Praxis reif geworden ist, dann ist die Lebenseinstellung zu einer solchen Konsequenz ausgeprägt.

Ähnliche Aussagen der Zen-Meister gibt es nicht nur über den Tod, sondern auch über persönliches Unglück. So wurde Joshu Zenji (Chaochou Tsung-shen; 778-897) gefragt: „Wenn ein großes Unglück kommt, wie kann man ihm ausweichen?" Er antwortete: „Soll›s doch kommen!"

Es gibt auch Geschichten darüber, wie die Zen-Meister tatsächlich starben, und auch dort finden wir eine ernsthafte und offene Gelassenheit. Meistens äußerten sie sich noch einmal als Lehrer mit einem Dharma-Wort. Diese Worte sind kurz, sie bestehen aus wenigen Sätzen in Gedicht- oder Dialogform. Die Zen-Meister lehren noch und sterben seelenruhig. So gibt es eine Geschichte über Yakusan Zenji (Yueshan Weiyan; 745-828). Beim Erlöschen schrie er: „Die Dharma-Halle fällt um! Die Dharma-Halle fällt um!" Alle Mönche versuchten, die Halle mit ihren Händen festzuhalten. Da rang der Meister seine Hände, rief „Ihr versteht mich nicht!" und starb.

Kurz vor dem Ende seines Lebens stieg Unpo (Yunfeng Wenyue) Zenji auf seinen Platz in der Dharma-Halle, dankte seinen Schülern und trug ihnen folgendes Abschiedsgedicht vor:

Sechsundsechzig Jahre weilte ich in dieser Welt.
Vor neunundfünfzig Dharma-Altern wurde ich Mönch.
Falls Zen-Übende das Wesentliche von mir wissen wollen:
Die Nase liegt unter dem Scheitel.

Nach diesen Worten starb er ruhigen Herzens.

Kassan Zenji (Jiashan Shanhui; 805-881) rief vor seinem Tode die Lehrer im Kloster bei sich zusammen und sagte zu ihnen: „Jahrelang habe ich zu den Übenden über den Weg gesprochen. Die tiefste Wahrheit des Buddha-Dharma muß jeder von euch selbst erkennen. Ich stehe jetzt am Ende meines Lebens. Die Zeit ist reif. Ich gehe. Und ihr, seid achtsam und tut so, wie ihr getan habt, als ich noch anwesend war. Stimmt niemals einfach in das Handeln der Welt-Leute ein, die unbedacht ein trauriges Gesicht zeigen." In der Nacht nach dieser Rede starb er.

Aber nicht alle Zenmeister waren bei ihrem Tod in guter körperlicher Verfassung. Manche starben auch geschwächt und unter großen Schmerzen. Beim Sterben braucht man nicht mehr spielen. Der Tod ist ein ernsthaftes Ereignis. Gerade im Extremzustand des Sterbens können wir bei manchen Meistern eine tiefe Gelassenheit, ja sogar Heiterkeit spüren. Ein Beispiel sind die letzten Tage des schon erwähnten japanischen Soto-Meisters Ryokan Zenji (1758-1831). Ryokan Zenji war lange Zeit wegen einer schweren, schmerzhaften Darmerkrankung bettlägerig. Er war völlig ausgemergelt und zu Tode geschwächt. Trotz seiner starken Schmerzen verfaßte er zum Abschied ein kurzes Gedicht:

Was mag ich zum Gedenken hinterlassen?
Kirschblüte im Frühling.
Kleiner Kuckuck in den Sommerbergen
und rotgefärbte Ahornblätter im Herbst.

Und als sich die Schüler sehr besorgt um ihn zeigten, antwortete er ihnen lächelnd:

Ein rotgefärbtes Ahornblatt
zeigt einmal seine schöne Seite,
ein andermal die andere -
und fällt herab.

Die Geschichte vom Sterben des Tozan Zenji (Dongshan Liangjie; 807-869) ist besonders schön und einprägsam (aus dem Text Sodoshu): Am ersten März im Jahre 869 ließ sich der Meister den Kopf rasieren. Nach dem Baden zog er sich nach den Regeln das Kesa (Flickengewand als Buddha-Kleid) an. Dann ließ er die Glocke schlagen, und alle Schüler kamen herbei. Er begrüßte sie, und danach starb er seelenruhig im Lotossitz. Alle Schüler weinten heftig. Da öffnete der Meister seine Augen wieder und unterwies sie: „Es ist die wahre Übung der Hauslosen, innerlich von den Dingen unabhängig zu werden. Warum heult ihr also alle und seid ewig unzufrieden?" Dann rief er einen Lehrermönch (Shuji-Chiji) und trug ihm auf, ein „Fest für die Dummköpfe" auszurichten. Da kamen die Äbte anderer Klöster, die seine alten Schüler waren, und bereiteten das Abschiedsfest vor.

Sieben Tage später war alles fertig. Der Meister verbrachte diesen Tag mit allen und aß ein paar Bissen mit ihnen. Er sagte: „Was soll eure Eile? Ausgerechnet wenn ich die Welt verlasse, macht ihr so viel Lärm und Krach." Am achten Tag ließ er sich baden. Nach dem Baden setzte er sich im Lotossitz nieder und starb endgültig. Sein Lebensalter war dreiundsechzig, sein Mönchsalter zweiundvierzig Jahre.

Es entspricht der Weisheit der Buddhalehre, den Tod als Geschehen der Vergänglichkeit ernsthaft in unser Leben zu integrieren. Gerade weil das Leben kurz und vergänglich ist, ist es absolut kostbar, und die Suchenden werden immer wieder aufgefordert, zu erwachen und aus dem Erwachtsein heraus ein wahres und sinnvolles Leben zu führen. Das finden wir in der gesamten buddhistischen Überlieferung, wir lesen es auch in den Zen-Schriften. Der japanische Meister Dogen (1200-

1253) weist in seinen spontanen Dharma-Ansprachen (Shobogenzo Zuimonki) immer wieder darauf hin, daß das Leben unsicher und kurz ist und daß wir Menschen uns deshalb selbst in diesem Leben dem Buddha-Dharma gemäß zur Reife bringen müssen.

Dieser Verweis auf die Vergänglichkeit ist nicht pessimistisch. Der Blick auf die Vergänglichkeit soll vielmehr eine vorläufige, aber sehr wichtige innere Bereitschaft bei den Weg-Suchenden erwecken. Nur eine solche ernsthafte innere Bereitschaft kann die seelischen Probleme des Menschseins lösen.

Der Tod ist nur für die Lebenden schwierig, nicht für die Toten. Und in der Wirklichkeit des Lebens ist er nicht einmal für alle Lebenden ein Problem. Bis jetzt hat mir niemand erzählt, daß jemand wegen irgendeines Lebensproblems im Schlaf (!) Selbstmord verübt habe. Es ist auch nicht bekannt, daß Neugeborene wegen der heutigen schwierigen Weltlage ernsthaft überlegen, ob sie weiterleben sollen. Mancher Mensch möchte sich selbst umbringen, wenn er spürt und denkt oder glaubt, daß die Welt, in der er lebt, aus den Fugen geraten und zerstört ist. Aus diesem Grund sieht er keinen Sinn mehr darin, weiterhin in dieser Welt zu leben. Aber daraus spricht gerade die grundlegende Verblendung der Ich-Anhaftung: Die Welt, die für ihn persönlich keinen Sinn zum Weiterleben mehr bietet, ist ja nur die Welt, wie sie genau dieser Mensch interpretiert und versteht. Die Welt, die ihren Sinn verloren hat, ist also nichts anderes als ein Bild, das er sich selber gemalt hat. Durch diese Beispiele wird deutlich, daß die Vorstellung vom Tod nur denen ein Problem ist, die wegen der Ich-Anhaftung die Wirklichkeit des Lebens und der Welt nicht so sehen, wie sie sind. Dies gilt auch für Menschen, die Angst vor dem Sterben haben und davor, nach dem Tod (als Strafe) in die Hölle zu kommen. Bei ihnen ist es die Welt nach dem Tod, die ein Abbild ihrer Vorstellungen ist. Ihr ganzes Leben lang haben sie immer wieder die Interpretationen gehört, die in ihrer Kultur und in ihrer Gesellschaft allgemein darüber verbreitet sind, und sie in sich aufgenommen. Und letztlich haben sie genau diese Vorstellungen zu ihren eigenen gemacht, sie sind zu ihrem eigenen Bild von der Welt nach dem Tod geworden: Die Angst vor dem Tod ist geprägt von den Informationen, die eine Person während ihres Lebens in der Gesellschaft über das Leben nach dem Tod bekommt. Auch dieser Prozeß geht auf die grundlegende Verblendung der Ich-Anhaftung zurück. Die Anhaftung an das Ich und an die Bilder, die das Ich über die Zeit nach dem Tod produziert, ist die Grundursache für die Angst vor dem Tod. In diesem Fall führt die Verblendung des Menschen zur Angst vor dem Tod; im ersten Fall dagegen (keinen Sinn im Weiterleben finden) haftet das Ich an der Sinnlosigkeit seines eigenen Lebens an.

Unser Leben und unser Tod - genauer gesagt, Leben und Tod in uns - laufen nicht nach unseren Vorstellungen und Wünschen ab. Natürlich sind unsere eigenen Gefühle und Gedanken ständig dabei, wenn wir mit anderen Menschen, Lebewesen oder Dingen zu tun haben. Wir interpretieren und analysieren diese Welt mit unserer eigenen Vernunft und unserem eigenen Gefühl. Aber das ist nicht alles. Wir müssen uns ständig bewußt sein, daß die Welt, in der wir zu leben glauben, nur die Welt ist, wie wir sie selber interpretieren und wie wir sie uns mit Hilfe unserer eigenen Gedanken und Gefühle ausmalen. In diesem Abbild der Welt sehen wir unseren Tod, und das ist niemals der Tod an sich. Wer das erkennt, erwacht zur Leerheit der Wirklichkeit, zur Leerheit des Selbst und der Welt.

Die Wahrheit dieser Leerheit (shunyata) ist immer Gegenstand der (buddhistischen) Lehre, zum Beispiel auch im Theravada-Samyuta-Nikaya, XXXV, 85: „‹Leer (sunna) ist die Welt! Leer ist die Welt!› So sagt man, o Ehrwürdiger. Inwiefern aber, o Ehrwürdiger, wird die Welt als leer bezeichnet? Weil sie, Ananda, leer ist an einem Ich und an etwas zu einem Ich Gehörenden, darum wird die Welt als leer bezeichnet..." (Nyanatiloka: „Der Weg zur Erlösung").

Im Herz-Sutra, das alle Mahayana-Schulen hochschätzen, steht der Satz: „Alle Dinge dieser Welt erscheinen als Form und als Substanz. Das ist nichts anderes als ihre Leerheit: Sie entstehen nicht und vergehen nicht." Diese Aussage ist keine dogmatisch-nihilistische Behauptung. Sie beschreibt nur die Wirklichkeit dieser Welt. Spätere Aussagen im Herz-Sutra widersprechen der normalen dualistischen Vernunft: „Da ist auch keine Unwissenheit und kein Ende der Unwissenheit. Da gibt es weder Alter und Tod noch die Überwindung von Alter und Tod. Da ist weder Leiden und Ursache von Leiden noch ein Ende des Leidens noch ein Weg, der zum Ende des Leidens führt."

Über den Begriff „Leben und Tod"

Der buddhistische Fachterminus „Leben und Tod" - auf Japanisch SHOJI beziehungsweise Chinesisch SHENG-SI bedeutet zweierlei.

Zunächst ist es die Übersetzung des Sanskrit-Wortes jati-marana: das heißt Geborenwerden und Sterben (Tod). Das Wort jati-marana kommt zum Beispiel in der Pratitya-Samutpada-Lehre des Bedingten Entstehens vor.

Zum zweiten ist es aber auch eine Übertragung des Sanskrit-Begriffs Samsara, was den Kreislauf der Existenzen in verschiedenen leidvollen Leben bezeichnet. Nach Buddhas ursprünglicher Lehre ist Samsara die Wiedergeburt in verschiedene Existenzformen; diese haben keine Substanz und erwachsen aus der grundlegenden Gier (trishna) und Verblendung (avidya). In der wahren Wirklichkeit der shunyata (Leerheit) gibt es „Leben" und „Tod" als dualistisch verstandene Phänomene nicht. Das Mahayana betrachtet das Samsara deshalb als die Welt der Erscheinungen, die von ihrem Wesen her gleichzeitig mit Nirvana identisch ist. „Samsara ist nichts anderes als Nirvana. Nirvana ist nichts anderes als Samsara" (Nagarjuna; 2./3. Jahrhundert christlicher Zeitrechnung: „Der Mittlere Weg").

Diese beiden Bedeutungen des Begriffs SHOJI (chin. SHENG-SI) - jatimarana (Geborenwerden und Sterben) und Samsara (unaufhörliches, leidvolles Leben in den verschiedenen Existenzformen) - machen deutlich, worin dabei das Problem für die Menschen besteht:

Wer Samsara überwinden und beenden will, muß innerlich-seelisch zu den schon oben erwähnten drei beziehungsweise vier Merkmalen als universeller Wahrheit des Menschseins erwachen. Samsara und Nirvana sind zwar eigentlich bloße Vorstellungen und Bezeichnungen, und im Grunde genommen sind sie identisch. Das darf aber nicht mißverstanden werden: denn unverkennbar gibt es ja Samsara und Nirvana, wie sie schließlich an ihren jeweiligen Wirkungen zu erkennen sind. Aber sie haben keine wirkliche Substanz: das bedeutet ‹leer› (shunya). In der shunyata unterscheidet sich nichts wesenhaft von etwas anderem, und aus Wahrheit und Wirklichkeit der shunyata erwächst die Mahayana-Aussage: „Klesha-Verblendung ist nichts anderes als Bodhi-Erwachen." Klesha sind leidverursachende Emotionen, Plagen, Beflekkungen, den Geist trübende Leidenschaften. Die grundlegenden klesha sind avidya (Verblendung) und trishna (Begierde). Ursprünglich entspringen sie der universalen Grundlebenskraft in uns Menschen. Diese Lebenskraft wirkt aber unterschiedlich, je nachdem, ob sie gemäß der shunyata-Wahrheit als Nirvana beziehungsweise maitri-karuna (Güte und Mitgefühl) wirkt, oder ob sie als Klesha das leidvolle Leben (Samsara) antreibt.

Im Zen hat man besonderen Wert darauf gelegt und viel Mühe darauf verwendet, die Wahrheit der shunyata als nicht-dualistische Lebensweisheit im eigenen, konkreten Leben zu verwirklichen und zu praktizieren. Alle Probleme des konkreten Alltags stellen sich für gewöhnlich dualistisch dar. Die beiden eingangs zitierten Zen-Dialoge zeigen eine menschlich-seelische Reife, die daher kommt, daß sich die Meister jahrelang darin übten, die gewöhnliche, dualistische Weltsicht zu überwinden.

Nun ist aber der Tod eine Tatsache, unabhängig davon, wie man ihm begegnet. Aber die Zen-Meister haben keine wirren Vorstellungen, und von daher sehen wir bei ihnen keine Illusionen, keine Ängste und keine Verzweiflung, was den Tod betrifft. Zen ist eine Praxis, die alle Lebensprobleme umfaßt. „Nimm Leben und Tod (beziehungsweise Samsara) als Nirvana! Es gibt nichts, das als Leben und Tod zu vermeiden wäre, und es gibt auch nichts, das als Nirvana zu verlangen wäre." (Dogen: Shoji - Leben und Tod. Aus dem Shobogenzo).

Wenn wir den Tod als Vergänglichkeit erfahren, die den Sinn des Lebens absolut aufhebt, so ist das eine vorläufige, aber notwendige und ernsthafte innere Vorbereitung darauf, die Wirklichkeit des Lebens zu sehen. Es ist ein langer Weg, bis wir akzeptieren, daß Leben und Tod und der Nirvana-Friede dasselbe sind. Und dieser Weg endet nicht beim eigenen Seelenfrieden.

Bereits in der Theravada-Lehre wird Wert gelegt auf die Entfaltung der Güte (Metta-Sutta). In den alten buddhistischen Lehren wird Nirvana als das höchste und letzte Endziel betrachtet, als restloses Erlöschen und endgültige Befreiung. Die Mahayana-Lehre dagegen spricht vom Nicht-Verweilenden Nirvana (MUJUSHO-NEHAN). Nicht-Verweilendes Nirvana bedeutet: Die prajna-Weisheit ermöglicht das Verlassen der verwirrenden Welt, gleichzeitig aber bewirkt maitrikaruna (Güte und Mitgefühl), nicht im Nirvana-Frieden zu verweilen. Dieses erweiterte Verständnis von Nirvana hat mit dem Bodhisattva-Ideal zu tun.

Das Bodhisattva-Wesen (das Erwachte Wesen) hat den Buddha-Weg praktiziert und ist dadurch reif zur Buddhaschaft, aber es verzichtet auf das Eingehen ins Nirvana, solange noch nicht alle Wesen von diesem kummervollen, leidhaften Leben erlöst sind. Daher kann Nirvana für Mahayana-Bodhisattvas nur das Nicht-Verweilende-Nirvana sein, während in den alten buddhistischen Schulen das vollkommene Nirvana mit dem konkreten Tod des Leibes gleichgesetzt wurde. Im Mahayana dagegen leben wir so lange in der Samsara-Welt, bis alle Lebewesen gerettet sind. Wir jagen nicht unserer eigenen Vollendung nach, die beim Tod dieses Körpers die letzte Verwirrung dieses Lebens auflösen soll.

„Leben und Tod sind das Leben Buddhas" sind Worte Dogen Zenjis. Zu „Leben und Tod" als dem Leben Buddhas zu erwachen, ist die erste und wichtigste Aufgabe auf dem Weg des Übens. Aber die zweite wichtige Aufgabe ist immer schon da - das Erwachen zum Bodhisattva-Gelöbnis, zur Verwirklichung des Nicht-Verweilenden Nirvanas in der obigen Bedeutung. Es ist sehr bedauerlich, daß es Strömungen gibt, die Zen als egoistische, ich-bezogene Jagd nach „Erleuchtung" mißverstehen. Das Zen ist eine Mahayana-Schule, deren Hintergrund und Grundlage die gesamte buddhistische Lehre ist. Und sein Ziel ist es, den Frieden sowohl in der einzelnen Person als auch in dieser ganzen Welt zu verwirklichen. Die schwerwiegenden Probleme der heutigen Welt in den verschiedensten Bereichen erfordern es, daß wir Maßnahmen zu ihrer Lösung ergreifen. Aber solche Maßnahmen können nur Menschen ergreifen, die sich ernsthaft mit dem eigenen Tod und mit dem Sinn ihres eigenen Lebens auseinandergesetzt haben. Das war so in alter Zeit, ist es heute und wird es sicher auch in Zukunft sein.

Unmon Zenji zeigt den Weg, der dahin führt. Auf die Frage: „Der Tod ist gekommen. Wie kann man ihm entgehen?", antwortet er: „Wo gibt es ihn überhaupt?" Aus so einer friedvollen inneren Freiheit von allen Illusionen heraus können Menschen dann tatsächlich imstande sein, für diese heutige Welt zu wirken. Im Herz-Sutra steht: „Die Bodhisattvas leben aus dieser tiefen Prajna-Weisheit, nichts hemmt ihren Geist, und aus dieser Freiheit sind sie ohne Furcht. Jenseits aller Illusionen haben sie Nirvana vollendet." Daraus entspringt das erste der vier Bodhisattva-Gelöbnisse: „Der Wesen sind unendlich viele, wir geloben, sie alle zu retten." Und im Zen wird häufig rezitiert: „Möge diese Gabe das ganze Weltall erfüllen. Mögen wir mit allen fühlenden Wesen gemeinsam den Buddha-Weg vollenden."

Das ist Zen. Das ist der Geist des Zen. Zen zu praktizieren, ist nichts anderes, als diesen Geist zu praktizieren und in sich zu verwirklichen. Deswegen üben wir Zazen als Verwirklichung des Erwachens und als die Praxis des Bodhisattva-Gelöbnisses. Im „Gelöbnis des Meisters Daichi" wird klar, wie das Problem „Tod" im Geist des Zen als Bodhisattva-Weg gelöst wird und sich wandelt:

Möge ich es erfüllen,
mit diesem von Eltern gegebenen Körper
mich dem Gelöbnis-Meer der Drei Juwelen zu widmen,

vom wahren Weg beim Tun und beim Nicht-Tun
niemals abzuweichen;
auf dem Weg von diesem Körper zum Buddha-Körper,
von einem Leben zu einem anderen Leben,
von einer Welt zu einer anderen Welt,
beim Geborenwerden und beim Sterben,
nie getrennt vom Buddha-Dharma,
an jedem Ort, wo ich bin,
ohne Widerstreben, unermüdlich
Lebewesen zu retten;
sei es unterm Schwerterbaum oder auf dem Messerberg,
sei es im kochenden Wasser über dem Feuer,
unbeirrt nur diese Shobogenzo-Wahrheit tragend,
wo es auch sei, stets inmitten der Dinge tätig zu sein!
Mögen die Drei Juwelen mich bestärken!
Mögen die Buddhas und Dharma-Vorfahren mich schützen!

Im Angesicht des Todes

Maya Keller-Grimm

Wäre das Universum deine Heimat, dann müßtest du mit Lust und Begeisterung eine Neugeburt anstreben, mit Lust und Begeisterung bereit sein, seelische und körperliche Leiden anzunehmen, mit Lust und Begeisterung den Mühsalen des Alters entgegensehen und vor allem mit Lust und Begeisterung sterben. Das Universum selbst wäre deine Zuflucht und deine eigene Unruhe nur das Spiegelbild des Planeten, den du bewohnst. Zu was sollte dir dann eine Religion nützen? Im Vergessen des Vergangenen entlohnt dich die Natur mit dem Gaukelbild eines stets neuen Geschehens, das im Grunde so alt ist wie das Universum selbst. Weil sich die Welt infolge ihrer Veränderlichkeit und Leidensfülle immer in einer Krise befindet und befinden muß, wirst auch du dich so lange in einer Krise befinden, wie du vermeinst, ein Teil von ihr zu sein. Sobald du jedoch die Außerweltlichkeit deines wahren Wesensgrundes erkennst und an dir erfährst, stehst du insoweit bereits am „anderen Ufer", vor dir der in Blitzen aufzuckende Gewitterhimmel des Universums. Mag unser Leben scheinbar noch so glücklich verlaufen, zwei Ereignisse warten auf uns: Tod und Geburt. Selbst wenn wir letztere nicht akzeptieren, so müssen wir mit ihrer Möglichkeit rechnen. So wir nur eine kleine Reise vorhaben, werden wir uns darauf vorbereiten. Weshalb also nicht auf eine jederzeit möglich werdende große Reise? Unvorbereitet auf eine große Reise zu gehen, bringt vielerlei Kümmernisse mit sich. Es könnte uns an Nahrung, Kleidung, Unterkunft ermangeln und der für uns geeignete Umgang fehlen, ebenso viele andere Dinge, die das Leben lebenswert machen. Ist man einmal in die Irre gegangen, ist es ungewiß, ob man wieder zu seinem Ausgangspunkt zurückfindet.

Leben ist Bewußtwerden: der Buddha spricht von ihm als von einem unaufhörlichen Strom, der von einer Geburt zur anderen fließt, von einem Tod zum anderen, eingefärbt von unserem dürstenden Willen, in hellen oder dunklen Farben. Der trotz aller Leiden ungeminderte Spaß am Leben, das Herbeisehnen sinnlichen Genusses, die völlige

Unkenntnis der Situation, in der wir uns befinden, das ist die Ursache des Samsara: ein im Dunkel des Nichtwissens immer wieder aufs neue gewagter Kopfsprung in eine uns letzten Endes bekannte und doch unbekannte Welt.

Die Überzahl der Menschen will vom Leben überhaupt nur einen kleinen Ausschnitt sehen, und zwar den, der ihrem düsteren Willen entspricht. Vor allen anderen Aspekten des Lebens verschließen sie bewußt die Augen. Sie leben, ohne das Leben zu kennen, und der Tod wird an ihre Türe klopfen, ohne daß sie sich je der Bedeutung des Lebens und des Todes bewußt geworden sind. Wir sind nicht zufällig in die Welt hineingeschlittert. Wir sind da, weil wir von Unrast geplagt sind, weil wir glauben, daß uns die Stille nichts zu sagen hat und wir nach Selbstbestätigung verlangen in und mit dieser uns wesensfremden Persönlichkeit. Wir sterben auch nicht aus Zufall, sondern nur, weil das, was wir irrtümlicherweise ergriffen haben, seinem Wesen nach sterblich ist. Obwohl selbst unsterblich, klagen wir, wenn das Sterbliche, mit dem wir uns im Nichtwissen identifizieren, stirbt und das Vergängliche, an dem wir uns erfreuen, vergeht und schmerzliche Empfindungen in uns hervorruft. Schwingen wir mit dem Kosmos, so schwingen wir mit dem Samsara. Schwingen wir mit dem Samsara, sind wir insoweit Kinder des Kosmos und damit Wesen, die mit dem Stempel von Geburt und Tod behaftet sind.

Der Mensch gibt sich alle erdenkliche Mühe, den Tod aus seinem Leben zu verdrängen. Und doch lebt er jeden Augenblick in seiner unmittelbaren Nähe. Wäre er sich dieser Tatsache bewußt, so bliebe ihm konsequenterweise nichts anderes übrig, als sich auf seine Begegnung vorzubereiten oder aber das Leben aus vollen Zügen zu genießen und sich vom Tode überraschen zu lassen. Der Normalmensch ist es gewöhnt, alles Mögliche und Unmögliche in sein Leben einzukalkulieren und sich gegen eventuelle Unfälle zu versichern. Seine große Zukunft nach dem Tode aber klammert er bewußt aus. Wie kann diese Rechnung aufgehen? Wer überdies glaubt, dem Tode davonlaufen zu können, indem er das Leben mit aller Kraft bejaht und dem Leiden den Rücken kehrt, gleicht einem Manne, der einem ihn angreifenden starken Bär entfliehen will und sich zu diesem Zweck in dessen Höhle versteckt.

Wir alle sitzen in einem Warteraum, dessen Türe der Tod öffnet. Es ist eine Traumreise in der Zeit, die wir in diesem Warteraum erleben. Ist der Traum zu Ende, öffnet uns der Tod die Pforte. Und wieder sehen wir uns in einem neuen Warteraum mit einer Welt konfrontiert, die wir im Innersten suchten, entweder laut und lärmend, seelenlos und voller Unrast und Hast, oder aber mit blühenden Lotussen, wo uns jene Begegnungen werden, die wir zutiefst ersehnten. Und das hinein in die Ewigkeiten der Zeit, bis wir der endlosen Kette von Wiedergeburten und Toden im irren Spiel des dürstenden Willens müde werden und den Warteraum des Todes für immer verlassen, um im Erwachen zu unserer eigenen Buddhanatur zu uns selbst zurückzukehren.

Immer wieder geschieht es, daß der Mensch angesichts des nahenden Todes zu einer religiösen Neubesinnung kommt, die Schopenhauer mit den Worten umreißt: „Es stirbt mancher Verbrecher am Schafott ruhiger als mancher Nichtverbrecher in den Armen der Seinen." - Im Anblick der Majestät des Todes fällt jede oberflächliche Weltanschauung wie ein Kartenhaus in sich zusammen. Dem Sterbenden wird die unmittelbare Erfahrung, daß die Zeit der Phantastereien endgültig vorbei ist und für ihn nur noch die Hoffnung besteht, eine Zuflucht zu finden, die dem im Tode auf ihn zukommenden Weltuntergang standhält. Je nach der Einfärbung des Gemütes wird sein Sterben zum hellen oder dunklen Spiegel der in ihm zutiefst schlummernden Hervorbringungen (sankhara), und je näher der Tod rückt, um so plastischer werden seine Gedankenbilder und Sehnsüchte. Selbst die Zeit beginnt einer transzendentalen Veränderung zu unterliegen.

Im Tode gleicht der Mensch gemeinhin einem Seefahrer, der voller Entsetzen zusehen muß, wie sein Schiff mit zerbrochenem Mast und zerfetzten Segeln von Wind und Wogen in die Tiefe gerissen wird. Da er sich aber von seinem Schiff nicht losreißen kann, weil er in dasselbe verliebt ist, sieht er nicht, wie bereits ein neues Schiff auf ihn zusteuert und das Seil nach ihm auswirft. Erst im letzten Augenblick, da schon die Wasser über ihn hinwegspülen und er zu versinken glaubt, fühlt er sich urplötzlich emporgehoben und, wie er die Augen aufschlägt, sieht er sich bereits wieder an Deck eines neuen Schiffes, das mit geblähten Segeln sich in rasender Fahrt von seinem untergegangenen Schiffe entfernt und nach vorwärts treibt. -

Gesetzt den Fall, die jetzige Stunde wäre die letzte Stunde deines Lebens. Wie würdest du dir die folgenden Fragen beantworten: War die Buddhalehre für dich vielleicht nur ein anstrengendes Studium, das dich zwar intellektuell befriedigte, sich aber kaum auf dein tägliches Leben auswirkte? Du bist wohl kein schlechter Mensch gewesen und hattest deine Prinzipien, aber warst du wirklich auch ein guter Mensch in einem höheren Sinne des Wortes, der sein Menschsein nützte? Wärest du wohl in der Lage, in deiner letzten Stunde der dir noch verbleibenden Lebenszeit einen tieferen Inhalt zu geben oder würdest du dich nach einem schnellen Tode sehnen oder gar am liebsten vor ihm davonlaufen? Möglicherweise würde sich in so einem Falle zeigen, daß du dich weder mit dem Leben noch mit dem Tode wirklich auseinandergesetzt hast und dich ähnlich einer Eintagsfliege, die vom Gewittersturm überrascht wird und tot umfällt, nun plötzlich vom Tode als einem unsichtbaren Feind überrumpelt fühlst. Welches Verhalten würdest du an den Tag legen? Wie dem aber auch sei: Deine letzte Stunde könnte für dich zu einem Aufstieg werden, wenn es dir gelingt, über die Abgründe deines Gemütes hinweg, jene starken positiven Impulse, die du in dir trägst und die du im besonderen auch durch die Buddhalehre empfangen hast, zu aktivieren, so daß sie bestimmend zu deinem Übergang beitragen.

Oder: Glaubst du dich stark genug, dem nahenden Tode gegenüber eine heroische Haltung einzunehmen, die jede Illusion ausschließt und bereit ist, für die seelischen Belastungen deiner teils dunklen, teils hellen Vergangenheit selbst die Verantwortung zu tragen und als aufrechter Mensch durch den Tunnel des Todes zu schreiten?

Oder: Zwar ist dir der Einbruch der Buddhalehre in dein Gemüt gelungen, aber sind diese neu gesammelten Einsichten und Kräfte nicht viel zu schwach, um den angesichts des Todes einbrechenden Winden und Stürmen des Gemütes zu trotzen? Ist die Kraft deines Vertrauens stark genug, um die Zuflucht zu den Drei Juwelen für dich zu einer echten Wirklichkeit zu machen, die dich über den Tod emporhebt und dich zu einer erwünschten und ersehnten Wiedergeburt führt? Nütze die Stunde, und du wirst auch die Stunde deines Todes nützen! Die Möglichkeit, selbst in der Todesstunde noch einen großen Sprung zu tun, bleibt offen, so die Vorbedingungen dazu vorhanden sind.

Oder: Wirst du zu jenen Glücklichen zählen, die schon während ihres Lebens im Loslassen das Sterben geübt und gepflegt haben und deren religiöses Bewußtsein gerade in den letzten Stunden in strahlender Helligkeit zum Durchbruch kommt? Spürst du bereits jetzt die gewaltige positive Kraft des an-atta-Gedankens, der dich unter Schmerzen lächeln und in der Gewißheit deiner eigenen Todlosigkeit das Unaussprechbare in zunehmender Heiterkeit, Stille und beseligendem Frieden erfahren läßt? Bist du ein in den Strom Eingetretener, so wirst du in deinem Sterben die Frucht des Stromeintrittes pflücken. Dieser Tatsache kannst du dir, nach des Buddha eigener Erklärung, so sicher sein, wie sich eher ein Weltbrand verzögern würde, als daß der in den Strom Eingetretene nicht die Frucht des Stromeintrittes pflückte. Freilich wird dieses scheinbare „Wunder" nur derjenige akzeptieren, der weiß, daß die Weltordnung letzten Endes keine physische, sondern eine moralische ist; für einen anderen würde es auch nie in Erscheinung treten.

Mag ein Mensch während seines Lebens sich noch so oft und leicht belügen, im Angesicht der Majestät des Todes vermag er es nicht mehr. Vielleicht ist dann jener große Augenblick gekommen, da sich sowohl dem Weisen als auch dem Toren das „Ungeborene" als „reines, klares Urlicht" offenbart, das dem in den Strom Eingetretenen den Weg nach Nirwana weist, während es für den schwachen Menschen in den Wolken des Nichtwissens wieder verlorengeht. Und niemand weiß, wohin der Tod ihn führt, allein er selbst! Welche Bedeutung kommt einem glücklichen Leben zu, wenn es mit einem schweren, unglücklichen Sterben endet?

Wer keinen anderen Schatz besitzt als seine dürftige Persönlichkeit, ist ein armer Mensch. Weinend wird er mit ihr geboren, weinend und klagend beugt er sich unter der Last von Krankheit und Alter, hoffnungslos und verzweifelt geht er mit ihr dem Tode entgegen. Wer aber um seinen inneren Reichtum weiß, sich seiner im Transzendenten liegenden Tiefen bewußt ist, für den wird sein Leid zur geheimnisvollen Ursache seines Glückes. Ohne Leid als die ihm ureigene Reaktion auf die Vergänglichkeit alles Irdischen würde der Mensch einem Schmetterling gleichen, der von den Winden der Vergänglichkeit gejagt, sich taumelnd im Kreise bewegt und nicht imstande ist, den Vogel wahrzunehmen, der mit weit geöffneten Schwingen und aufgerissenem Schnabel auf ihn zustürzt, um ihn zu verschlingen. Nur im Schmerz über die Vergänglichkeit wird der Mensch seiner eigenen Todlosigkeit gewahr; als erster Erwachungs-Impuls wird er allen Wesen zuteil, gleichviel ob sie sich des Leides als der eigentlichen Gnade ihres Innersten bewußt sind oder nicht.

Welcher denkende Mensch würde nicht irgendwann einmal, angesichts der Buntheit seines Gemütes, die ihm die stete Wiederkehr gleichbleibender Willenstendenzen zu bestätigen scheint, erschrecken? Nach außen hin präsentiert sich ihm die Buntheit des Gemütes im Zeit-Raum-Kontinuum einer ewigen Wiederkehr in den mannigfachen Bereichen des Samsara. Letzterer erscheint nur deshalb erträglich, weil über jedem unserer Kurzauftritte der Vorhang des Vergessens fällt und wir der ewigen Wiederkehr des Gleichen, wie es Nietzsche ausdrückt, im Kreislauf des Werdens nicht gewahr werden.

Wer im Banne des Lebens steht, kann gar nicht anders, als sich selbst als einen Teil dieses Lebens zu begreifen. Leben ist Bewegung, und auch du suchst Bewegung. In deiner Persönlichkeit gleichst du einer Uhr, die sich immer wieder selber aufzieht. Doch einmal kommt auch für sie die Endzeit und sie fällt auseinander. Dann baust du dir wieder eine neue Uhr, doch auch ihre Tage werden gezählt sein. Und das hinein in die Ewigkeiten der Zeit. Du wanderst auf Wolken, die dich immer wieder abwerfen. Sterben? Du stirbst doch nicht! Es stirbt nur dein Leib. Einen Ballon hast du steigen lassen, um mit seiner Hilfe die Welt zu empfinden und wahrzunehmen. Und nun platzt er. Das ist alles. Es ist dein freier Wille, ob du wieder einen neuen Ballon steigen läßt oder nicht. Erst wenn wir mit zunehmender Einsicht beginnen, das Leben mehr und mehr als einen schweren Alptraum zu empfinden und uns nicht mit ihm identifizieren, erfahren wir uns in unserem tiefsten Grund als außerhalb des Lebens, ein Sachverhalt, der uns überhaupt erst die Möglichkeit gibt, das Leben als solches der Wirklichkeit gemäß zu betrachten und zu beurteilen. Wir sehen uns als ewige Pendler, immer zwischen zwei Leben, immer eingekleidet in Körper und Geist, niemals in Ruhe gelassen vom dürstenden Willen, immer mit leuchtenden oder gebrochenen Augen, das Glück gleich einer rollenden Kugel vor uns herschiebend; wollen wir sie ergreifen, entwischt sie. Es gibt kein Glück in der Welt, das nicht vom Winde der Vergänglichkeit wie Streu hinweggefegt würde, und es gibt kein Unglück, das unseren Grund zerstören könnte.

Alles Da-sein ist in seinem unaufhörlichen Werden die Explosion des dürstenden Willens nach Leben. Diese Tatsache aber bringt uns in eine katastrophale Lage: Immer schweben wir zwischen Himmel und Erde, zwischen Glück und Unglück, Gesundheit und Krankheit, Jugend und Alter, Überfluß und Armut, Geburt und Tod. Und diese Situation halten wir gemeinhin für die uns angemessene. Einer besaß ein Haus, in das er seine ganze freie Zeit und seine Arbeitskraft hineingesteckt hatte. Da kam ein schweres Gewitter und sein Haus brannte bis auf die Grundmauern nieder. Auch die Feuerwehr konnte nichts mehr retten... Für den Mann wurde es zur Frucht eines guten Karma, weil er sah, daß das Haus nicht sein Eigentum war. Er begann, seine Koffer zu pakken. -

So du nicht weißt, was nach dem Tode mit dir sein wird, kannst du dich dann wirklich ruhig zum Sterben hinlegen? Denke einmal nach; du weißt es, aber vielleicht willst du es nicht wissen: Du wirst genau dort fortfahren, wo du hier stehen geblieben bist. Oder liebst du etwa den Tod, weil er zum Leben gehört? Wenn aber nicht, weshalb machst du dich nicht innerlich von ihm frei? Du solltest deine Irrtümer und Fehler so lange betrachten, bis du Gewißheit besitzt: Mit diesen Torheiten ist es nun für immer vorbei. Erst dann kannst du ruhig und gefaßt dem Tode ins Auge sehen. Oder willst du die gleichen Fehler noch einmal begehen, noch einmal das gleiche Leid, die gleichen Enttäuschungen kosten, die dir hier geworden sind? Du wirst wiederkommen in eben der Rolle, die du jetzt spielst. Man sagt, daß man sich die Todesart nicht wählen kann. Den Tod als Übergang aber kannst du dir sehr wohl wählen.

So wenig der einzelne zur Linderung äußerer Katastrophen beitragen kann, so ist die Vermeidung innerer Katastrophen, wie sie durch Alter, Krankheit und Tod ausgelöst werden, ganz in seine Hand gegeben. Noch glaubt sich der Mensch im Besitz seiner vollen Kraft - noch schmiedet er Pläne und fühlt sich Herr seiner Entschlüsse, doch oft genügen bereits wenige Jahre, um seine Abwehr gegenüber den Mühseligkeiten des Lebens zum Erliegen zu bringen, und dann ist die Katastrophe da. Diesem inneren Aufruhr gegenüber unerwünschten Veränderungen liegt freilich ein tiefer Kern zugrunde, nämlich die unmittelbare Erfahrung der Unangemessenheit leidvoller Zustände und die Ahnung einer letztmöglichen Befreiung. Alles Leben ist ein von uns selbst hervorgebrachter, sich von Geburt zu Tod, von Tod zu Geburt dahinwälzender Bewußtseinsprozeß, auf den wir mit Kümmernissen und Sorgen, mit Schmerzen und Qualen, mit Ängsten und Aggressionen und einer nicht zu stillenden Sehnsucht nach Glück reagieren. Identifizieren wir uns mit diesem Bewußtseinsprozeß, so gibt es keine Befreiung und wir bleiben die Gefangenen des Samsara. Im gleichen Maße aber wie wir uns nicht mit diesen Bewußtseinsprozessen identifizieren, sie als etwas Fremdes und uns nicht Zugehöriges betrachten, vernehmen wir die Trommel der Todlosigkeit und das bisher verschlossene Tor beginnt sich zu öffnen. Und so kündet uns denn auch der Buddha:

Du kannst dich krank und elend fühlen und dich dennoch gleichzeitig geistiger Gesundheit erfreuen. -
Du kannst aus dem Schatten der Früchte vergangenen Wirkens heraustreten und im Sonnenlicht des Buddha-Dhamma vertrauens-

voll deinen Weg gehen. -
Du kannst in Güte die ganze Welt umarmen, ohne an ihr zu haften.
Du kannst mit Mara (dem Tod) Zwiesprache pflegen, im Wissen, daß deine Buddha-Natur ihn besiegen wird. -
Du kannst im Tode deinen Leib fallen lassen und die Gewißheit besitzen, nicht zu sterben: „Zwei Silben bedeuten den Tod, drei Silben das ewige Brahman: mama (mein) bedeutet den Tod, na mama (nicht mein) das Ewige" (Mahabharata).

In den Satipatthana-Meditationen hebt der Buddha hervor, daß das, was geboren wird, was altert und stirbt, nur der körperliche Organismus mitsamt dem Bewußtsein ist, sonst nichts. Aber da ist auch die Realität des puggala, des Betrachtenden, der zwar von den Gebrechen seines Leibes nicht mit fortgerissen, nichtsdestoweniger aber unaufhörlich von den durch diesen Leib ausgelösten schmerzvollen Empfindungen getroffen wird. Als Last-Träger leidet er unter der sich selbst auferlegten Last seiner Persönlichkeit. Die dem Menschen vom Buddha verordnete Therapie sind die Satipatthana-Meditationen, mit der sich immer wiederholenden Forderung: „Anissito ca viharati - und unangelehnt (an Körper und Geist) verharrt er." Indem wir diesen Rat befolgen und uns nicht an die Beilegungen anlehnen, verlieren die schmerzvollen Empfindungen ihre zerstörende Kraft, sie sinken ab, wie ein schwerer Stein, den man in einen See geworfen hat und der nur noch kleine Wellen hervorbringen kann. Mit jeder schmerzlichen Empfindung werden wir zwar noch von ihren Wassern bespritzt, aber es läuft sofort wieder ab. Nichts ist mehr im Gemüt vorhanden, was sich zu einem Gewitter oder gar zu einer Katastrophe zusammenballen könnte. Hellwach stehen in unserem Geist die Buddhaworte: „Wenn auch der Körper krank ist, so braucht doch der Geist nicht krank zu sein" (S 22,1, nach Georg Grimm; „Buddhistische Meditationen", Nr. 566). Und indem wir uns nicht mehr mit unserer Krankheit, unserem Altwerden, vor allem aber nicht mit dem Absterben unseres Leibes identifizieren, verändert sich unser gesamtes Weltbild: Krankheit, Alter und Tod verwandeln sich im Lichte der anatta-Weisheit zu Götterboten, die uns auf dem Pfade der Befreiung helfend zur Seite stehen.

Reinige dein Gemüt; pflastere es nicht voll mit Gedanken und unheilsamen Vorstellungen. Und wenn du dich Jahrzehnte darum bemühst, es lohnt sich: Der Welt leer sein, heißt des Ungeborenen voll sein. Insoweit wir Persönlichkeit und Welt als uns unwesentlich durchschauen, erfahren wir im Erlöschen unseres Dranges das sichtbare Nirwana.

Verstrahle Gedanken der Liebe, ehe die Lichter ausgehen - übe dich im Lassen alles Irdischen, ehe es dir genommen wird - kehre heim, ehe die Wirbel des Samsara dich wieder verschlingen - zerstöre das Nichtwissen, ehe es deinen Geist vernebelt und die Sonne der Weisheit wieder im Dunstkreis eines aufsteigenden falschen Scheines verschwindet. Wir sollten oft an unsere große Zukunft nach dem Tode denken. Erst dann wird uns die einmalige Bedeutung dieses unseres jetzigen Lebens bewußt, das die auf uns zukommenden Gegenwarten bestimmt. Sie werden bedrückend sein, wenn wir das Jetzt nicht zu nützen wissen, und sie werden voll des Lichtes sein, wenn wir im Jetzt den Schlüssel finden, der die verschlossene Türe öffnet. Kein Mensch braucht seinem Verhängnis entgegenzusehen.

Im Nichtwissen kann der Mensch sich selbst zu Grabe tragen, und das Kreuz, das er dann trägt, ist schwerer als das des Nazareners. Das Leiden ist das Echo unserer eigenen Tiefen auf die unangemessene Situation, in die uns unser dürstender Wille gebracht hat. Im Sonnenlicht der Weisheit aber kommt dieses Echo zum Verstummen. Der Erwachungsimpuls (bodhicitta) ist das Aufleuchten der in uns verborgen schlummernden Weisheit. Gleichwie ein Vogel, mag er sich noch so weit von seinem Nest entfernt haben, immer wieder zu ihm zurückfindet, so auch findet der Mensch, mag er sich noch so weit von seinem eigenen Grunde entfernt haben, im Erwachungsimpuls immer wieder zu seinen eigenen Tiefen zurück.

Du kannst Leben und Tod mit vielen Augen betrachten; fehlt dir aber das Auge der Weisheit, so bist du für die Wirklichkeit blind und bleibst das arme Opfer deiner Illusionen, Träume und Wünsche. Du verwendest deine Kräfte und Energien zur Befriedigung deines dürstenden Willens, und deine Kreativität benützt du zur Erweckung neuer Begierden und neuer Wünsche. In deinem Wahne glaubst du, dich damit selbst zu verwirklichen. Wie vieles machst du überhaupt nur, weil du mit dir selbst nicht zufrieden bist. So du glaubst, das Leben sei hart, so wird es hart sein; so du aber überzeugt bist, der Stärkere zu sein, so wirst du Leben und Tod meistern und der Friede deines Herzens wird dir nicht versagt bleiben.

Eine alte Freundin schrieb mir: „Manchmal habe ich das Gefühl des Auseinanderfallens der Gruppen, des Zerbrechens meiner Körpermaschine. Ich selbst sehe diesem Schauspiel zu und erfahre unmittelbar, daß es mich in meinen eigentlichen Tiefen nicht berührt. Seit Jahrzehnten habe ich nun mit dieser Maschine gearbeitet; sie ist müde geworden und meint, es wäre an der Zeit aufzuhören. Meine Identifikation mit ihr habe ich im an-atta-Anblick insofern gelöst, als mich ihr Auseinanderbrechen in keiner Weise betrübt; leider aber ist der Wunsch nach dem Besitz einer neuen, besseren und feineren Sechssinnenmaschine noch geblieben. So werde ich also beim Zerbrechen meines Leibes in eine neue Lebensphase übertreten. -

Ich spüre, daß mein dürstender Wille allmählich stirbt. Es kann noch ein langes Sterben werden, aber das ist nicht wichtig. Die Hauptsache ist: er stirbt! Es ist eine einzigartige Erfahrung, und schon jetzt wird mir manchmal eine Heiterkeit und eine Ruhe zuteil, die ich vordem nie erfahren habe. Hohe Wellen dürstenden Willens wird es in meinem Leben nicht mehr geben, weil es im Garten meines Gemütes still geworden ist, allerdings nicht so still, wie ich es mir wünschen würde. Mein Sehnen geht nach einer stillen, friedvollen Umwelt, wo ich mich leicht zurechtfinden kann.

Die Augen, in die ich blicken möchte, sollten gütig, aufrichtig und rein sein, und die Worte, die an mein Ohr dringen, sollten Worte der Weisheit sein, die mein Herz lösen, so daß ich Vertrauen fasse und mich keine Mutlosigkeit befällt. Ebenso wie mir in diesem Leben auf wundersame Weise Hilfe wurde, so wird mir auch nach dem Tode meines Leibes Hilfe werden. Ich werde dem guten Freund begegnen, der mir Weisheit, Liebe und Wärme schenkt und mich wieder der Buddhalehre zuführt.

Es ist schon einige Male geschehen, daß mir im Anblick einer Landschaft oder beim Durchstreifen einer fremden Stadt, bei der Begegnung eines Menschen, den ich noch nie gesehen habe, urplötzlich der Gedanke kommt: „deja vu" („schon gesehen")! Das sind jene besonderen Augenblicke, da aus unbekannten Tiefen die Erinnerung an vergangene Leben in mir aufleuchtet. Ich weiß, daß das Bewußtsein die laterna magica ist, derer ich bedarf, um die Traumwelt des Samsara für mich Wirklichkeit werden zu lassen. Wird die Laterne durch den Tod zerstört, so habe ich Angst, im Dunkeln zu sein und zünde mir sofort wieder eine neue Laterne an. Bin ich aber der ewigen Wiederholungen samsarischen Geschehens einmal wirklich müde geworden, dann weiß ich, daß ich mit dem endgültigen Zerbrechen meiner Laterne in die höchste traumlose Wirklichkeit untertauchen werde, die keiner laterna magica mehr bedarf, weil sie in sich selbst Genüge findet. Bis dahin ist aber leider noch ein weiter Weg, und noch drehen die Winde dürstenden Willens das Rad des Samsara." -

Mit der Vernunft allein ist unsere Buddhanatur nicht zu erfassen. Wir erfahren sie in Kummer und Sorgen als untergründige Abwehr gegenüber dem allwaltenden Gesetz der Vergänglichkeit, die gleich einem düsteren Totenvogel uns ständig umkreist. Im Leid der Wesen protestiert das Todlose gegen den Tod - im bodhicitta zeigt es uns den Weg zur Entrinnung.

Das andere Ufer? Wohin müssen wir gehen, um es zu finden? In andere Welten, andere Dimensionen? Jenseits der Sonnen, Monde und Sterne? Laß dich vom Erhabenen bei der Hand nehmen! Er sagt: Siehe, jenes andere Ufer ist da, wo der wahre Mensch ohne Rang und Namen beginnt, wo du - von außen her gesehen - in einer Wüste zu sein scheinst, in Wahrheit aber in die Fülle reiner Transzendenz untertauchst und das Mysterium letzter und wahrer Freiheit für dich Wirklichkeit wird. Deine Buddha-Natur, oder, wenn du willst, das Reich Gottes, ist weder auf Erden noch im Himmel, sie sind in dir oder sie sind überhaupt nicht - nicht für dich. Das Wissen um die todlose Tiefe unseres Grundes ist der eigentliche Talisman, der den Buddhajünger auf seinem Weg begleitet!!!

Öffne deine Augen! Wie Treibsand dem Meere zuschwimmt, so treiben die Wesen, eingebettet in Geburt, Kindheit, Jugend, Krankheit und Alter, dem Tode entgegen. Erwache - oder träume weiter - eine Zwischenbilanz gibt es für dich nicht! Verschiebe die Begegnung mit dem Tode nicht bis zuletzt, die Überraschung könnte zu groß sein! Ein besonnenes und glückliches Leben verlangt die Einbeziehung von Tod und Neugeburt. So du dich nicht zum Spielball deines dürstenden Willens machen willst, solltest du, um die notwendige Wahlverwandtschaft mit höheren Welten herbeizuführen, folgende vier Glieder des Stromeintrittes pflegen: „Den Umgang mit den auf Hohem Pfade wandelnden Menschen, die Durchdringung der guten Wirklichkeitslehre, Studium und Meditation und eine aus tiefer Herzensgüte geborene Sittenreinheit" (D 33). Das Gütezeichen aber dieser vier erlesenen Dinge sind Klarbewußtheit und Besonnenheit.

Mit jeder Wahrnehmung, jeder Empfindung, jedem Gedanken und jedem Willensimpuls erfolgt unser Neueintritt in Zeit und Raum. Mit der Ausleerung des Gemütes, in der Verwirklichung überweltlicher Stille aufgrund des Nicht-mehr-Haftens, betreten wir das „andere Ufer" und berühren die höchste, in uns selbst ruhende Wirklichkeit. Lebe deshalb nicht, als ob du sterblich wärest. Lebe im Bewußtsein deiner Todlosigkeit; dann lebst du in Einklang mit dir selbst, und der Tod des

Leibes verliert seine Bedeutung. Unsterbliches kann niemals sterben - Unvergängliches niemals vergehen - in innerer Erfahrung werden sie für dich zum geheimnisvollen Versteck und Eiland. - Die alte Straße der Buddhas ist dir fremd geworden; und doch ist sie der nächste Weg in deinen eigenen Grund, für den es keine Begrenzung gibt. „Ein Vollendeter" - nämlich unser wahres Wesen - „ist tief, unermeßlich, unergründlich, gleichwie der große Ozean", kündet die weise Nonne Khema. Das Jetzt ist der Augenblick deines Erwachens und damit der einschneidendste Augenblick deines Lebens. Verpasse ihn nicht! Es könnte sonst für dieses Leben zu spät sein. Im Hängen an der Welt spiegelt sich dein Wille - in der Stille deine eigene Tiefe. „Einer ging auf Wanderschaft, um die Stille zu suchen - und fand sie nicht. Da hat er das Wandern gelassen - und die Stille gefunden."

Das Mysterium des Lebens und des Sterbens

Lama Anagarika Govinda

Der gewöhnliche Mensch glaubt an die Wirklichkeit seiner Sinnenwelt und seines individuellen Lebens.

Der Denker ist enttäuscht, denn er entdeckt, daß das Leben keine größere Wirklichkeit besitzt als der Traum.

Der Weise aber, obwohl er sich des illusorischen Charakters unseres Lebens bewußt ist, macht, wie der Künstler, die illusorischen Formen und vergänglichen Materialien zum Träger des Unvergänglichen und erfüllt sie mit einer Wirklichkeit, die über die Grenzen individuellen Lebens hinausgeht.

Zu wissen, daß eine Statue aus gewöhnlichem Lehm und Stein gemacht ist, sagt nichts über die Natur der Statue aus und bedeutet nicht, daß wir dem Wesen oder dem Sinn des Kunstwerkes näher gekommen sind. In gleicher Weise bringt uns die Analyse des menschlichen Körpers, seiner seelischen Eigenschaften, Bewußtseinsfaktoren und geistigen Funktionen nicht dem Wesen oder dem Sinn des Lebens näher.

Zu wissen, daß das Leben Illusion ist, ist nicht von entscheidendem Wert und braucht nicht daran zu hindern, es zu einem Kunstwerk zu gestalten, zu einem Gebilde von innerer und äußerer Harmonie. Das Leben hat nicht Sinn in sich selbst, sondern nur den Sinn, den wir ihm geben.

Wenn Konfuzius sagt, daß es nicht die Wahrheit ist, die den Menschen groß macht, sondern daß es der Mensch ist, der die Wahrheit groß macht, so dürfen wir diesen Satz dahin abwandeln, daß wir sagen: Es ist nicht das Leben, das den Menschen groß macht, sondern der Mensch, der das Leben groß macht.

Denn Leben ist überall; aber erst, wenn es sich zu einem individuellen Brennpunkt konzentriert, gewinnt es die Kraft und die Fähigkeit, sich seiner überindividuellen, allumfassenden Natur bewußt zu werden.

Darin besteht die große Paradoxie des Geistes: Um sich seiner Universalität bewußt zu werden, bedarf es der Individualisierung. Die Individualität aber bedarf dauernder Auflösung, Erweiterung und Auflokkerung, um nicht zu verhärten, zu erstarren und ihrer ursprünglichen Funktion verlustig zu gehen. Sie bedarf des Sterbens, der Wiedereinschmelzung und Verflüssigung, um sich vor dem seelischen Tod zu retten, dem Tode der Stagnierung, der Erstarrung und Trennung von der Ganzheit des Ursprungs.

Um das Leben groß zu machen, dürfen wir es nicht festhalten. Das lehren uns selbst die Funktionen des Körpers, in dem sich die Gesetze des Lebens widerspiegeln. Jeder Stoff, den wir festhalten, sei es Luft oder Nahrung, verwandelt sich in Gift. Ausatmung und Ausscheidung sind ebenso lebenswichtig wie Einatmung und Nahrungsaufnahme. In gleicher Weise verhält es sich mit dem Sterben: Es ist ebenso lebensnotwendig wie das Geborenwerden. Nur dadurch, daß wir es mit dem Zerfall und der Auflösung des Körpers gleichsetzen, ohne Beachtung des gleichzeitigen geistigen Regenerierungsvorganges, kommen wir zu unserer einseitig-negativen Auffassung des Todes.

In der Tatsache des Sterbens enthüllt sich das tiefste Mysterium des Lebens. Die Notwendigkeit des physischen Todes ergibt sich aus der Notwendigkeit des schöpferischen Geistes, dem keine Einzelform auf die Dauer Genüge sein kann.

Nur wer begreift, daß Geburt und Tod zwei Seiten desselben Vorganges sind, der sich in jedem Augenblick des Lebens vollzieht, so wie Ein- und Ausatmung, erkennt, daß Sterben nicht der Gegenpol zum Leben, sondern eine Grundfunktion des Lebens selber ist, die in keiner Weise von der des Geborenwerdens getrennt werden kann.

Darum sagt schon Plutarch, daß im Augenblick des Todes die Seele das gleiche erlebt wie die Eingeweihten der großen Mysterien. Denn die Eingeweihten gehen schon im Akte der Einweihung durch die Pforten des Todes und der Wiedergeburt und wissen um die untrennbare Einheit beider im Strome des Lebens.

Das Wissen dieses Mysteriums ist bis zum heutigen Tage in Tibet lebendig geblieben und in den Lehren und Symbolen des Tibetischen Totenbuches niedergelegt. Dieses Buch ist daher weit mehr als eine Anweisung zum Sterben oder eine Totenmesse oder ein Führer durch den Bereich des Todes. Es ist ein Buch für Eingeweihte, ein Führer für die Lebenden. Sein wirklicher Titel ist: „Die Befreiung durch Hören (der Wahrheit) (Tibetisch: „thosgrol", gesprochen „Thö-dol") vom Zwischenzustand (Tib.: „bar-do")."

Dieser Zwischenzustand ist aber nicht nur der Zustand zwischen dem physischen Tod und der Wiedergeburt, sondern umfaßt jeden Augenblick unseres Lebens. Denn das Leben des Unerweckten ist nichts weiter als ein solcher Zwischenzustand, dem keine größere Realität zukommt als den Erlebnissen des Traumes und anderer illusorischer (das heißt, nur in begrenztem Sinne „wirklicher") zeitbedingter Geisteszustände.

Diejenigen aber, die nicht nur mit den Ohren, sondern mit dem inneren Sinn gehört und schon im Leben diese Lehren verwirklicht haben, sind aus dem illusorischen Zwischenzustand zur Wirklichkeit erwacht und Meister ihres Lebens und Sterbens geworden. In Tibet werden sie als „Tulkus" bezeichnet, das heißt als solche, deren Körper (Tib.: „sku") die bewußte Projektion oder Schöpfung (Tib.: „sprul", gesprochen „tul") ihres Geistes ist, im Gegensatz zum gewöhnlichen Menschen, dessen Körper und Persönlichkeit das Produkt unbewußter Triebe und Neigungen ist (die der Gegenstand der Psychoanalyse sind).

Solche „Tulkus" (mein eigener Guru war ein solcher) werden von den Europäern fälschlich als „lebende Buddhas" bezeichnet, was gänzlich irreführend ist - wie das meiste, was man über Tibet hört.

„Sprul" ist die schöpferische Kraft des Geistes, und wer diese Kraft beherrscht, ist ein „Tulku".

Sollte der Ungeist und die brutale Gewalt der Maschinenzivilisation die lebendige Tradition des Bardo Thödol und der geistigen Kultur Tibets auslöschen, so wäre die Menschheit des letzten Zusammenhanges mit den großen Mysterien der Vorzeit beraubt.

Die Achtung vor dem Tod

Günter Neumeyer

Betrachtet man Bilder mit Sterbeszenen aus vergangenen Zeiten, so sieht man Würde der Sterbenden und Verstehen der Begleitenden. Selbst Schreckensbilder des Pest-Todes mit all ihrem Elend scheinen den Tod nicht zu verdammen.

Bei Naturvölkern sind Geburt und Tod feierliche Begrenzungen des Daseins. Nach buddhistischer Anschauung sind Geburt und Tod die beiden wichtigsten Ereignisse im jeweiligen Dasein eines Wesens überhaupt. Der eigentliche Schrecken für den Wissenden ist nicht der Tod, sondern die Geburt ins leidbringende neue Dasein.

Durch sonderbare Ausformungen von Mythen und Schöpfungsgeschichten entstanden im Laufe der letzten zwei Jahrtausende Vorstellungen vom „Geschöpf", das von einem allmächtigen Wesen aus dem Nichts durch Geburt hervorgebracht wird und das sich als Seele nach dem Tode seinem Schöpfer wieder zugesellt, um eventuell am jüngsten Tag zum Gerichtsurteil leiblich wieder aufzuerstehen oder - nach guter Führung auf Erden - auf ewig in einem Paradies zu verweilen. Bei weniger gutem Lebenswandel drohten Fegefeuer oder Höllenqualen.

Die Folgen dieser eigenartigen Vorstellungen sind aus der Literatur des Abendlandes zu ersehen. Der Mensch lebt in einem Jammertal, ist abhängig von der Gnade eines höchsten Wesens und hat selbst keinerlei Möglichkeiten, sich zu läutern oder zu verändern. Martin Luthers Schriften bringen das ganz klar zum Ausdruck. Je nach Veranlagung strebten die Frommen nach Anerkennung ihrer Frömmigkeit durch das höchste Wesen. Sie lebten ein Gott wohlgefälliges Leben bis zu ihrem Tode, dem sie gefaßt und ein wenig hoffnungsvoll, aber auch mit Bangen vor der Ungewißheit, entgegensahen. Die Gesangbücher sind voll von diesen Gedanken.

Das gesetzestreue Leben wurde in allen drei theistischen Religionen zum kategorischen Imperativ der Guten. Damit fielen die Schlechten durch das Sieb. Sie hatten von vornherein keine Chancen. Und danach lebten sie denn auch. Sie erkannten, daß sie nur dieses eine Leben haben würden und daß mit dem gefürchteten Lebensende „alles aus“ sein würde. Folglich hatte ein Bemühen um einen besseren Lebenswandel, um ein Vorankommen zur Vollendung gar keinen Sinn.

Diese Lebens- und Todesanschauung steckte in den Köpfen der Nicht-Frommen und führte zu Verbrechen und Morden. Diese Denkformen befielen auch Politiker, Kaiser und Könige, Herrscher wie Beherrschte, Reiche wie Arme, Männer wie Frauen.

In der Neuzeit verloren die etablierten Religionen ihre Macht, mit ethischen Vorschriften die Köpfe und Herzen der Menschen im Zaum zu halten. Ideologien boten keinen Ersatz, eher im Gegenteil, wie die Geschichte seit der russischen Oktober-Revolution erwies.

Haben sich seit der Entwicklung der Naturwissenschaften die Vorstellungen vom Sinn des Werdens und des Todes verändert?

Während Naturvölker und religiös geprägte Gesellschaften sich noch eine gewisse Vorstellung von „seelisch-geistigen“ Kräften machen konnten, die in oder hinter der Materie Wirkungen hervorbrachten, so verloren die Wissenschaftler inzwischen einerseits jegliche Achtung vor dem Wesen der Materie und damit auch vor dem Lebenden, das ja einzig und allein aus dieser Materie aufgebaut zu sein schien. Andererseits bewunderten sie die Potenzen des Lebenden als etwas geheimnisvoll Angetriebenes und Vorwärtsstrebendes. Dennoch sind Lebewesen für den „Wissenschaftler“ nur „biologische Apparate“, die sich der chemisch-physikalischen Kräfte bedienen, um immer vielfältigere Maschinen (Pflanzen, Tiere, Menschen) zu konstruieren. Diese „Bio-Maschinen“ entstehen durch Zusammentritt von Informationsträgern bei der Zeugung und verlieren ihren materiellen Zusammenhang im Tode.

Mit dieser nüchternen Betrachtung verloren ethische Werte im Laufe der letzten 200 Jahre des sich entwickelnden „Reduktionismus“ ihren letzten Rest von „metaphysischer“ Begründung. Leben und Dasein wurden reduziert auf rein materielle Gegebenheiten und Abläufe. Selbst gesellschaftlich-soziale und psychische Vernetzungen waren nach dieser Anschauung durch statistische Analysen und Methoden der Zufalls- und Chaosforschungen zu begreifen.

Daß diese „Welt-Anschauung“ weiter dazu beigetragen hat, den Menschen als in diesem Leben einmaliges Subjekt (Individuum) zu betrachten, das mit dem Tode jede Erinnerung und jede Verantwortung für sein Leben ablegt, liegt nahe. Krasser Individual-Egoismus und Tendenzen zum „Aus-Leben bis zum Äußersten", Verachtung der Materie und des durch Materieanhäufung bestehenden Lebenden sind die heute zu beobachtenden Folgen.

Wie steht nun diese religionslose, naturwissenschaftlich vermaterialisierte Menschheit dem Tode gegenüber?

Zunächst wurden die Ursachen, die zum vorzeitigen Tode führen können, untersucht, aufgeklärt und mit naturwissenschaftlich einwandfreien Methoden zu beseitigen versucht. Hygiene, Bakteriologie, Impfwesen, Trinkwasserversorgung, Abwasser-Klärung, Müllentsorgung, Lebensmittelhygiene waren Meilensteine, um größeren Menschengruppen den frühen Tod durch Infektions-Krankheiten zu ersparen. Verbesserte Schwangerschafts- und Säuglingspflege führten zu sich vergrößernden Menschen-"Beständen", die wiederum durch vergrößerte Feld- und Tierbestände zu ernähren waren.

Inzwischen ist die Masse Mensch unter den Säugetieren der Welt zur größten „Biomasse" geworden. Diese Biomasse verbraucht den Großteil der Lebensgrundlagen und erzeugt die gefährlichsten Gifte, wodurch das Leben für alle Lebewesen auf diesem Planeten künftig immer weniger möglich wird.

Damit rückt der Tod, das „Ableben", wieder deutlicher ins Visier auch der Kinder und jüngeren Menschen. Sie diskutieren bereits in den Schulen über die Aussichtslosigkeit, mit den Problemen der Übervölkerung, des Hungers, der sozialen Kriege, des Wärmekollaps und anderer Scheußlichkeiten der Zukunft fertig zu werden. Auch das setzt die Hemmschwelle vor dem Töten und dem Tode drastisch herab.

Schon die Kinder betrachten heute die Reden der Politiker genauer und beobachten, ob jemand vom „Wirtschaftswachstum" oder vom schonenden Umgang mit der Erde, dem Wasser und der Luft spricht - und sogar danach handelt und handeln läßt oder anregt zum Handeln.

Eine Geisteshaltung, die den Menschen als materielles Zufallsprodukt einer völlig sinnlosen Evolution ansieht, kann diesem Leben keinen Sinn verleihen. Damit wird auch der Tod zur absoluten Sinnlosigkeit, die es so lange wie möglich aufzuschieben gilt. Der Tod ist Folge des technischen Verschleißes oder eines gelegentlich auch vorzeitigen Betriebsunfalls.

Dort setzt nun der Medizinbetrieb ein. Die meisten Krankheiten sind ursächlich nicht heilbar. Außer Infektionen und einigen chirurgisch angehbaren Krankheiten sind die allermeisten Krankheiten nur „symptomatisch" zu lindern. In anderen Fällen gelingt es, mit größtem technischen Aufwand bereits verwirktes Leben unter großen Mühen und Kosten zu verlängern. Der „Ersatzteilmedizin" wird es gelingen, todgeweihten Menschen durch Einpflanzung von Organen bereits „Abgelebter" (oder sogar frisch Gezeugter!) ihr Leben um einige Zeit zu verlängern.

Makabre Beispiele verdeutlichen das:

Ein reicher Säufer stirbt an seiner Leberverhärtung. Er leistet sich eine neue Leber von einem Verstorbenen - und säuft mit der neuen munter weiter.

Eine reiche Raucherin stirbt an Lungenkrebs und leistet sich eine neue Lunge - und raucht ungebremst kräftig weiter.

Der Routinebetrieb einer Klinik sieht den Todesfall möglichst nicht vor. Durch zu viele Todesfälle wird die Statistik der Abteilung verdorben. Deswegen gerät eine Pflegemannschaft bei ersten Anzeichen eines sich anbahnenden Sterbens jedesmal wieder in hellste Panik.

Diese „Blaulicht-Situation" wirkt oft grotesk, denn weit vor dem Zeitpunkt des Alarms konnte die Entwicklung zum Sterben bereits konstatiert werden. Doch das Pflegepersonal gerät jedesmal in Aufregung mit erheblichem psycho-physischem Streß, und das immer so lange, bis der Tod trotz Infusionen, Spritzen, Kardioschock und Atemmaske eingetreten ist. Dann wird der „abgelebte" Leichnam so rasch wie möglich weggeschafft. Damit nur ja nicht die „anderen" etwas merken.

Andererseits wird sogar bei einem 96-jährigen bewußtlosen Greis nach einem Schlaganfall ein wochenlanges Kunstleben an Schläuchen und Maschinen aufrecht gehalten. Die Frage der Angehörigen nach dem „Warum" wird mit juristischen Vorschriften und ethischen Regeln beantwortet. Die Würde des natürlichen Todes wird in Kliniken nicht mehr ge-"wahrt" (wahrgenommen). Patienten, bei denen das Sterben offensichtlich mit allen Möglichkeiten nicht abwendbar erscheint, werden jedoch wie eh und je in Abstellkammern oder Badezimmer geschoben, wo sie neben Abfallbecken allein und einsam ihren Odem aushauchen dürfen. Dann werden sie flugs in die Eisbox geschoben, wo sie auf den feierlichen Augenblick des Abschiedes in der Kapelle warten dürfen, um dann durch den 3000 Grad-Ofen und die Knochenmühle des Krematoriums mit ihren staubigen Materie-Resten in eine bauchige Urne zu wandern.

Die Angehörigen gehen dem Spektakel des „Ablebens" selber tunlichst aus dem Wege. Haben sie schon während des Lebens die Hände ihrer Nächsten nur selten berührt, um Vertrautheit zu spüren und Nähe zu geben, so versagen sie den Sterbenden diesen letzten Dienst in zunehmendem Maße. Der beste Beweis für diese Entwicklung sind die Bestrebungen der Hospiz-Vereine, die den Sterbenden wieder zu einem Sterben in Würde und Geborgenheit verhelfen wollen.

Was ist nun zu konstatieren?

Der Tod ist für den religiös oder ideologisch geprägten wie für den naturwissenschaftlich denkenden Menschen der Endpunkt des Daseins. Damit wäre Dasein an sich sinnlos und eine Daseins-Ethik nicht begründbar. Der Tod ist sinnlos, also braucht man ihm weder Sinn noch Würde zu geben. Sinnlosigkeit und Würdelosigkeit sind Geschwister.

Wie anders die Gedanken zum Dasein, zu Geburt und Tod in anderen Erfahrungsbereichen! Die Kraftfelder des Lebenden als eine Kette ohne Anfang und Ende. Der Übergang von einer Wandlung in eine Ver-Wandlung, in ein neues, weitgehend vom Eigenstreben der Geistes-Seelenkräfte bestimmtes Dasein. Und schon dieses ist das Resultat der Daseinsformen vor diesem Dasein.

Das sind Gedanken, die eine Lebens-Ethik und einen Daseins-Sinn hervorrufen. Statt „Schick"-sal höherer Kräfte „Schaff"-sal aus eigener Verantwortung dem Lebenden und der Weitergabe des Lebens gegenüber. Der Materieleib bleibt als Asche zurück, der Geist-Leib wandert als „elektronisch-photonisches Kraftfeld" (um die Physik zu bemühen) zum nächsten Dasein in verwandelter Form. Dieses Kraftfeld nimmt Verantwortung und Schaffsal mit. Diesem Kraftfeld schließen die Begleiter des Sterbenden auch nach dem naturwissenschaftlich bestätigten Tod ihre liebevollen Gedanken als Weg-Genossen an.

Wissenschaftlich nicht zu beweisen? Die Wissenschaft kann nicht einmal die Funktionen des Geistes erklären, geschweige denn die tiefsten Ur-Gesetze des Seins.

Das Wissen um den Sinn des Daseins als Möglichkeit zur Vervollkommnung geistiger Kraftfelder, die wie alle Energie unverminderbar sind, bietet den Lebenden einen tröstenden Halt und gibt den Menschengemeinschaften eine Denk- und Handlungs-Richtlinie, die dem

Individuum wohltut und die dem ganzen Planeten Erde wohltun wird. Achtung vor dem Leben und Achtung vor dem Tode sind die beiden Seiten einer Münze.

Tod und Vergänglichkeit im Buddhismus

Rev. M. Daishin Morgan

Um dem Tod Sinn zu verleihen, müssen wir den Sinn des Lebens verstehen. Es gibt da ein wunderbares buddhistisches Gedicht, „Die Leuchte Asiens", das davon spricht, wie Erleuchtung das Verschmelzen eines Tautropfens mit der leuchtenden See ist. Der Sinn des Lebens besteht für mich darin, dieser Tautropfen zu sein, der eins wird mit der leuchtenden See. Diese leuchtende See ist das, was ich mit Buddhas Worten „das Ungeborene, das Todlose, das Ungeschaffene", die Buddha-Natur nennen möchte. Das Ungeborene ist das, was manchmal auch als Leere bezeichnet wird; dies ist ein Wort, das ich nicht besonders mag, weil es so leicht kalt klingt, während das Ungeborene die Essenz des Erbarmens, der Liebe und der Weisheit ist. Wenn dieses Ungeborene in das Zentrum aller Dinge gestellt wird, wenn wir wissen, was der Sinn und Zweck unseres Lebens ist, dann besteht die Aussicht, die wahre Zuflucht zu finden. Wenn wir über Tod und Leben nachdenken, dann ist das, worauf es am meisten ankommt, spirituelles Training und nicht kulturelle Aspekte wie die Kunst des Blumensteckens, Kampfkünste, Kalligraphie oder Dichtung. Diese Dinge - wie alle kulturellen Aspekte des Buddhismus - können ein Stück vom Wesen des Buddhismus zeigen, aber wenn wir wirklich dem Leben und dem Tod Sinn geben wollen, dann müssen wir über allem anderen das Ungeborene suchen. Wenn das Ungeborene unsere wahre Zuflucht ist und wir nicht nach Zuflucht in anderen Dingen suchen, dann können wir Erleuchtung verstehen, und das bedeutet das Wesen des Mitgefühls, der Liebe und der Weisheit in uns selbst verstehen.

Vom Leben des Buddha wird gesagt, daß er, noch bevor er zu seinem spirituellen Lebensweg aufbrach, der vier Zeichen gewahr wurde: Krankheit, Alter, Tod und das heilige Leben. Krankheit, Alter und Tod sind die Warnungen, die uns gegeben werden, und sie sind gleichsam das Mittel zu verstehen, was gemeint ist mit heiligem Leben. Was immer wir an Einsicht in das Wesen des Todes gewinnen, kommt durch Meditation und tiefes Verstehen unserer Vergänglichkeit. In der Meditation arbeiten wir daran, zu diesem Tautropfen zu werden, der dazu bereit ist, eins zu werden mit der großen See. Und irgendwo in dieser großen See existiert dieser Tautropfen immer noch. Wir versuchen nicht, diesen Tautropfen zu töten, wir versuchen auch nicht, unser Ich wegzuwerfen, und dennoch, um eins zu werden mit dem großen Ozean, müssen wir das Ich loslassen. Und dieses Loslassen des Ich ist genau das, was wir im Augenblick des Todes tun müssen. Einen guten Tod zu finden, ist das gleiche, wie wahrhaft zu meditieren. Häufig durchleben wir Ängste, und Angst ist eines der wesentlichen Themen, mit denen sich der Mensch im Westen in seiner meditativen Praxis auseinandersetzen muß. Wir fürchten, nichts zu sein, wenn wir das Ich loslassen, aber das ist nicht wahr. Wenn wir das Ich loslassen, erkennen wir die große See. Es gibt nichts zu verlieren und alles zu gewinnen.

Die Schwierigkeit erwächst deshalb, weil wir uns reinigen müssen von aller Begierde, allem Ärger und aller Verblendung, um dieses Ich loslassen zu können und ein friedvolles Herz zu besitzen. Oberflächlich gesprochen sind diese Begierde, dieser Ärger und diese Verblendung, von denen wir uns läutern, reinigen müssen, das, was Karma genannt wird. Karma setzt sich aus all jenen Tendenzen und Neigungen zusammen, die uns ärgerlich oder besitzergreifend machen oder die uns veranlassen, in verblendeten Sichtweisen steckenzubleiben. Sie sind das Resultat von Entscheidungen, die wir in der Vergangenheit getroffen haben.

In der Gegend Englands, in der ich aufgewachsen bin, war eine „steife obere Lippe" etwas allgemein Übliches. Es bedeutete, daß man seine Gefühle nicht zeigte. Infolgedessen war es nicht leicht zu verstehen, was Liebe ist, sowohl im Geben als auch im Empfangen. Ich fand es schwierig, intensive Gefühle zuzulassen, insbesondere jene, die entstanden, wenn mir Liebe entgegengebracht wurde - ich wußte nicht, wie ich reagieren sollte. Das ist Karma in dem Sinn, daß dies die Umgebung war, in der ich geboren wurde und in der ich aufgewachsen bin. Doch dieses Karma ist etwas, was wir verändern können.

Neben vielem anderen war das für mich die Erfahrung, sehen zu lernen, wie ich mich selbst von anderen Menschen abgeschnitten hatte. Schwieriger vielleicht noch war der Prozeß zu erkennen, daß ich es wert war, geliebt zu werden. Eine Art, in der sich Angst manifestiert, besteht darin, daß wir fürchten, Gewißheit zu haben und Vertrauen in uns zu fassen, weil wir wissen, wie viele Fehler wir in der Vergangenheit gemacht haben. Und deshalb brauchen wir ein Mittel, um uns mit diesen Fehlern auseinanderzusetzen. Wenn jemand im Sterben liegt, sind es oft die Fehler aus der Vergangenheit, die einem bewußt werden. Wir müssen unser Karma reinigen, wir müssen lernen, die Fehler unserer Vergangenheit loszulassen, und in diesem Zusammenhang brauchen wir die Fähigkeit und Bereitschaft, diese unsere Fehler auszusprechen und sie mit anderen zu teilen; und dies ist der Prozeß des Bekennens. Bekennen dient somit nicht einer Absolution, das heißt einem Freigesprochenwerden von Fehlverhalten, sondern es läßt uns erfahren, daß wir von unseren Mitmenschen angesprochen und akzeptiert sind. Seit frühester Zeit gibt es im Buddhismus die Tradition, die eigenen Fehler anderen mitzuteilen. Wann immer ich über meine eigenen Fehler mit meinen Mitmönchen oder meiner Lehrerin gesprochen habe, hat mich die Weise, in der sie angenommen haben, was ich sagte, mit Ehrfurcht erfüllt. Allem voran gibt es im Buddhismus keinerlei Richten. Wenn wir also unser Innerstes preisgeben und auf diese Weise darbieten, wird es mit Liebe, Mitgefühl und vorurteilslos aufgenommen. Es wird weder entschuldigt noch geurteilt. Es ist, wie es ist, und wir müssen Verantwortung dafür übernehmen und die Konsequenzen unserer Taten akzeptieren. Wenn wir die Konsequenzen wahrhaft akzeptieren, dann sind wir frei von der Vergangenheit. Bis wir allerdings wissen, was uns antreibt, bis wir die inneren Zwänge kennen, die uns bewegen, können wir nicht frei sein. In diesem Prozeß, in dieser Arbeit, ist es äußerst hilfreich, diese innersten Gefühle mit einer Person unseres Vertrauens teilen zu können.

Das Gesetz des Karma ist unausweichlich. Wenn wir in der Vergangenheit sehr von Ärger besetzt waren, dann ist Ärger Teil des prägenden Prozesses, der uns zu dem gemacht hat, was wir sind. Erst wenn wir diesen Ärger tatsächlich sehen, sind wir frei davon.

Als junger Mönch saß ich einem anderen Mönch gegenüber, der für meine Begriffe sehr schlechte Tischmanieren hatte. Er machte beim Essen eine Menge Lärm, und ich wurde deshalb sehr wütend. So ging das Tag für Tag. In einem Kloster hat man keine große Wahl, wem man gegenübersitzt. Eines Tages ist mir mit Entsetzen klar geworden, daß ich diese Person haßte. Alles, was passiert war, war, daß jemand sein Porridge schlürfte. Und ich haßte ihn dafür. Als ich das erkannte, wollte ich von da an nie wieder ein anderes Wesen hassen. Erst wenn wir die Natur von Haß oder irgendwelcher Verblendung sehen, können wir frei sein davon. Mich dafür anzuschuldigen oder dafür zu entschuldigen, wäre gänzlich ohne Nutzen gewesen.

Wenn es Zeit ist für uns zu sterben, dann wird das, was wir im Leben nicht abgelegt haben, die treibende Kraft sein, die bedingt, was dann geschieht. Unabhängig davon, wie gut es uns gelungen sein mag, diese Kraft zu ignorieren, wenn sie da ist und in unserem Herzen lebendig geblieben ist, dann werden wir ihre Macht zu spüren bekommen. Deswegen ist die Bereinigung des Karma die wichtigste Aktivität in der spirituellen Arbeit eines Menschen. So wie meine Lehrerin, als ich ihr von den Fehlern erzählte, die ich gemacht hatte, nicht urteilte, sondern nur zuhörte, so hört auch das Ungeborene nur zu, ohne Urteil. In diesem Moment war meine Lehrerin für mich eine Erscheinung des Ungeborenen. Wir alle haben die Fähigkeit zur Erleuchtung, wir alle besitzen das Buddha-Wesen. Wir können alle dieser Funktion, dieser Aufgabe dienen, füreinander.

Was geschieht, wenn jemand stirbt, ist, daß dieses Ich, das wir gekannt haben, anfängt, sich zu verändern, aufzubrechen. Lange Zeit war es für mich eine wichtige Frage zu verstehen, was danach passieren würde. Jetzt fühle ich, daß es keine Rolle spielt. Es spielt keine Rolle, weil das Wichtigste und Entscheidende ist, daß ich Zuflucht zu Buddha, Zuflucht zum Dharma, Zuflucht zum Sangha nehme. Die Frage ist, ob ich bereit bin, der Tautropfen zu sein, der in die leuchtende See schlüpft. Wenn ich diese Bereitschaft, diese Offenheit besitze, dann spielt alles andere keine Rolle. Kommt Leben, dann ist da Leben, kommt der Tod, dann ist da Tod. Leben und Tod sind innerhalb des Ungeborenen. Leben und Tod sind das, was wir von diesem Ungeborenen wahrnehmen können. Und das Wunderbare daran ist, daß das Ungeborene alles umfaßt, sowohl Erbarmen, Liebe und Weisheit als auch die Begierde, den Haß und die Verblendung. Nichts ist ausgeschlossen. Aufgrund dessen ist dieser Tautropfen annehmbar in dieser leuchtenden See. Aber wird dieser Tautropfen bereit sein, eins zu sein mit dieser leuchtenden See, oder werden die Taten meiner Vergangenheit sich vor mir aufrichten und mich veranlassen, mich selbst zu richten? Im Buddhismus gibt es die Gestalt des Yama, des Richters der Toten. Yama ist in uns. Wir selbst sind es, die uns richten. Wenn wir unser Leben an uns vorüberziehen sehen, so wie es passieren wird im Augenblick des Todes, dann werden wir in der Lage sein, abzulassen von einem Selbstrichten, einer Selbstverurteilung - nur wenn wir gelernt haben, still zu sein inmitten unserer Fehler, und nur wenn wir gelernt haben, uns selbst zu vergeben.

Wie können wir an diesen Punkt kommen, uns selbst zu akzeptieren? Dies ist ein Prozeß, der anfängt, sobald du anfängst, die Meditation zu erlernen. Wenn wir meditieren, müssen wir lernen, einfach still zu sein. Alle Arten von Gedanken, Gefühlen und Emotionen entstehen, wandern durch unseren Geist und vergehen. Wenn wir in der richtigen Weise meditieren, erlauben wir diesen Gedanken, Erinnerungen und Emotionen, einfach weiterzuziehen. Das heißt, wir müssen nichts verdrängen und an nichts festhalten.

Wenn also eine Erinnerung an ein Fehlverhalten aus der Vergangenheit aufkommt, müssen wir die Bereitschaft haben, einfach nur still zu sein im Herzen der Angelegenheit. Manchmal wird diese Erinnerung schnell vorübergehen, manchmal nicht. Nur wenn wir bereit sind, die Konsequenzen aus unseren Handlungen zu akzeptieren, werden wir in der Lage sein, still zu sein, im Herzen all der Gefühle, die da kommen. Wenn ich wütend war und jemanden ungerecht behandelt habe, dann fühle ich mich schlecht. Es ist sehr wichtig, daß ich dann auch bereit dazu bin, mich schlecht zu fühlen. Nicht darin zu schwelgen, sondern einfach offen zu sein, zu wissen, was es ist, was ich fühle, zu wissen, was ich getan habe, und um schließlich mein Bestes zu geben, um es wieder gutzumachen. Vielleicht mich bei jemandem zu entschuldigen; vielleicht gibt es auch nichts, was ich tun kann.

Was ich allerdings immer tun kann, ist zu erkennen, daß ich einen Fehler gemacht habe und daß ich wirklich beabsichtige, es niemals wieder zu tun. Das heißt nicht, daß ich damit den Konsequenzen meines Ärgers entgehe. Das bedeutet, daß ich nicht länger an meinen Ärger gefesselt bin.

Hieraus wird deutlich, daß es eine Verbindung gibt zwischen der Art, wie wir leben, und der Art, wie wir sterben. Ich möchte ein wenig davon sprechen, wie es ist, mit denjenigen zusammenzusein, die sterben. Als ich das erste Mal in dieser Situation war, hat mich das sehr geängstigt. Meine Angst galt weniger dem Tod, als vielmehr der Frage, was ich tun sollte. Da war ich, ein Mönch, der eigentlich über derartige Dinge Bescheid wissen sollte, aber ich hatte keine Ahnung. Und das war der Schlüssel, nämlich die Tatsache, daß mir bewußt war, daß ich nichts wußte. Manchmal kann es ein Problem sein, alles zu wissen. Ich fand heraus, daß ich nicht zu wissen brauchte, was zu tun sei; es genügte, still zu sein. Ich hatte Angst, und da zu sitzen mit meiner Angst, war genug. Indem ich einfach inmitten meiner Angst still war, habe ich dem Sterbenden etwas darbieten können. Ich habe nicht versucht, eine Predigt zu halten, sondern einfach gezeigt, wie man es macht, still zu sein.

Es genügt, daß wir unsere Bereitschaft darbringen zu zeigen, daß wir nicht wirklich wissen, nicht alle Antworten kennen. Und dies akzeptieren, die Bereitschaft haben, damit zu leben. Dann schaffen wir Raum für das Ungeborene. Das gleiche gilt für die Erfahrung von Trauer. Wenn jemand, den wir sehr geliebt haben, gestorben ist, müssen wir zuallererst diese Situation akzeptieren. Als jemand starb, den ich sehr geliebt habe, entdeckte ich in mir eine erstaunliche Mischung von Gefühlen, tiefe Trauer und Feierlichkeit.

Eine der großen Freuden des Mönchdaseins besteht in der Aufgabe, manchmal eine Beerdigungsfeier abzuhalten. Mir fällt es schwer, während einer Beerdigung nicht zu weinen. Und zwar nicht, weil ich so sehr trauere, sondern weil es so wunderschön ist und gleichzeitig sehr traurig und mich tief bewegt. Je mehr wir lernen, still zu sein, desto mehr verlieren wir die Angst vor Gefühlen; selbst ein Engländer mit einer steifen oberen Lippe verliert die Angst vor Gefühlen.

Eine unserer größten Schwierigkeiten ist, die Tatsache zu akzeptieren, daß wir sowohl menschliche Natur als auch Buddha-Natur besitzen. Ein vielfach verwendetes Thema in der chinesischen Malerei ist das Bild von einem knurrenden Tiger, der zu einem feurigen Drachen am Himmel hinaufschaut. Der Tiger knurrt, und doch sind seine Ohren angelegt auf die gleiche Weise, wie es Katzen tun, wenn sie Angst haben. Der Tiger hat Angst, aber er läuft nicht davon. In diesem Symbolismus stellt der Drache das Ungeborene dar, und der Tiger ist unser großartiges Ich. Dieses Ich ist wirklich überragend und verdient allen Respekt, denn wir werden niemals in der Lage sein, der Tautropfen zu sein, der in die leuchtende See schlüpft, solange wir nicht die Großartigkeit des Tautropfens hochschätzen. Und trotz allem hat der Tiger Angst. Was uns befähigt, unsere Mensch-Natur und unsere Buddha-Natur zu vereinen, ist die Fähigkeit, still zu sein. Es ist wahrlich genug, einfach still zu sein, es ist genug zu wissen, daß man Angst hat. Im Verstehen dessen, ist man frei. Man fühlt zwar noch immer Angst, aber man kann sich dafür entscheiden, nicht in Angst zu handeln. Da ist nichts falsch an dem, was wir fühlen, aber wir müssen erkennen, daß Gefühle ständigem Wandel unterworfen sind und daß sie in der Tat nicht die wahre Zuflucht sind. Erleuchtung hat nichts damit zu tun, sich gut zu fühlen. Emotionen kommen und gehen, und sie sind unabhängig von verschiedenen Arten externer Umstände, über die wir keine Kontrolle besitzen. Wie könnten wir das Leid anderer sehen und uns gut dabei fühlen? Die wahre Zuflucht ist viel tiefer als vergängliche Gefühle, und dennoch müssen wir den Gefühlen die notwendige

Aufmerksamkeit schenken. Sie sind, wenn man so will, die Streifen im Fell dieses großartigen Tigers, aber sie sind nicht die Zuflucht. Der Tiger schaut auf zum Drachen und fühlt Angst. Im Leben wie im Tod werden wir viele Dinge finden, die uns Angst machen werden. Aber wenn wir bereit sind, ernsthaft auf das zu schauen, was vor uns entsteht, und wenn wir wissen, daß dies der wahre Drache ist, dann werden wir Frieden finden.

Ich hoffe, daß ich, wenn ich sterbe, in der Lage sein werde, dem Ungeborenen von Angesicht zu Angesicht gegenüberzutreten. Ich denke über das Ungeborene nicht als ein Ding - und ich weiß, daß das Ungeborene existiert - und daß es nichts gibt, woran ich mich festhalten könnte. Laßt euch nicht täuschen durch den Begriff Leere, indem ihr denkt, daß nichts da ist; oder indem ihr die Hilfe zurückweist, die euch der Drache anbietet, wenn die Zeit kommt zu sterben. Manchmal haben wir ein einseitiges Verständnis der Tatsache im Buddhismus, daß Form Leere ist. Wie müssen gleichermaßen verstehen, daß Leere Form ist. Das Ungeborene nimmt Form, Gestalt an und verbleibt ungeboren, ungeschaffen. Nichts ist getrennt vom Ungeborenen, nichts ist für das Ungeborene unannehmbar. Das Ungeborene ist da mit offenen Armen, mit unendlicher Geduld und unendlichem Erbarmen. Wir müssen uns lediglich entscheiden, dieser Tautropfen zu sein, der in die leuchtende See schlüpft, und wir werden herausfinden, daß auf eine sehr reale und wirkliche Weise Geburt und Tod nicht länger existieren.

ABSCHIED
NICHT FESTHALTEN - LOSLASSEN!

Ein echter Bhikkhu

Georg Grimm / A. H. Leonowens

Mrs. A. H. Leonowens, eine feingebildete, streng protestantische Amerikanerin, die in den Jahren 1862 bis 1868 als Erzieherin am königlichen Hof zu Bangkok wirkte, erzählt in ihrem Buch „The English Governess at the Siamese Court" von einer Unterredung, die sie eines Tages mit dem damaligen König Mongkut von Siam (derselbe war vor seiner Thronbesteigung 27 Jahre lang buddhistischer Mönch gewesen) hatte. Der König fragte sie, ob sie das Wort Liebe oder Metta verstehe, wie ihr Apostel Paulus es im 13. Kapitel seines Korintherbriefes erklärt habe; und was Paulus meine, auf welche Sitte er anspiele, wenn er sage: „Selbst wenn ich meinen Leib dahingebe zum Verbrennen und habe keine Liebe, so nützt es mir nichts"? Nach einigem Hin- und Herreden habe dann der König gesagt: „Daß jemand alle seine Güter zum Unterhalt der Armen hingibt, ist in diesem Lande bei den Fürsten wie im Volke etwas Gewöhnliches; oft behält der Geber für sich nicht genug zurück, um eine Handvoll Reis zu kaufen. Doch braucht er deshalb nicht zu befürchten, daß er verhungern werde; denn der Hungertod ist unbekannt, wo der Buddhismus gelehrt und gelebt wird. Ich kenne einen Mann aus königlichen Stamm, der früher unermeßlich reich war. In seiner Jugend fühlte er so viel Mitleid mit den Armen, den Alten, den Kranken und denen, die in Angst und Sorge waren, daß er schwermütig wurde, und nachdem er einige Jahre mit beständiger Unterstützung der Bedürftigen und Hilflosen hingebracht hatte, gab er in einem Augenblick alle seine Güter zur Verpflegung der Armen hin. Dieser Mann hat nie etwas vom heiligen Paulus und dessen Schriften gehört, aber er kennt das buddhistische Wort Metta und bemüht sich, es in seiner Fülle zu begreifen. Als er dreißig Jahre alt war, wurde er buddhistischer Mönch. Fünf Jahre lang hatte er als Gärtner gearbeitet; er wählte diese Beschäftigung, weil er sich dabei viele nützliche Kenntnisse von den medizinischen Eigenschaften der Pflanzen erwerben und folgeweise sich jederzeit als Arzt denen anbieten konnte, die ihre Kur nicht zu bezahlen vermochten. Aber er konnte sich mit einer so unvollkommenen Lebensweise nicht zufrieden geben, während ihm der Weg zur völligen Erkenntnis der Vollendung, Wahrheit und Menschenliebe noch offen blieb; deshalb wurde er Geistlicher. Dies geschah vor 65 Jahren, und jetzt ist er 95 Jahre alt. Ich kenne keinen größeren Menschen als ihn; er ist groß in Ihrem christlichen Sinn: liebevoll, mitleidig, langmütig, rein. Während er Gärtner war, wurden ihm einmal seine wenigen Werkzeuge von einem Menschen gestohlen, dem er viele Freundschaftsdienste erwiesen hatte. Bald darauf begegnete ihm der König und fragte nach seinen Bedürfnissen. Er erwiderte, daß er Werkzeuge für seine Gärtnerei benötigte. Darauf wurden ihm solche Gerätschaften in großem Überfluß zugesandt, und er teilte sie sofort mit seinen Nachbarn, wobei er die meisten und besten jenem Mann zukommen ließ, der ihn bestohlen hatte. Von dem Wenigen, was ihm verblieben war, teilte er allen Bedürftigen freigebig mit. Nicht seine eigenen Bedürfnisse, sondern nur die anderer waren für ihn Grund zum Erbitten oder Gewähren. Jetzt ist er auch im buddhistischen Sinn groß; er liebt weder das Leben, noch fürchtet er den Tod; er verlangt nichts, was die Welt geben kann, sondern nur den Frieden eines beseligten Geistes. Dieser Mann, der jetzt an der Spitze der Geistlichkeit Siams steht, würde, ohne auch nur an Schaudern zu denken, seinen Leib lebend oder tot dem Feuer hingeben, wenn er dadurch nur einen Schimmer ewiger Wahrheit erlangen, oder eine Seele vor Tod oder Leid bewahren könnte."

Etwa anderthalb Jahre nach dieser Unterredung wurde Mrs. Leonowens eiligst zum König berufen, den sie in einer Klosterzelle am Sterbelager des vorerwähnten Greises antraf. Mrs. Leonowens berichtet hierüber:

„Eines Abends holte mich plötzlich eine Pagenschar eilends ab, als gerade die untergehende Sonne ihre letzten Strahlen in die Hallen des Palastes warf. Als sie in ihrem Glutmeer am Horizont versunken war, betrat ich die lange Reihe der Klosterzellen, die sich an den Tempel anschließen. Weite wallende Getreidefluren und Oleanderalleen lagen zwischen mir und der fernen Stadt mit ihren Pagoden und Palästen. Die Luft war frisch und würzig und schien leise klagend durch die Betelsträucher und Kokospalmen, die das Kloster umsäumten, zu streichen.

Die Pagen ließen mich hier auf einer steinernen Treppenstufe Platz nehmen, um ihm mein Eintreffen anzukündigen. Der Mond war schon lange klar und kühl aufgegangen, und ich saß, gespannt auf den Ausgang dieses Erlebnisses, da, als ein Jüngling in schneeweißem Gewand mit einer brennenden Kerze in der einen und einer Lilie in der anderen

Hand erschien und mich durch einen Wink zum Eintreten aufforderte. Während wir die langen, niedrigen Korridore durchmaßen, welche die Zellen der Mönche voneinander trennen, traf das dumpfe Murmeln von Stimmen, welche die Hymnen der buddhistischen Liturgie sangen, an mein Ohr. Das tiefe Dunkel, die Einsamkeit, der monotone und gedämpfte Rhythmus der Gesänge, alles war romantisch und aufregend für mich.

An der Schwelle einer der Zellen machte mein Begleiter Halt und bat mich mit leiser, eindringlicher Stimme, die Schuhe auszuziehen; zugleich warf er sich in tiefster Demut zu Boden und blieb dort regungslos liegen. Unwillkürlich stutzte ich und ließ in beklommener Neugier meine Augen prüfend über das Bild schreiten, das sich mir in der Zelle bot.

Dort saß der König, und auf ein Zeichen von ihm trat ich ein und setzte mich an seine Seite.

Auf einer rohen, ungefähr sechseinhalb Fuß langen und höchstens drei Fuß breiten Pritsche mit einem harten Holzblock als Kopfkissen lag ein sterbender Mönch. Ein einfaches Gewand von verblichener gelber Farbe bedeckte seinen Körper, die Hände waren auf der Brust gefaltet; sein Haupt war kahl, und die wenigen weißen Haare, die noch übrig sein mochten, um die eingesunkenen Schläfen zu umsäumen, waren sorgfältig abgeschoren - auch die Augenbrauen waren abrasiert, die Füße bloß und unbedeckt und die Augen aufwärts gerichtet, doch nicht mit der leeren Starrheit des Todes, sondern mit dem Ausdruck ernster Betrachtung oder Forschung. Kein Anzeichen von Unruhe war vorhanden, kein Symptom von Schmerz, Angst oder Kummer.

In der Haltung seines Körpers und in dem Ausdruck seines Antlitzes nahm ich erhabene Ehrfurcht, Ruhe, Versenkung in sich selbst wahr. Er schien mit einem anwesenden Geist zu verkehren. Mein Eintritt machte keinen Eindruck auf ihn. Zu seiner Rechten stand eine matt brennende Kerze in goldenem Leuchter, zur Linken eine zierliche goldene Vase mit weißen Lilien. (...) Genau über dem Herzen lag ein kleines Knäuel ungesponnener Baumwolle, das zur Verteilung an die anwesenden Mönche bestimmt war, die dichtgedrängt in der Zelle saßen, so daß man sich kaum noch rühren konnte. (...) Von Zeit zu Zeit erhob einer von ihnen in der feierlichen Versammlung seine Stimme und sang die Formel der dreifachen Zuflucht, worauf der ganze Chor einfiel.

Als der Klang der Gesänge an sein Ohr schlug, erhellte ein flüchtiges Lächeln das bleiche, fahle Antlitz des sterbenden Greises mit sichtbarem mildem Glanz, wie wenn die Güte und Demut seines Wesens bei ihrem Abschied ihren lieblichen milden Schein dort zurücklassen wollten. Fast war das verzehrende Entzücken seines Blickes, der tief in das Unsichtbare einzudringen schien, zu heilig für profane Augen. Reichtum, Stand und Ehre, alles hatte er vor mehr als einem halben Jahrhundert aus Mitleid für die Armen und aus Liebe zur Wahrheit hingegeben.

Hier war nichts zu bemerken von dem Schwankenden, Unbestimmten oder Zusammenhanglosen eines mit Sinnenverwirrung oder Phantasien verbundenen Todes. Er ging ein zu einer klaren, ewigen Ruhe. Mit einem Lächeln höchsten Friedens sagte er: ‹Eurer Majestät empfehle ich die Armen, und dies, was von mir übrig bleibt, gebe ich hin zum Verbrennen.› Und diese seine letzte Gabe war in der Tat alles, was er hatte. Ich kann mir keinen Anblick denken, der die innige Anteilnahme und den unauslöschlichen Eindruck von Ehrfurcht, den er hervorrief, mehr verdienen könnte, als das ruhige Sterben dieses guten, alten ‹Heiden›.

Allmählich ward sein Atem schwer, und plötzlich, indem er sich mit großer Anstrengung dem König zuwandte, sagte er: ‹Nun will ich gehen!› Alsbald stimmten die Mönche laut den Gesang der Zuflucht an: ‹Phra Araham sangham saranam gacchami...› Nur wenige Minuten noch, und das geistliche Oberhaupt von Siam hatte ruhig seinen letzten Atemzug getan. Die Augen waren offen und starr, die Hände noch gefaltet, ein Ausdruck seligen Friedens lag in seinen Zügen. Herz und Augen füllten sich mir mit Tränen, und doch fühlte ich mich seltsam getröstet. Durch welche Hoffnung? Das weiß ich nicht; denn ich wagte nicht, danach zu fragen.“

Am folgenden Tag wohnte Mrs. Leonowens auf Veranlassung des Königs der Leichenbestattung auf dem Watt Sah Kate-Friedhof bei. Damit auch durch die irdischen Überreste des Mönches noch anderen Wesen eine Wohltat erwiesen werde, ward das Fleisch des Leichnams von den Knochen getrennt und hungrigen Hunden als Futter dargereicht; die Gebeine aber, und was noch daran geblieben war, wurden bis auf den letzten Rest verbrannt, und ihre in einem irdenen Gefäß sorgfältig gesammelte Asche ward in den kleinen Gärten armer Leute, die sich keinen Dünger kaufen konnten, ausgestreut.

Dann wandte sich der König an Mrs. Leonowens mit den Worten: „Das heißt, seinen Leib hingeben zum Verbrennen. Das ist es, was Ihr Apostel Paulus im Sinn hatte, diese Sitte unserer buddhistischen Vorfahren, diese vollständige Selbstverleugnung im Leben wie im Tode, als er sagte: ‹Selbst wenn ich meinen Leib hingebe zum Verbrennen und habe keine Metta, so wäre es mir nichts nütze.›“

Über den Tod von Mayum Künsang Detschen

Jürgen Pilartz

Als ich sie im April 1991 in Kathmandu besuchte, lag sie im Sterben. Zwei Jahre zuvor hatte sie eine schwere Gallenoperation durchgemacht, von der sie sich nie ganz erholt hatte. Anfang 1991 war sie zum zweiten Mal operiert worden; dabei hatte man Krebs im ganzen Bauchraum festgestellt und nur eine Entlastungsoperation vorgenommen.

Jetzt lag sie in ihrem Zimmer im Kloster, wurde von ihren Nonnen und einer französischen Ärztin gepflegt und von ihrer Familie umsorgt. Sie hatte seit zwei Monaten keine feste Nahrung zu sich nehmen können und das meiste, was sie trank, erbrach sie wieder. Sie erhielt einen Liter Infusion täglich und geringe Dosen eines mittelstarken Schmerzmittels.

Als ich sie besuchte, war sie bei vollem Bewußtsein. Obwohl Bauchkrebs normalerweise mit großen Schmerzen verbunden ist, war sie völlig ruhig und entspannt. Erst in den letzten Tagen ihres Lebens bekam sie etwas stärkere Schmerzmittel. Sie war sehr abgemagert und in den letzten Tagen wurde sie auch unruhiger. Ihre Familie schaute ständig nach ihr.

Ich kannte sie seit mehr als zehn Jahren. Sie hatte in der Nähe der Guru Rinpoche Höhle von Pharping bei Kathmandu gelebt, allein mit einigen Begleitern. Sie baute in Pharping ihr eigenes Kloster auf, das 1988 fertig geworden war. Ihr besonderes Anliegen war es immer gewesen, sich für praktizierende Frauen einzusetzen und sie war Vorbild für viele tibetische, aber auch westliche Frauen.

In den letzten Tagen vor ihrem Tod besuchten sie Tenga Rinpoche, Dilgo Khyentse Rinpoche und Chatral Rinpoche, der ihr eine Einweihung und eine Meditationsübertragung gab, bei der ich zugegen war. Es hieß, daß ihr Geist sich mit dem von Chatral Rinpoche vermischte und daß sie lange auf einer hohen Stufe der Meditation mit Chatral Rinpoche verweilte. Das war etwa eine Woche vor ihrem Tod.

Immer mehr Lamas kamen, um sie noch einmal zu sehen. Alle, die sie kannten, waren der Meinung, daß ihr beim Tod nichts Schlechtes geschehen könne, da sie ihr ganzes Leben lang praktiziert habe. Auch Chatral Rinpoche gab zum Ausdruck, daß sich ihr Tod auf einem hohen Niveau ereignete.

Am Morgen des 11. Tages dieses tibetischen Monats ist sie entschlafen, wie man es bei uns sagt. Ihre Atmung, Bewegungen, ihr Herzschlag, alles war immer langsamer geworden, bis schließlich der Stillstand aller Lebensfunktionen eintrat. Ich stellte fest, wie Hände und Füße kalt wurden, wie der Herzschlag aufhörte und die Atmung zum Stehen kam.

Sie war im völligen Frieden und schon seit einigen Tagen wie in einer ständigen Meditation. Obwohl sie noch Tage zuvor gelegentlich diesen oder jenen Wunsch geäußert hatte, sagte sie während der letzten Tage gar nichts mehr. In Meditation entschlief sie mit geschlossenen Augen fast unmerklich. Ihr Sohn Chökyi Nyima Rinpoche bemerkte, daß sich Körper und Geist trennten und er rief mehrmals „AH" in ihr Ohr. Urgyen Tulku kam, und es wurde ein Ritual mit allen ausgeführt. Danach wurde ihr Gesicht zugedeckt, und es kamen viele Leute mit Kataks, um sich von ihr zu verabschieden. Am Nachmittag wurde eine weitere Puja zusammen mit der gesamten Familie ausgeführt. Zur selben Zeit ging ein Unwetter mit Blitz und Donner auf Kathmandu nieder. Danach waren Regenbogen zu sehen.

Danach wurde das Tuch von dem Gesicht der Mayum gezogen; ihr Mund war jetzt geschlossen, und sie lächelte. Sie sah friedlich und entspannt aus, was sehr beeindruckend war.

Sie lag zwei Tage auf ihrem Sterbelager und weiterhin kamen ständig Leute, die sich von ihr verabschiedeten. Am Nachmittag des auf ihren Tod folgenden Tages, das heißt etwa 36 Stunden nach dem Tod, wurde ein Ritual ausgeführt, in dem ihr Geist aufgefordert wurde, den Körper zu verlassen. Man ging davon aus, daß ihr Geist bis zu diesem Zeitpunkt in Meditation in ihrem Körper verweilte. Am Ende des Rituals zog Urgyen Tulku am Haarschopf des Leichnams. Danach floß Flüssigkeit aus ihrer Nase, zuerst rötliche Flüssigkeit aus dem rechten Nasenloch und etwas später eine gräuliche Flüssigkeit aus dem linken Nasenloch.

Für die Verbrennungszeremonie wurde ihr Körper in Meditationshaltung zusammengebunden, das heißt, Arme und Beine waren überkreuz. Hier war deutlich keine Leichenstarre vorhanden. Alle Finger, Arme und Beine waren ganz beweglich und ließen sich leicht übereinander schlagen. Sie wurde mit Safranwasser abgewaschen. Dabei waren nicht wie sonst üblich Leichenflecken zu sehen. Nur die oberste Haut hatte sich abgelöst und darunter war strahlend weiße Haut, obwohl sie eine dunkelhäutige Tibeterin gewesen war. Bestimmte Mandalas und Schriften wurden auf ihren Körper gebunden, und sie wurde in Tücher eingehüllt. Glocke und Dorje wurden ihr in die Hände gelegt. Sie wurde in eine mit Bändern geschmückte Kiste gesetzt, in der sie um das Kloster herum bis zu ihrer Verbrennungsstätte getragen wurde. Diese hatte man direkt nach ihrem Tod im Innenhof des Klosters zu bauen begonnen.

Die Verbrennungszeremonie war ähnlich wie bei Seiner Heiligkeit Karmapa. Es fanden fünf Pujas gleichzeitig in den verschiedenen Himmelsrichtungen statt. Tenga Rinpoche war als Vertreter der Kagyüpa gekommen, ein Repräsentant der Sakyapa-Schule, Mingling Trichen, und einer seiner Söhne als hohe Vertreter der Nyingmapa. Chatral Rinpoche und Tulku Urgyen Rinpoche saßen nebeneinander.

Sehr viele Leute kamen und nahmen Abschied. Sicherlich waren 300 Mönche da und insgesamt an die 1000 Menschen, darunter auffällig viele Nepali, aber auch Tibeter und Westler. Die Pujas begannen vormittags. Nach der Mittagspause kam die Kiste mit dem Körper der Mayum in den Stupa-Ofen, und die Pujas gingen weiter. Viele Opfergaben, Kräuter, Hölzer, Getreide und so weiter wurden in den Ofen hineingegeben. Nach Ende der Pujas wurde der Ofen zugemauert. Einige Tage später wurde der Ofen wieder geöffnet. Es sollen Reliquien gefunden worden sein.

Ich empfand es als besonders schön, daß ihre gesamte Familie während dieser Zeit anwesend war. Tulku Urgyen Rinpoche war während all dieser Zeit in Bodhanath geblieben und hatte sich öfters bei mir erkundigt, wie es seiner sterbenden Frau ging. Ihre Söhne, ihr Bruder und die gesamte Verwandtschaft und ihre Diener waren beteiligt. Sie starb im Kreis ihrer Familie, was sich sehr organisch anfühlte. Als sie starb, weinten einige, doch als die guten Zeichen kamen, ging es allen wieder gut.

Ich habe ihren unmittelbaren Tod als Abschiednehmen in der Familie erlebt, die Verbrennung als Abschied in einem öffentlichen Rahmen. Die Pujas, die nach ihrem Tod stattfanden, schlossen ihr Leben ab.

Am meisten beeindruckte mich, daß sie so ruhig und entspannt war, und trotz großer Schmerzen offenbar absolut klar in Meditation verweilte. Es war beeindruckend, wie sie loslassen konnte und friedvoll einschlief.

Der Tod meiner Mutter - Ein Tod in Dhamma

S. N. Goenka

Ich war einer von sechs Söhnen. In jungen Jahren wurde ich von meinem Onkel und meiner Tante (Mr. Dwarkadas und Mrs. Ramidevi Goenka), die damals sechs Töchter, aber keinen Sohn hatten, adoptiert.

Meine Adoptivmutter war eine ergebene Schülern meines Lehrers Sayagyi U Ba Khin. In den sieben Jahren, in denen sie Vipassana unter Sayagyis Anleitung praktizierte, hatte sie große Fortschritte gemacht, und Sayagyi schätzte sie sehr. Soweit bekannt, war sie die einzige Schülerin Sayagyis, die in seiner Gegenwart starb.

Im Jahr 1967, als meine Mutter etwa 70 Jahre alt war, wurde bei ihr Leberkrebs im fortgeschrittenen Stadium diagnostiziert. Keiner in der Familie wußte, wie lange sie schon gelitten hatte, da sie nie geklagt hatte. Erst eine Woche vor ihrem Tod erwähnte sie in mildem Ton einige Schmerzen, die sie in der Leber verspürte. Als ihre Schwiegertochter (meine Frau, Mrs. Goenka) sie bat, die Schmerzen zu beschreiben, antwortete sie: „Nun, sie sind vergleichbar mit denen, die eine Frau bei der Geburt hat - nur daß diese Schmerzen keine Pause haben."

Vor ihrem Tod hatte sie sieben Jahre lang ernsthaft meditiert. Sie ging zu jedem Kurs im Meditationszentrum; ob für zehn Tage, einen Monat oder egal wie lange, ihr Koffer war immer gepackt. Darüberhinaus machte sie auch Selbstkurse zu Hause. Obwohl sie aus einer frommen Familie stammte, in der religiöse Zeremonien eine große Rolle spielten, zeigte sie kein Interesse mehr an Riten und Ritualen. All das hatte sie hinter sich gelassen.

Vom Moment der Krebsdiagnose bis zu ihrem Tod sieben Tage später erlaubte sie niemandem, mit ihr über die Krankheit zu reden. Sie gab strenge Anweisung, daß nur Vipassana-Meditierende in ihr Zimmer kommen dürften, und dann nur, um zu meditieren. Sie durften eine halbe, eine ganze oder mehrere Stunden dort meditieren und sollten dann still hinausgehen.

In unserer Hindu-Gemeinde war es üblich, daß die Freunde eines Sterbenden in sein Haus kamen, um ihm ihre Aufwartung zu machen und Abschied zu nehmen. Meine Mutter war sehr beliebt in der Gemeinde, und es gab viele Menschen, die sie während ihrer letzten Krankheit besuchen wollten. Sie gab Anweisung, daß alle, die nicht meditierten, zwar kommen könnten, aber nicht ihr Zimmer betreten sollten. Sie sollten einfach nur still draußen vor der Fliegentür sitzen.

Meine Mutter war zwar nicht an ärztlicher Behandlung interessiert, aber als ihr Sohn war es meine Pflicht, dafür zu sorgen. Jeden Tag kamen der Hausarzt und ein Spezialist, um nach ihr zu sehen. Wenn sie nach ihren Schmerzen gefragt wurde, sagte sie: „Ja, da sind Schmerzen. Na und? Anissa, anissa (die burmesische Art der Aussprache von anicca - Vergänglichkeit)." Sie maß dem keine Wichtigkeit bei.

Eines Morgens äußerte der Spezialist die Befürchtung, daß die durch den Krebs verursachten Schmerzen ihren Schlaf beeinträchtigen könnten. Als er sie fragte: „Haben Sie letzte Nacht gut geschlafen", antwortete sie: „Nein, ich habe nicht geschlafen." Er schrieb ihr ein Rezept für Schlaftabletten aus, die sie noch am selben Abend einnahm. Am nächsten Tag kam der Doktor wieder und fragte sie, ob sie geschlafen habe, und sie antwortete: „Nein."

Am dritten Tag fragte er nochmals, und sie antwortete wieder: „Nein." Obwohl sie nicht klagte, befürchtete der Arzt, daß sie deshalb nicht schlafen könne, weil sie so sehr unter ihren Schmerzen zu leiden habe. Da Arzneimittel knapp waren, schrieb er, um sicherzugehen, Rezepte für drei verschiedene, sehr starke Schlafmittel aus, wobei er davon ausging, daß vermutlich nur eines davon vorhanden sein und gekauft würde. Es konnten jedoch alle drei besorgt werden, und aus Versehen erhielt sie so eine dreifache Dosis. Am nächsten Morgen berichtete sie lediglich, daß ihre Augenlider zwar schwer geworden seien, aber sie dennoch die ganze Nacht nicht geschlafen habe.

Dann kam ich auf den Gedanken, daß der Doktor sie nicht verstand. Für einen Vipassana-Meditierenden ist Schlaf unwichtig, besonders auf dem Totenbett. Trotz der Beruhigungsmittel hatte meine Mutter sich mit starker Entschlossenheit wachgehalten. Jeden Augenblick hatte sie Vipassana praktiziert. Ich erklärte dem Arzt, daß Schlafmittel keine Hilfe für sie wären, aber er verstand mich nicht. Er sagte: „Ich habe ihr diese Medizin gegeben, und selbst das hat ihr nicht geholfen zu schlafen. Das kann nur heißen, daß sie große Schmerzen leiden muß." Ich sagte: „Es sind nicht die Schmerzen, es ist Vipassana, was sie wachthält und was bewirkt, daß sie sich stets ihrer Empfindungen bewußt bleibt."

Als wir aus dem Zimmer herauskamen, sagte er: „An ihrer Mutter ist etwas Besonderes. In einem Haus in der Nachbarschaft lebt eine Frau gleichen Alters, die ebenfalls Leberkrebs hat. Ihr geht es sehr schlecht, und sie schreit vor Schmerzen, aber wir können sie nicht trösten. Es tut uns so leid, sie in diesem elenden Zustand zu sehen. Und hier ist ihre Mutter, die einfach nur lächelt, wenn wir kommen."

In der Nacht, in der sie starb, meditierten einige Familienangehörige mit ihr. Um 23 Uhr sagte sie zu uns: „Es ist schon so spät. Geht Ihr jetzt alle schlafen." Um Mitternacht herum bemerkte die Krankenschwester, die Dienst hatte, daß kein Puls mehr an ihren Handgelenken zu fühlen war. Sie bekam Angst, und da sie glaubte, der Tod wäre nun ganz nah, fragte sie: „Darf ich ihre Kinder wecken?" Meine Mutter sagte: „Nein, nein, meine Zeit ist noch nicht gekommen. Wenn meine Zeit kommt, werde ich es Ihnen sagen." Um drei Uhr morgens sagte sie der Schwester: „Jetzt ist die Zeit da. Wecken sie alle Familienmitglieder. Ich muß jetzt gehen." Und so wurden wir alle geweckt. Wir kamen und entdeckten, daß in vielen Teilen ihres Körpers kein Puls mehr war. Wir riefen Sayagyi und den Familienarzt an, die beide umgehend kamen. Als der Arzt erschien, sagte er, sie habe nur noch wenige Minuten zu leben.

Sayagyi traf kurz danach ein. Meine Mutter lag auf dem Rücken. Obgleich kein Puls mehr in ihren Handgelenken vorhanden war (es war, als wären sie tot), fand sie, sobald sie ihren Lehrer sah, die Kraft, ihre Hände zu heben und zusammenzufalten, um ihm ihre Ehrerbietung zu erweisen.

Ungefähr fünf Minuten, bevor sie starb, schaute sie mich an und sagte: „Ich möchte sitzen." Ich schaute zum Arzt hinüber, der sagte: „Nein, in ein paar Minuten wird sie sterben. Wenn Sie sie bewegen, wird es ein schmerzvoller Tod sein. Schon jetzt leidet sie große Schmerzen. Lassen Sie sie." Sie hörte, was er entgegnet hatte, sagte mir aber erneut: „Nein, laß mich sitzen." Ich dachte: ‹Dies ist ihr letzter Wunsch. Ihr sind die Schmerzen egal. Was der Arzt sagt, ist unwichtig. Ich muß ihr helfen, sich aufzusetzen.› So legte ich ihr einige Kissen in den Rücken. Mit einem Ruck setzte sie sich auf in die Meditationshaltung mit gekreuzten Beinen und schaute uns alle an. Ich fragte sie: „Fühlst du Empfindungen? Fühlst du anissa?" Sie führte ihre Hand oben auf den Kopf und sagte: „Ja, ja, anissa." Sie lächelte, und eine halbe Minute später starb sie. Während ihres Lebens hatte ihr Gesicht ein Leuchten. Jetzt, im Tod, lag ebenfalls ein Leuchten auf ihrem Gesicht.

Am Sarg meiner Mutter

Ekkehard Saß

Zuerst sitze ich am Kopfende des Sarges. Allein mit der Mutter. Allein mit ihrem Leichnam.

Ja, das ist noch ihr Gesicht. Es ist schön in seiner unbeweglichen Ruhe. Fast noch lebendig - und doch ganz ohne Leben.

Es ist gut, ohne Furcht hier neben der Mutter zu sitzen. Ihren Tod wahrzunehmen, der auch mein Tod sein wird. Es ist gut, jetzt nicht auszuweichen und davonzugehen, sondern stillzustehen, stillzusitzen, um diesen Lebensaugenblick auszuhalten. Lebensaugenblick des Todes. Was erblickt mein Auge?

Die guten Menschen, deren Beruf es geworden ist, Leichen zu versorgen, haben sich Mühe gegeben, diesen Augen-Anblick „schön" zu gestalten. Der Körper der Mutter ist wirklich in den Sarg „gebettet". Ein weißes Tuch bedeckt sie, ihre Hände sind gefaltet. Ein Tannenzweig steckt in ihnen. Ein paar Blumen sind auf dem Tuch verteilt. In der linken Ecke des Raumes brennen drei Kerzen.

Ich streiche behutsam über die Hände der Mutter, spüre ihre Kälte.

Ich hole den Stuhl an die Seite des Sarges und setze mich gerade so neben die Mutter, wie ich im Heim immer neben ihrem Bett gesessen habe. Betrachte das Antlitz der toten Mutter. Eine Leichenbetrachtung im Sinne des Buddha.

Diese Stunde im Leben soll nicht so rasch vergessen werden. Was die Mutter mit ihrem geduldigen Sterben lehrte, schließt nun mit dem Tod ab. Und weil ich in all diesen letzten Jahren nicht weggesehen habe, gelingt es mir, den Schrecken zu bannen. Ruhig kann ich neben dem Leichnam sitzen, den Tod so annehmen, wie er ist: Leiden hat aufgehört, das Lebensfieber brennt nicht mehr, nur noch unbewegliche Stille. Und in diesem Schweigen das Abbild, die letzte für mich sichtbare Zeichnung des Wesens der Mutter. Klar, schön, überhaupt nicht häßlich.

Auch hier schieben sich zwei Bilder übereinander: das Totenschädelschattenhafte beim Betrachten von vorn, das fast noch Lebenspulserfüllte beim Anschauen des Gesichtes von der Seite. Der Nachhall der Lebenskräfte scheint wie eine feine Bewegung über die Wangen zu ziehen.

Kann man den „Tod" sehen? Sehe ich hier ein Ende? Was sehe ich denn überhaupt? Einzig Ruhe, Stille, Unbeweglichkeit. Ja, es ist etwas zu einem Ende gekommen. Vor allem hat Leiden aufgehört. Leiden, das sich zuletzt mit jedem Lebenstag steigerte, als wollte es sagen: Ist es nun nicht genug mit dem Lebensdurst?

Warum sollte es nicht wohltun, das brüchig gewordene Körpergehäuse loszulassen? Doch das scheint nicht so leicht zu sein, wenn wir es allzu sehr geliebt haben.

„Schwer stirbt, wer am Leben hängt."

Ein Leben ist vorbei. Mein Leben steht diesem Vorbei gegenüber. Und Leben rings umher.

Im Hause des Leichenbestatters spielen die Kinder über meiner toten Mutter und mir, über dem Tod und dem Leben.

Der Wind heult um das Haus.

Es wird hier klar, daß ich nicht weiß, was Leben ist und auch nicht weiß, was Tod ist. Nichtwissen wird offenbar am Sarg mit dem Leichnam der Mutter.

Jetzt muß sich der Wert einer Anschauung zeigen. Sehe ich den Tod nicht erst jetzt, sondern sind mir seine Anzeichen seit langem vertraut, kann er nicht mehr so schrecklich fremd und unverständlich sein. Muß er vielleicht sogar etwas Vertrautes für mich haben.

Waren Stille und Frieden am Bett meiner sterbenden Mutter immer anziehender geworden, kann der Frieden des Todes nichts Abstoßendes an sich haben. Wie sollte diese Ruhe keine Botschaft für mich haben?

Die erhabene Stille des mütterlichen Leichnams spricht von der uralten Wahrheit, die so schwer zu verstehen ist:

> *„Kein Leben gibt es ohne Tod.*
> *Vergänglich ist ja, was erscheint,*
> *Nur Werden zum Gewesensein:*
> *Entstanden, muß es untergehn."*

Jetzt ist der Augenblick, diese Wahrheit ein für allemal zu begreifen. Die Nähe des Buddha will mir alle Trauer in Freude verwandeln: „Freut euch! Geöffnet sind zum Todlosen die Tore!"

Als Prinz hatte er noch beim Anblick eines Toten geklagt: „O Schande über die Geburt, daß sie mit dem Tod endet!" Als Erwachter ist er voller Freude, weil er den Weg gefunden hat, den immer wieder eintretenden Tod zu besiegen.

„Todesmacht bezwungen!
Höchster Sieg errungen!
Frei von allem Werden für immer!" (Ud 3,10)

Wenn ich diesem Weg nachfolge, kann auch ich das „Reich der Freiheit" gewinnen. Dieses Reich der Freiheit ist nicht von dieser Welt.

Ich kann den Leichnam der Mutter mit den Augen der Welt betrachten: dann kommen Trauer, Klage, Jammer auf. „Die Arme, sie kann nun nicht mehr genießen, was mir alles noch zufällt!" Und ich kann den Leichnam der Mutter mit den Augen der Weltüberwindung betrachten: dann entstehen Freude und Heiterkeit und Dankbarkeit. „Die Glückliche geht nun hellere Wege, ist frei vom Leiden an diesem Leben!" Wie sollte ich mich nicht für sie freuen! Ihr mit meiner Freude nahe sein!

Diese Augen allerdings müssen erst geöffnet werden. Von „Natur aus" sind sie geschlossen. Und darum eben ist Leiden nicht zu überwinden. Immer leide ich, wenn ich mit den Augen der Welt sehe. Immer überwinde ich Leiden, wenn ich mit den Augen der Weltlosigkeit sehe. „Über alles in der Welt wird sich mein Herz erheben." Auch über die immer wiederkehrende Totenklage.

Neben dem Leichnam der Mutter gilt es, das unerschütterliche Vertrauen zum Buddha zu bewahren, zu vertiefen. Und das wächst gerade im Annehmen und Erkennen der Vergänglichkeit. Mit dem Vergänglichen sich einzulassen, ist nicht gut. Das führt nicht zum Frieden, zum Nirwahn.

Über das Vergängliche hinauszusehen, sich klarzumachen, daß diese Materieform hier nicht alles ist, das macht fähig zum Loslassen und bringt mich dem Frieden, dem Nirwahn, näher.

Nur der Durst nach Dasein läßt Klage und Jammer aufkommen. Das Versiegen des Durstes, seine allmähliche Abschwächung, führt immer näher an das Nirwahn heran.

Sollte mir nicht in diesem Lebenstodesanblick der Durst ein wenig vergehen?

Ich will mir das Bild der toten Mutter gut einprägen und nicht so leicht vergessen.

„Alle diese Daseinsweisen, - unbeständig sind sie, leidvoll, dem Verwehen unterworfen."

In wenigen Tagen schon werden die Flammen des Brennofens die Gestalt der Mutter auslöschen. Ein Häufchen Asche mit ein paar Knochen bleibt von ihr zurück. Wie sollte das identisch sein mit ihrem Wesen, mit dem, was ihr Leben ausgemacht hat! Mit dem, was von ihr gerade jetzt fortlebt, indem ich es in mir sehe und fühle!

Wenn es jetzt ganz still in mir wäre, dann könnte ich noch eine andere Art von Fortleben wahrnehmen, jene Art, von welcher der Buddha immer sprach.

Er sah die Wesen kommen und gehen, sah die Wirkung ihrer Taten, sah das endlose Kreisen. Und in diesem Anblick war es „nichts besonderes, daß ein Menschenwesen zum Sterben kommt." Es konnte gar nicht anders sein. Wo Leben gewollt wird, muß Sterben eintreten.

„Es gibt eine Betrachtung, die, wenn entfaltet und häufig geübt, zu gänzlicher Abwendung führt, zur Loslösung, Erlöschung, zum Frieden, zur Durchschauung, zur Erwachung, zum Nibbana. Welches ist diese eine Betrachtung? Die Betrachtung über den Tod." (A I,26)

Das habe ich mir gemerkt und bin der Empfehlung gefolgt. So ist es nun kein schwerer Augenblick, neben dem Leichnam der Mutter still zu sitzen. Vielleicht hat sich meine Wahrnehmung schon etwas geändert unter der Wegweisung des Erwachten. Ich sehe keinen Schrecken mehr in diesem Bild. Ich kann ganz ruhig sein, mich zum Frieden führen lassen. In den Friedensbereich eintreten, den der Tod um mich ausbreitet.

Mutter und Sohn sind sich nicht so fern, wie es aussieht. Ich selbst bin älter geworden mit dem Altern der Mutter. Sie ist mit einem langen Leben vorausgegangen. Ich folge nach und weiß nicht die Zeit. Dann bin ich einer, der vorausgeht, und andere folgen nach.

„Das Rauschen des endlosen Stromes der Vergänglichkeit reißt alles mit sich fort" (Georg Grimm).

Nur wenn ich diese Betrachtung häufig übe, kann ich zum Frieden gelangen. Wenn ich es zulasse, daß sich der Tod wieder verheimlicht, kann ich ihn nicht besiegen. Der Buddha sagt, ich muß ihn festhalten und so gründlich betrachten, daß er mutlos von dannen zieht. Tod kann immer nur sein, wenn ich Leben ergreife. Wenn das Willensfeuer brennt. Höre ich auf zu ergreifen, gibt es kein Werden mehr (Ud 3,10). Und ohne Werden gibt es keinen Tod, der immer wieder unterbricht, anfangen läßt, unterbricht, anfangen läßt.

Geburtsstunde - Todesstunde. Zeit, die uns unerreichbar bleibt. Wir lassen uns selbst und unsere Spuren zurück in der Welt. Eine Weile gehen die anderen mit unseren Spuren um, dann verwehen auch sie.

Es ist nicht erklärbar: Die Stunde am Sarg meiner Mutter tat nicht weh. Mutter und Sohn hatten den Abschied geübt in den vergangenen drei Jahren. Ein letztes Mal sind ihre Körper nahe beieinander.

Ich stehe auf, küsse die kalte Stirn der Mutter und sage tief innen: „Ich danke Dir!"

Dann verlasse ich langsam den Raum und das Haus.

Mitgehen durch Tod und Trauer

Christine Longaker/Martin Frischknecht

Martin Frischknecht: Im angelsächsischen Raum gibt es eine wachsende Zahl von Sterbehospizen, man rechnet bereits mit über tausend solcher Institutionen. Auch in der Schweiz hat sich in jüngster Zeit in Sachen Sterbebegleitung etwas getan, und es entstehen die ersten Hospize. Welche Bedürfnisse stehen hinter der Hospiz-Bewegung?

Christine Longaker: Verglichen mit den bestehenden medizinischen Einrichtungen stehen die Hospize einmalig da. Sie kümmern sich nicht allein um die Bedürfnisse des sterbenden Menschen, sondern auch um die Betreuung der ihm nahestehenden Personen, und das vor dem Tod wie auch danach in der Zeit der Trauer. Der sterbende Mensch selbst wird umfassend versorgt, das heißt, man kümmert sich auch um gesellschaftliche, finanzielle oder emotionale Probleme, die im Angesicht des Todes aufkommen mögen. Diese Hilfe wird von einem ganzen Team geleistet, dessen Mitglieder sich in diesen einzelnen Fragen besonders gut auskennen. Die Hospiz-Mitarbeiter haben sich mit ihrer eigenen Todesangst auseinandergesetzt, sie handeln aus dem Verständnis heraus, daß der Tod ein natürlicher und begrüßenswerter Teil des Lebens ist.

Eine weitere Besonderheit der Hospiz-Bewegung liegt darin, daß die Sterbenden darin unterstützt werden, daheim zu sterben. Rund um die Uhr haben Sterbende die Möglichkeit, Helfer zu sich nach Hause zu rufen, und dieses Angebot gilt unabhängig davon, ob der Patient es bezahlen kann oder nicht. Die Hospize hängen dementsprechend sehr stark von der Unterstützung durch die Öffentliche Hand ab.

Martin Frischknecht: Arbeiten festangestellte Profis für die Hospize, oder sind es eher unbezahlte, freiwillig Helfer?

Christine Longaker: Meistens besteht das Hospiz-Team aus einer Kombination von beidem. Die Festangestellten stehen mit ihrer Zeit und ihren Fähigkeiten vollumfänglich zur Verfügung. Da sie sich aber um mehrere Patienten gleichzeitig kümmern müssen, sind die freiwilligen

Helfer die ideale Ergänzung der Professionellen. Die Freiwilligen nehmen sich Zeit, dem Sterbenden zuzuhören, sie geben ihm die nötige Unterstützung und kümmern sich um die Angehörigen; wenn nötig, gehen sie einkaufen, kochen und helfen in der Betreuung von Kindern.

Martin Frischknecht: Der Tod ist in unserer Gesellschaft ein verschwiegenes und unterdrücktes Thema. Durch die Hospize scheint sich da etwas zu verändern.

Christine Longaker: Es ist eine der grundlegenden Ansichten der Hospiz-Bewegung, daß der Sterbende als lebendige Person betrachtet und mit Achtung behandelt werden soll. Der Tod selbst gilt als natürlich, er ist etwas, das auf uns alle zukommt, keinesfalls wird er als ein Versagen oder eine Strafe betrachtet. Das Ziel besteht darin, den Sterbenden so gewöhnlich wie möglich leben zu lassen, ihm möglichst viel Schmerz zu ersparen, ohne ihn aber so zu betäuben, daß er den Kontakt zur Außenwelt verliert.

Meiner Meinung nach sollte sich diese Einstellung im ganzen Gesundheitswesen verbreiten. Der Patient sollte besser informiert sein, und es sollte ihm mehr Kontrolle über die Behandlung eingeräumt werden. Er sollte als vollwertiger, entscheidungsfähiger Mensch behandelt und respektiert werden. Da man sich in unserer Gesellschaft aber sehr vor dem Tod fürchtet und möglichst wenig damit zu tun haben will, fühlen sich Sterbende in Spitälern ohne Hospiz-Betreuung oft sehr verlassen.

Martin Frischknecht: Das scheint einer der Gründe dafür zu sein, daß viele Menschen lieber zu Hause sterben möchten.

Christine Longaker: Die meisten Menschen möchten lieber zu Hause sterben als im Spital. In unserer Gesellschaft herrscht aber die Meinung vor, das sei heute nicht mehr möglich. Wir meinen, wir wüßten nicht, was zu tun sei, und wir möchten die Betreuung von Sterbenden lieber den Experten überlassen. Daheim sind Sterbende aber besser aufgehoben. Sie befinden sich in einer liebevollen, vertrauten Umgebung, wo sie sich weniger gehemmt fühlen, sie haben die bessere Kontrolle über das, was mit ihnen vorgeht, und ihr Leben hat ganz allgemein gesprochen, seinen eigenen Wert.

Martin Frischknecht: Wie bist du persönlich zur Hospiz-Bewegung gekommen?

Christine Longaker: Mein Mann starb vor zwölf Jahren an akuter Leukämie, und ich betreute ihn in seinem letzten Jahr zwischen der Diagnose und dem Tod. Es gab zu der Zeit in den Vereinigten Staaten insgesamt erst drei Hospize. Als ich damals vernahm, daß es so etwas überhaupt gibt, dachte ich sofort, es wäre wunderbar, wenn mein Mann und ich eine solche Betreuung fänden und er zu Hause sterben könnte. Die Leukämie-Abteilung, auf der er die meiste Zeit im Spital verbrachte, war zwar recht angenehm für uns beide. Die Abteilung war mit Hilfe der Schwestern eingerichtet worden, und es kamen darin recht viele Hospiz-Prinzipien zum Ausdruck. Die Schwestern konnten sich für den einzelnen Patienten Zeit nehmen, sie trugen verschiedenfarbige Uniformen, und sie wurden ausdrücklich dazu ermuntert, mit den Angehörigen Kontakt aufzunehmen. Es gab da eine kleine Küche, in der die Angehörigen Mahlzeiten zubereiten und für weitere Besucher Tee kochen konnten, und die Atmosphäre der Abteilung war bestimmt von einem guten Grundton.

Wenn mein Mann aber auf anderen Abteilungen lag, machten wir ganz andere Spital-Erfahrungen. Die Atmosphäre dort war geschäftsmäßig, die Küche war mir nicht zugänglich, niemand vom Personal schien für uns wirklich zuständig zu sein, und abends um acht wurde ich heimgeschickt. Es wäre sehr bitter gewesen, wenn wir nur diese Erfahrung gemacht hätten. Für einen Kranken mag eine solche Atmosphäre vielleicht noch angehen. Er kann zu sich sagen, daß er es ja nicht allzu lange hier aushalten muß und bald wieder heim kann. Doch der Sterbende hat keine solchen Aussichten. Als ich nach dem Tode meines Mannes erfuhr, daß in meinem Wohnort ein Hospiz entstand, setzte ich mich mit den Leuten in Verbindung und bot meine Hilfe an.

Martin Frischknecht: Nach dem Tod kommt für die Hinterbliebenen eine Zeit der Trauer. Auch hier scheint nicht alles so abzulaufen, wie man es sich gemeinhin vorstellt.

Christine Longaker: Für mich war das die schwierigere Zeit als davor. Als mein Mann im Sterben lag, waren immer wieder Menschen um mich, mit denen ich mich aussprechen konnte. Nach seinem Tode fiel diese Unterstützung weg. Natürlich versuchten verschiedene Angehörige mich zu unterstützen, aber wirklich verstehen konnten sie mich nicht. Ich wußte ja nicht einmal selber, was da auf mich zukam, geschweige denn, wie ich anderen gegenüber meine Bedürfnisse hätte ausdrücken sollen.

Es war so schmerzhaft, daß ich mehrere Male meinte, mit der Trauer nie fertig zu werden und darüber den Verstand zu verlieren. Später entdeckte ich, daß viele von der Trauer ähnlich betroffen werden, und daß wir auf uns alleine gestellt nicht damit zurechtkommen können. Das Schlimmste daran ist, daß es scheinbar kein Ende nimmt.

Die Zeit der Trauer beginnt mit einer Art Schock als unmittelbare Reaktion auf den Tod. Dieser Zustand einer gewissen Betäubtheit kann mehrere Wochen dauern, bei mir waren es vier Monate. Ich fühlte ein bißchen Trauer, sonst war ich aber wohlauf, fühlte mich gut, als ob nichts Besonderes geschehen wäre. Ich schätzte mich glücklich, die Sache so leicht ausgestanden zu haben. Die Umwelt reagiert auf ein solches Verhalten natürlich ziemlich verständnislos. Als mich nach Monaten die Tatsache, daß mein Mann gestorben war, aber wirklich traf, war es ein Schmerz, als ob mein Herz in Stücke gerissen würde. Ich litt und weinte eine Woche lang. Dann kehrte wieder Frieden in mich ein. Ich konnte die Trauer loslassen, und das Leben machte mir Freude. Wie aus dem Nichts kam aber wieder diese Betäubtheit auf, wie ich sie in der Zeit gleich nach dem Tod bereits erlebt hatte. Und darauf folgte wieder dieser schreckliche Schmerz, als ob mir gerade eben jemand gesagt hätte, mein Mann sei gestorben. Der Schmerz hatte sich im Vergleich zum ersten Mal nicht etwa gemildert, im Gegenteil, er war noch schlimmer geworden. Und das Verrückteste dabei war, daß sich diese Abfolge der Zustände nun endlos wiederholte. Während anderthalb Jahren fiel ich so vom einen ins andere.

Martin Frischknecht: Was hat diesen Kreislauf schließlich unterbrochen?

Christine Longaker: Wenn ich in der Periode war, in der mich der Schmerz überwältigte, dachte ich oft: „Ich halte es nicht mehr aus ohne dich. Du mußt zurückkommen." Es wurde mir klar, daß ich, solange ich so dachte, nicht vom Schmerz und von der Einsamkeit werde loskommen können. Also begann ich, wenn ich an diesem Schmerz litt, meinen Mann ganz bewußt loszulassen und mir den Abschied von ihm vorzustellen. Das brachte den schmerzvollen Teil der Trauer schließlich zu einem Ende.

Martin Frischknecht: Woher wußtest du dann, dass du wirklich durch warst?

Christine Longaker: Ich glaube, der Punkt ist erreicht, wenn man an den verstorbenen Menschen denkt und dabei noch eine gewisse Trauer empfindet, vom Schmerz aber nicht mehr derart überwältigt wird.Obwohl man sich der Unbeständigkeit aller Dinge bewußter geworden ist, ist es einem nun wieder möglich, neue Beziehungen einzugehen und andere zu lieben.

Martin Frischknecht: Du meinst, da besteht eine Angst, daß eine neue Beziehung wieder auseinandergerissen werden könnte?

Christine Longaker: Ja, in der Zeit der Trauer ist man zu sehr mit sich selber beschäftigt, als daß man sich auf neue Beziehungen einlassen könnte. Später ist das wieder möglich. Den Schmerz, den einem eine Trennung bereitet, wird man natürlich nie ganz vermeiden können.

Martin Frischknecht: Was rätst du als Sterbebegleiterin einem Menschen, auf den eine Zeit der Trauer zukommt?

Christine Longaker: Ich versuche, ihn über diesen Prozeß und seine mögliche Länge zu informieren, denn es scheint mir sehr wichtig zu sein, daß der Trauernde nicht glaubt, in seinem Leid allein und unverstanden zu sein. Er soll alle Gefühle ausdrücken können: Wut, Enttäuschung, Eifersucht, Schmerz - was immer hochkommen will, soll Raum haben und zu seinem Ausdruck finden können. Wenn wir Gefühle ausdrücken können, gelingt es uns, sie loszulassen. Das hilft uns auch, den verstorbenen Menschen loszulassen. Für später scheint mir wichtig zu sein, dem Trauernden zu vermitteln, daß er nicht auf ewig in seinem Leid gefangen sein muß und daß die Sache einmal ein Ende haben wird.

Martin Frischknecht: Wer für ein Hospiz arbeitet, wird offensichtlich mit sehr unterschiedlichen Aufgaben konfrontiert. Wie war es für Dich, als du das erste Mal in den Einsatz kamst?

Ich wurde ans Krankenbett einer 68-jährigen Frau gerufen, die an Brustkrebs litt mit Metastasen in allen Organen. Ihre ungefähr 40-jährige Tochter, die sehr an ihr hing, stand am Krankenbett und sagte mir, daß sie sich ein Leben ohne ihre Mutter kaum vorstellen könne. Die Mutter sei ihr wichtiger als Mann und Familie. Da es sich um meinen ersten Einsatz als Sterbebegleiterin handelte, war ich natürlich sehr aufgeregt und peinlich darauf bedacht, nur ja keine falsche Bemerkung zu machen. Bevor ich das Krankenzimmer betrat, hatte ich mich für eine Weile hingesetzt und mich mit dem Gedanken beruhigt, daß ich wirklich nicht wußte, was zu tun sei, und daß es in dem Sinn auch nichts geben konnte, was ich hätte falsch machen können. Um mich mit der mir fremden Person etwas vertraut zu machen, stellte ich mir vor, sie sei wie meine Großmutter, die ich gesehen hatte, als sie starb.

Ich betrat den Raum, begrüßte die Patientin, und wir blickten uns für eine, wie mir schien, lange Weile in die Augen. Mit ihrem Blick teilte sie mir mit, daß sie keine Angst vor dem Sterben hatte und daß sie bereit war, alles loszulassen. So entstand zwischen uns rasch ein gutes Einvernehmen. Ich setzte mich auf einen Stuhl und unterhielt mich mit ihr. Sie erzählte mir von ihrem verstorbenen Mann und von den Reisen, die sie mit einem Caravan unternommen hatte. Als sie davon sprach, wie gerne sie Golf spiele, weinte sie ein bißchen und bedauerte, daß sie es nie mehr werde tun können. Das war ihre Art, mir mitzuteilen, daß sie um ihren nahen Tod Bescheid wußte. Im weiteren Verlauf des Gesprächs zeigte es sich aber, daß ihre Tochter davon offensichtlich nichts wußte. Ich verließ den Raum, um mich draußen mit der Tochter alleine zu unterhalten. Sie zeigte sich beeindruckt von der Offenheit ihrer Mutter, die ihr Weinen vor mir nicht unterdrückt hatte. Als sie dann auch noch meinte, ich müsse wohl eine besonders erfahrene Hospiz-Mitarbeiterin sein, daß ihre Mutter mir gegenüber so offen gewesen war, wurde mir klar, daß sie, die Tochter es war, die das Sterben der Mutter nicht wahrhaben wollte. Sie bedrängte mich nun sehr stark mit der Frage, wie ich den Gesundheitszustand ihrer Mutter einschätze. Vorerst gab ich ihr nur ausweichende Antworten und verwies für weitere Auskünfte auf die Ärzte. Aber nein, sie wollte unbedingt und sofort von mir wissen, ob ihre Mutter noch eine Chance habe, gesund zu werden. Also faßte ich mir ein Herz und sagte ihr unumwunden, daß ihre Mutter wohl sehr bald sterben werde. Sie explodierte: „Was erlauben Sie sich, mir so etwas einfach so zu sagen! Nein, nein", schrie sie mich an, „das ist nicht wahr! Meine Mutter wird nicht sterben. Sie darf nicht sterben, denn ohne sie kann ich nicht leben!" Alle Wut und zurückgehaltenen Emotionen platzten jetzt aus ihr heraus. Als sie sich ausgeschrien hatte, begann sie zu schluchzen und zu weinen. So entstand für mich Raum, sie zu trösten und ihr die Sache schonend beizubringen. Als sie sich dann tatsächlich mit dem nahen Tod der Mutter abgefunden hatte, geschah das Verrückte, was niemand mehr für möglich gehalten hatte: Die Mutter erholte sich noch einmal und konnte das Spital verlassen. Die beiden Frauen verbrachten zusammen noch ein gutes halbes Jahr, bis die Mutter tatsächlich starb.

Martin Frischknecht: Wie werden Hospizmitarbeiter auf ihre Aufgabe vorbereitet?

Christine Longaker: Ein grundlegender Teil der Ausbildung besteht darin, daß wir uns mit unseren eigenen Erfahrungen rund um den Tod auseinandersetzen und uns unsere eigenen Gefühle gegenüber dem

Tod bewußt werden. Das verringert die Angst vor dem Thema Sterben und macht es leichter, das Thema und die Gefühle, die damit zusammenhängen, mit anderen Menschen zur Sprache zu bringen. Wir besprechen die speziellen Bedürfnisse des sterbenden Menschen und lernen die Situation der Trauernden verstehen. In Übungen und Rollenspielen haben die künftigen Betreuer die Möglichkeit, beide Seiten dieser menschlichen Begegnungen kennenzulernen.

In ausführlicheren Kursen informiere ich auch darüber, wie Kinder dem Tod begegnen und wie ihre Trauer aussehen kann. Wir behandeln mehr praktische Fragen zur Betreuung der Familie und wie man sie in puncto Begräbnis berät. Und schließlich werden auch ethische Fragen diskutiert. In der Hospiz-Bewegung wird die Meinung vertreten, daß die sogenannte passive Sterbehilfe der ethisch richtige Weg ist. Das heißt, dem Patienten werden durch Medikamente die Symptome gemildert, ohne aber durch äußere Einflußnahme sein Leben zu verlängern.

Martin Frischknecht: Was motiviert die Leute, eine solche Aufgabe anzutreten?

Christine Longaker: Einige haben bereits gewisse Erfahrungen mit Sterbebegleitung gemacht und sich dabei nicht besonders wohl gefühlt. Sie wissen dann, daß sie es ein weiteres Mal besser machen wollen. Andere fühlen, daß sie selber den Tod besser verstehen möchten, und wollen sich auf diese Weise auf ihn vorbereiten. Die Motive der Sterbebegleiter sind also durchaus nicht von reiner Selbstlosigkeit bestimmt. Wir lernen sehr viel von den Sterbenden, diese Arbeit macht uns aufrichtig. Sie lehrt uns, das Wesentliche in unserem Leben zu erkennen und den hohen Wert unserer Beziehungen zu schätzen. Obwohl es so scheint, als ob wir unsere Hilfe für nichts hergäben, fühlen sich Sterbebegleiter durch ihre Aufgabe oft reichhaltiger beschenkt als durch alles andere, was sie in ihrem täglichen Leben unternehmen.

Martin Frischknecht: Wir leben nun aber in einer Gesellschaft, in der hinter fast jeder Handlung die Absicht steht, etwas davon zu profitieren. Muß da ein Sterbender den scheinbar selbstlosen Motiven eines ihm bis dahin unbekannten Sterbebegleiters nicht fast zwangsläufig mißtrauen?

Christine Longaker: Tatsächlich profitieren wir viel von der Begegnung mit Sterbenden. Die Erfahrungen, die wir machen, helfen uns, selber zu wachsen und zu reifen. Wie sterbende Menschen mit ihren

Schwierigkeiten fertig werden, zeigt uns, was auch für uns möglich ist. Es besteht also ganz bestimmt ein Verhältnis des Austauschs zwischen Sterbendem und Begleiter. Die meisten Menschen haben keine Schwierigkeiten, dieses besondere Verhältnis anzunehmen.

Martin Frischknecht: Ich möchte meine Frage verdeutlichen: Da viele Sterbebegleiter auch durch ihren religiösen Hintergrund motiviert sind, hätte ich als Sterbender gewisse Bedenken, daß sie sozusagen hinter meiner Seele her sind, um sie noch im letztmöglichen Moment in ihren Himmel zu kriegen.

Christine Longaker: Es läßt sich nicht bestreiten, daß es in den Vereinigten Staaten Hospize gibt, die vor diesem Hintergrund arbeiten. Ich möchte dazu aber bemerken, daß dieser Ansatz von der Hospiz-Bewegung insgesamt nicht geteilt wird. Die weitaus meisten Hospize werden von Menschen mit unterschiedlichem religiösem Hintergrund geführt, und es bestehen keinerlei Absichten, unter den Sterbenden zu missionieren.

Davon abgesehen glaube ich aber, daß mit dem Sterben sehr wohl eine wichtige spirituelle Aufgabe auf uns zukommt. Wir sollten zum Sterben bereit werden und lernen, für das Leben einen guten Abschluß zu finden. Ein Sterbender möchte in seinem Leben einen gewissen Sinn erkennen; er will sehen, daß er etwas gelernt hat im Leben, selbst wenn er viele Fehler beging, und er möchte sterben können, ohne von Reue oder Schuld belastet zu sein. Der Sterbebegleiter kann ihm helfen, diese Dinge zu klären.

Martin Frischknecht: Es gibt wohl viele Menschen, die sich von der christlichen Kirche entfernt haben und dann voller Angst auf den Tod zugehen, da sie fürchten, als Ungläubige in der Hölle zu landen.

Christine Longaker: Selbst im christlichen Glauben besteht die Auffassung, daß einem Fehler jederzeit vergeben werden können. Doch wir sind es gewöhnt, sehr hartherzig mit uns umzuspringen. Ständig sind wir uns eines Fehlers bewußt und gewärtigen dafür eine Strafe. Doch was immer wir im Leben falsch gemacht haben, stets besteht die Möglichkeit, es zu bereuen. Jeder von uns kann Fehler begehen - das ist ja wohl der Grund, warum wir überhaupt auf diesem Planeten sind. Es kommt darauf an, diese Dinge loszulassen und darüber hinaus zu gehen.

Es ist keinesfalls so, daß sich die göttliche Gnade, oder wie immer wir es nennen wollen, uns gegenüber verschlossen hätte und nun darauf wartet, daß wir reuig in den Schoß der Kirche zurückkehrten. Wir sind es, die sich verschließen. Die Gnade ist immer da und möchte uns erreichen. Wir sind verschlossen, wir leben in einem Haus, dessen Türen wir verschlossen und dessen Fenster wir verdunkelt haben. Da sitzen wir drin und behaupten, draußen sei's finster. Es liegt absolut an uns, diesen Zustand zu verändern, indem wir uns der Gnade zugänglich machen.

Martin Frischknecht: Du persönlich betrachtest das Thema Tod von einem buddhistischen Erfahrungshintergrund aus. Wie kommt es, daß Menschen, die eine Form von Meditation praktizieren, meinen, durch Meditation über den Tod zu lernen?

Christine Longaker: Es ist immer schwierig, etwas über die Meditationsform anderer Leute auszusagen, aber es gibt wohl eine bestimmte Qualität von Kontemplation, die viele Meditationsformen miteinander teilen. Wenn man sich wirklich auf ein tiefes Nachdenken über den Tod einläßt und sich die unvermeidliche Tatsache des eigenen Todes vergegenwärtigt, so kommt man bestimmt zu einem besseren Verständnis der Sache, als es die meisten Menschen für gewöhnlich aufbringen. Ist einem die Vergänglichkeit des Lebens bewußt, so entwickelt man einen guten Sinn für das, was wirklich wichtig ist im Leben. Durch Meditation können wir nicht herausfinden, was genau im Sterben mit uns geschehen wird, aber die Qualität des Todes können wir bereits im Leben finden.

Martin Frischknecht: In Deinen Kursen verwendest du als Grundlage das tibetische Totenbuch. Was in diesem mehr als tausendjährigen Werk über den Ablauf des Todes berichtet wird, deckt sich in verblüffender Weise mit den Nahtoderfahrungen, wie sie in jüngster Zeit im Westen gesammelt und veröffentlicht worden sind. Haben die Tibeter ihr Wissen auch durch Nahtoderfahrungen erhalten?

Christine Longaker: Nein. Das Tibetische Totenbuch wurde in seiner ursprünglichen Form formuliert von Padmasambhava, einem Meister des 8. Jahrhunderts, der unter den Tibetern als „zweiter Buddha" gilt. Er hatte alle verschiedenen Lehren des Buddha gesammelt, ob sie sich nun auf die Erleuchtung im Leben oder im Tod bezogen. Das sogenannte Totenbuch ist nur ein kleiner Teil einer gesamten, umfassenderen Lehre. Es wurde von einem späteren Meister wiederentdeckt und seitdem im tibetischen Buddhismus als eine Art von Geheimlehre von Generation zu Generation weitergegeben. Wenn wir Westler es heute in die Hand nehmen, fällt es uns sehr schwer, seine Aussagen zu verstehen, denn dieses Buch ist Teil einer Lehre, die immer sehr stark von Erfahrung und weniger von Theorie ausging.

Diese an der Erfahrung ausgerichtete Haltung des Buddhismus ganz allgemein erklärt, wie es zu einer solchen verblüffenden Übereinstimmung kommen kann zwischen dem, was das Totenbuch berichtet, und Nahtoderlebnissen des zwanzigsten Jahrhunderts. Der Buddhismus ist in dem Sinne kein Glauben, sondern eine Anleitung dazu, „die Dinge zu erkennen, wie sie sind" - nichts anderes bedeutet das im südostasiatischen Raum für die buddhistische Lehre verwendete Wort „Dhamma". Die buddhistische Botschaft heißt also immer: „Glaub' nicht, was man dir erzählt. Versuch' es und mach' die Erfahrungen selber. Ich kann dir nur den Weg beschreiben und vielleicht noch ein bißchen das Ziel."

Martin Frischknecht: Der Tod läßt sich allerdings schlecht ausprobieren. In gewißem Maße scheint man da doch fortgeschritteneren Geistern Vertrauen entgegenzubringen.

Christine Longaker: Es wir davon ausgegangen, daß der Geist von derart hohen Meistern wie den Verfassern des Totenbuches nicht so eingeschränkt ist wie der unsrige. Hätten sich ihre Einsichten nicht über die Jahrhunderte hinweg ständig bewährt, wären sie kaum bis in unsere Tage überliefert worden. Eine sich an der Erfahrung und nicht am Glauben orientierende Haltung zeigt sich übrigens auch bei den modernen Nahtoderfahrungen. Als die berichtenden Personen daraufhin befragt wurden, ob sie vor ihrem Nahtoderlebnis eine bestimmte Glaubensvorstellung über das Leben nach dem Tode hatten, zeigte es sich, daß gerade das Gegenteil der Fall war. Zwei von drei Leuten, die von Erlebnissen in Todesnähe berichteten, sagten von sich, sie seien in ihrem Vorleben ausgesprochene Pragmatiker gewesen und hätten an nichts dergleichen geglaubt. Diese Ironie des Schicksals zeigt eindrücklich, daß das, was wir im Tod erleben, wenig mit dem zu tun hat, was wir erwarten. So gesehen nützt es auch wenig, sich auf eine bestimmte Art von Leben nach dem Tod vorzubereiten, nur um später herauszufinden, daß alles ganz anders ist.

Martin Frischknecht: Was wir tun, um uns auf die Erfahrung des Sterbens vorzubereiten, muß also bereits im Leben Sinn machen.

Christine Longaker: Genau. Die Bewußtheit des eigenen Todes führt uns zur Einsicht, daß alle Dinge vergänglich sind. Daran können wir verstehen lernen, warum wir so viel Leid ertragen müssen im Leben.

Nach buddhistischer Auffassung entsteht das Leid durch unser Verhaftetsein an den Dingen, die sich uns durch ihre Unbeständigkeit fortwährend entziehen. Es sind sozusagen die kleinen Tode, die uns immer wieder Schmerzen bereiten.

Martin Frischknecht: Was geschieht nach buddhistischer Auffassung im Augenblick des Todes?

Christine Longaker: Zum Zeitpunkt der Empfängnis vereinigen sich die Essenzen von Mutter und Vater im neu entstehenden Körper, und es kommen die vier Elemente zusammen, um einen neuen menschlichen Organismus zu bilden. Die Erde bildet das Fleisch und die Knochen, das Wasser die körpereigenen Flüssigkeiten, die Luft bildet den Atem, und das Feuer liefert die Wärme des Körpers.

Zum Zeitpunkt des Todes geschieht das Umgekehrte. Dieser Prozeß beginnt damit, daß sich die Elemente aus dem Körper zurückziehen. Das führt gleichzeitig zu einer Verwirrung der Geistestätigkeit, was sich in verschiedenen Symptomen zeigt: Der Sterbende vermag Bekannte nicht mehr zu erkennen, und es fällt ihm schwer, Lust und Schmerz, Kalt und Warm zu unterscheiden. Das kann einige Zeit dauern, aber auch sehr rasch vonstatten gehen. Wenn sich dem sterbenden Menschen das Element Erde entzieht, wird er dünner, der Körper verliert seine Kraft, und man fühlt sich in keiner Lage mehr recht wohl. Es ist, als ob ein enormes Gewicht auf einem lastete. Wenn sich das Wasser entzieht, verringern sich die Körpersäfte. Da es an Speichel fehlt, fällt das Schlucken schwer, und der Urin wird dicker. Wenn das Feuer den Körper verläßt, kann man beobachten, daß die Körpertemperatur von den Extremitäten her gegen das Herz hin zurückgeht. Und schließlich verläßt die Luft den Körper. Das zeigt sich darin, daß beim Sterbenden das Ausatmen immer länger wird und das Einatmen immer kürzer bis zum letzten Atemzug, und das ist nach allgemeingültige Auffassung der Moment des Todes.

In der tibetischen Tradition geht man aber davon aus, daß sich nun im Innern des Menschen weitere Prozesse abspielen. Die verschiedenen Winde, die bis dahin die Kräfte des Körpers bewegt hielten, beginnen sich im Herzzentrum zu konzentrieren. Wenn sie zusammengefunden haben, folgen ihnen die beiden Essenzen der Eltern. Die Essenz des Vaters bewegt sich vom Kopf hinunter ins Herz, und die Essenz der Mutter steigt aus dem Unterleib ins Herz. Finden sie dort zusammen, so umfangen sie das Bewußtsein wie bei der Empfängnis. Der Sterbende verliert das Bewußtsein in einem Gefühl allumfassender friedvoller

Dunkelheit. Daraus erwacht er und sieht sich einem unerhört starken, zuvor nie geschauten Licht gegenüber, einer strahlenden Helle von absoluter, ungetrübter Bewußtheit ohne Anfang und Ende. Gelingt es, sich zu Lebzeiten oder eben im Moment des Todes mit diesem Licht zu vereinigen, so kehrt man zu seiner wahren Natur zurück. Diese Vereinigung ist das, was man als Erleuchtung bezeichnet.

Martin Frischknecht: Könnte dieses allumfassende Licht auch mit dem Wort „Seele" umschrieben werden?

Christine Longaker: Keinesfalls, denn damit verbindet sich immer noch die Vorstellung von etwas Persönlichem. Sich mit diesem Licht zu vereinigen bedeutet, jede Vorstellung von Persönlichkeit hinter sich zu lassen und in einen Zustand der Nicht-Dualität einzutreten.

Das ist es, was den Leuten beim Sterben soviel Angst macht, denn sie sind mit der Vorstellung von etwas Unbegrenztem absolut nicht vertraut. Obwohl wir alle auf diese Erfahrung zugehen, sperren sich die meisten Leute davor und wollen die Kontrolle über das, was mit ihnen geschieht, nicht loslassen. Angesichts dieses Lichts versuchen sie, ihren Geist zurückzuhalten, und das führt schließlich zur Wiedergeburt.

Erinnerungen an den Tod von Wilfried Behre

Lama Yeshe Tharchin

Am 7. August 1986 starb mein Dharma-Freund Wilfried im anthroposophischen Krankenhaus von Herdecke bei Dortmund. Wilfried hatte viele Jahre schon engen Kontakt zu tibetischen Lamas gehabt und war 1981 nach Kamalashila gekommen, wo er maßgeblich bei der Einrichtung des neuen Institutes beteiligt war.

Erst im Februar 1986 war entdeckt worden, daß er schwer an Magenkrebs erkrankt war. Nach zwei schweren Operationen im Euskirchener Krankenhaus gaben die Ärzte alle Hoffnungen auf. Obwohl Wilfried selbst immer noch mit einer Besserung rechnete, war klar, daß sein Tod nur noch eine Frage der Zeit war. So waren wir froh, daß das Krankenhaus in Herdecke, das unter anderem für seinen sanften Umgang mit Patienten und seine gute Küche bekannt ist, bereit war, Wilfried aufzunehmen.

Im Juli verstärkten sich die Anzeichen, daß Wilfried nicht mehr lange leben würde. Eine völlige Veränderung ereignete sich in ihm. Trotz schwerer Schmerzen empfing er gerne Besuch, und jeder seiner vielen Freunde besuchte ihn auch gerne. Er zeigte Anteilnahme am Leben seiner Besucher. Eine besondere Liebe ging von ihm aus, und er verschloß sich nur, wenn er es vor Schmerzen kaum mehr aushalten konnte.

Die letzten Wochen wurde er in einem Einzelzimmer untergebracht. Walburg, unser gemeinsamer Freund Bruno und ich wechselten uns in der Tag- und Nachtwache ab. Die freundlichen und liebenswürdigen Krankenpfleger ließen uns jederzeit auf der Station sein. Wir konnten dort schlafen und ihre Küche und Bäder mitbenutzen.

Auf seiner Fahrt vom Kamalashila Institut nach Hamburg besuchte S.E. Shamar Rinpoche Wilfried etwa zehn Tage vor seinem Tod. Wilfried schaffte es, sich aus eigener Kraft mit gefalteten Händen im Bett aufzusetzen, und Shamar Rinpoche sagte zu ihm, er solle dafür beten, in Dewachen wiedergeboren zu werden.

In den letzten Tagen hatte Wilfried große Schmerzen, aber in der letzten Nacht schlief er ruhig. Ich lag direkt im Bett neben ihm, war aber auch so müde, daß ich eingeschlafen war. Gegen Morgen wurde ich von seiner schwerer werdenden Atmung wach und ich rief die Pfleger. Sie sagten, daß der Tod bevorstünde, und Walburg und Bruno wurden gerufen.

Wilfried tat seinen letzten Atemzug in unserem Beisein. Die Pfleger ließen uns mit Verständnis für unsere buddhistische Praxis zunächst einige Stunden mit Wilfried allein.

Wir riefen sofort Shamar Rinpoche in Hamburg, Gendün Rinpoche in der Dordogne und Tenga Rinpoche im Kamalashila Institut an. Tenga Tulku sagte zu, am Nachmittag ins Krankenhaus zu kommen.

Zunächst machten wir eine leise Tschenresig-Puja am Sterbebett mit mehreren Dewachen-Gebeten und Mantras. Dann kamen die Pfleger und sagten, daß der Körper in die Krypta gebracht werden müßte, wo er drei Tage lang liegen bleiben könnte. Die Krypta des Krankenhauses war ein schöner Raum im Keller, in dem nur sehr dezente Andeutungen christlicher Kunst hingen. Am Kopfende des Totenlagers hing ein schönes Gemälde, das eine rote Sonne zeigte. Dieses ergänzten wir durch ein Poster des Buddha Amitabha.

Übrigens hatten wir den Körper so vorsichtig wie möglich transportiert. Da ich wußte, daß man den Körper unmittelbar nach dem Tod nach tibetisch-buddhistischer Vorstellung nicht drücken und fest anfassen sollte, hoben wir ihn, so gut es ging, mit dem Bettlaken auf einen fahrbaren Tisch, auf dem er dann per Fahrstuhl in den Keller geschoben wurde.

Am späten Vormittag kam die gesamte Belegschaft der Station, auf der Wilfried gelegen hatte, zu einer kleinen Abschiedsfeier, bei der jeder Pfleger ein Gebet vortrug. Offenbar waren es christliche Gebete, aber in einer modernen Sprache.

Am Nachmittag kam Tenga Rinpoche und führte die Zeremonie des Phowa (Ausschleudern des Bewußtseins) durch. In der akustisch sehr stark resonierenden Kapelle hallten die Stimmen des Rinpoche und seiner Mönche und gingen durch Mark und Bein. Mehrmals rief der Rinpoche die Silbe „Phet“. Dann ließ er mir sagen, daß ich nun ein

Haarbüschel von der Fontanelle des Toten ziehen könnte. Tatsächlich ließen sich die Haare lösen, als lägen sie nur auf der Haut.

Tenga Rinpoche zeigte sich zufrieden mit der Phowa, und ich fragte ihn, was das Ergebnis sei. Er sagte, das Bewußtsein hätte zuvor den Körper schon verlassen. Es sei aber noch in der Nähe gewesen. Er habe mit Hilfe einer Visualisation das Bewußtsein zurückgeholt und es dann durch die Öffnung an der Fontanelle hinausgeschleudert. Auf die Frage, wo das Bewußtsein von Wilfried nun hingegangen sei, antwortete Rinpoche, es sei an einem guten Ort und wir sollten uns keine Sorgen um ihn machen.

In Kamalashila wurde eine große Amitabha-Tsog-Puja mit Tenga Rinpoche durchgeführt. Diese wurde in einer kleinen Gruppe drei Wochen lang für Wilfried weitergeführt.

Wilfried wurde in Gegenwart von Tenga Rinpoche, seiner Mutter, seiner Frau, von Familienangehörigen und einer großen Schar von buddhistischen Freunden auf dem Friedhof von Bad Münstereifel beerdigt. Eine Dharma-Freundin Wilfrieds sagte, es sei zu spüren gewesen, daß hier niemand war, der litt. Als guter Freund von Wilfried empfand ich einen tiefen Segen. Mir war ein Beispiel von Vergänglichkeit, von Sterbebegleitung und Befreiung geschenkt worden, mir und vielen Menschen unserer Zeit.

Begleitung im Sterben

Helfen wollen und helfen können

Umgehen mit dem Tod

Chögyam Trungpa Rinpoche

Einem sterbenden Menschen die Wahrheit zu sagen, ist die beste Gelegenheit, Vertrauen auszudrücken. ‹Du liegst im Sterben, lasse dich einfach darauf ein, lasse dich einfach ein auf das, was mit dir geschieht.›

Mir wurde die Fähigkeit, mit sterbenden Menschen umzugehen, anerzogen. Seit meinem neunten oder zehnten Lebensjahr war ich ständig mit Sterbenden, Menschen kurz vor ihrem Tod oder bereits Toten konfrontiert. Dies geschah andauernd, etwa fünf oder sechsmal pro Woche. In Tibet sind Körper und Tod ständig in so lebendiger Weise präsent, daß die Menschen dieser Kultur es nicht als besonders irritierend oder schwierig empfinden. Aber wir im Westen empfinden den Umgang mit der Todeserfahrung als äußerst schwierig.

Es ist wohl notwendig, einer Person zu sagen, daß sie stirbt - außer, wenn sie sich im Koma befindet. Wir sollten es die Person wissen lassen, daß sie wirklich im Sterben liegt. Ehemänner oder Ehefrauen sind vielleicht nicht willens, diesen Schritt zu tun und ihren Partnern zu sagen, daß sie sterben; aber, wenn ihr Freunde seid, oder der Ehemann beziehungsweise die Ehefrau, ist dies die beste Gelegenheit, eurem Vertrauen wirklich Ausdruck zu verleihen. Wenigstens eine Person spielt überhaupt nicht dieses Spiel der Heuchelei, das es dem/der andern nur recht machen will. Solche Heucheleien sind während des ganzen Lebens geschehen, die ganze Zeit über: Man sagt dir, du seist dünn, wenn du dick bist; wenn du arm bist, sagt man dir, daß dies in Ordnung sei, daß du verhältnismäßig reich seist; was auch immer. Aber dies tritt als letzte Wahrheit auf. Von diesem Gesichtspunkt aus, sage es einer Person, wenn sie sterben wird! Letztendlich ist es wirklich wunderbar, daß jemand, der dich wirklich gern hat, dich nicht anlügen wird, um es dir einfach nur recht zu machen, oder, um auf harmlose Weise mit dir umzugehen. Du bist willens, eine schlechte Botschaft zu bringen, selbst wenn die andere Person sich dagegen wehren wird. Ein solches grundlegendes Vertrauen ist ganz wunderbar. Und ich meine, wir sollten dieses Prinzip verallgemeinern: Wenn eine Person sich dem Tode nähert, bringt ihr die Tatsache nahe, daß sie sterben wird, daß sie kurz vor ihrem Tod steht! Gleichzeitig ist diese Mitteilung nichts Besonderes, nicht sehr viel.

Ihr solltet in der Lage sein, mit der körperlichen Verfassung einer Person umgehen zu können und den subtilen Verfall in deren körperlichen Sinnen bemerken: Die Fähigkeit zur Kommunikation, der Hörsinn, das Empfindungsvermögen des Körpers, das Gefühl für den Gesichtsausdruck - alles nimmt ab. Aber gleichzeitig kann eine Person mit einem enorm starken Willen, die daran gewöhnt ist, ein oberflächliches Lachen aufzusetzen, im letzten Augenblick des Todes auch ein Lächeln aufsetzen und sagen: „Alles in Ordnung, mir geht's ganz ausgezeichnet." Diese Person versucht, ihr hohes Alter zu bekämpfen, sie versucht, die Beeinträchtigung der Sinne zu bekämpfen. Dies könnte auch geschehen.

Einfach das Tibetische Totenbuch ans Totenbett einer Person zu tragen und es ihr vorzulesen, hat nicht viel Sinn; die sterbende Person weiß dann lediglich, daß du irgendeine Art von Zeremonie vollführst. Wenn ihr mit einem solchen Text umgehen wollt, solltet ihr auch Verständnis von der ganzen Sache haben, damit ihr nicht einfach nur das Tibetische Totenbuch lest; ihr solltet stattdessen versuchen, auf der Gesprächsebene zu wirken. Ein solches Gespräch könnte folgendermaßen vor sich gehen: „Du stirbst, du verläßt deine Freunde und deine Familie. Deine Umgebung, an der du Gefallen hast, wird nicht länger da sein. Du wirst uns verlassen. Aber gleichzeitig gibt es etwas, das beim Tod weitergeht. Es gibt ein Fortbestehen. Dein positives Verhältnis zu deinen Freunden und zu den Lehrern besteht fort. Also arbeite an diesem Fortbestehen, diesem grundlegenden Fortbestehen, das nichts mit Ego zu tun hat. Es ist ein sehr sumpfiger Boden, aber immerhin gibt es überhaupt einen Boden.

Wenn du stirbst, wirst du beim Verlassen des Körpers alle möglichen schockierenden Erlebnisse haben. Auch deine alten Erinnerungen werden in der Form von Halluzinationen zurückkommen. Das geschieht ganz natürlich mit dir, wenn du stirbst. Aber gleichzeitig leisten wir dir Gesellschaft, unsere Freundschaft ist bei dir, wie auch dein grundlegendes Wesen. Ich war dir immer sehr nahe. Deshalb sage ich dir ohne zu zögern, daß du sterben wirst. Der spirituelle Freund bleibt und die Freundschaft mit dem Dharma besteht ebenfalls weiter. Wenn dir in Visionen und Halluzinationen etwas geschieht, lasse dich einfach auf die wirklichen Geschehnisse ein, statt zu versuchen, vor ihnen wegzulaufen. Lasse dich einfach darauf ein. Da ist fester Boden. Gehe einfach damit um. Es ist egal, was geschieht. Lasse dich mit der Grundlage (die du hast) darauf ein. Das funktioniert: Du bahnst dir deinen Weg hindurch."

Gleichzeitig wird die sterbende Person vermutlich an Intelligenz und Bewußtheit verlieren; sie wird auch eine andere Dimension von höherem Bewußtsein entwickeln, ein Gefühl für die Umgebung. Es ist genauso, wie bei einer Person, die zum Mutterleib zurückkehrt: dieses Gefühl für die Umgebung entsteht. Es ist also äußerst wichtig, daß ihr fähig seid, eine grundlegende Wärme und eine grundlegende Qualität eurer Wahrhaftigkeit im Umgang mit der sterbenden Person zu bereiten, anstatt nur wiederzugeben, was andere euch aufgetragen haben. „Lasse dich ein auf das, was ist. Lasse dich ein auf mich; lasse dich einfach darauf ein. Du liegst im Sterbebett und du stirbst. Du stirbst, lasse dich einfach darauf ein, lasse dich ein auf das, was dir geschieht. Etwas besteht fort."

Um eine Person in den Zustand des klaren Lichtes zu bringen, scheint es nötig, daß ihr die feste Basis habt, mit dem klaren Licht, das die Festigkeit der Person darstellt, umzugehen. Deine Freunde wissen, daß du sterben wirst, aber sie werden deshalb nicht kopflos. Sie sind tatsächlich da, wirklich da, auf positive Weise und vollkommen da. Und sie sagen dir, daß du sterben wirst. Sie wissen, daß du sterben wirst. Sie wissen, daß du sterben wirst, aber sie sind wirklich da. Wenn sie nicht wirklich da sind, erregen sie dein Mißtrauen, selbst wenn sie dir sagen, daß du sterben wirst. Das bringt alle möglichen Kettenreaktionen in Gang: Etwas Seltsames scheint hinter deinem Rücken zu geschehen; es scheint, als ob deine Freunde nur etwas rezitieren, was ihnen aufgetragen wurde, als ob sie von einem Computer programmiert seien. Vollkommen da zu sein, wenn eine Person stirbt, und lediglich mit den einfachen Dingen umzugehen, ist also sehr, sehr wichtig.

Mit dem Jetzt umzugehen ist äußerst kraftvoll, weil es für die sterbende Person an diesem Punkt eine Unsicherheit in bezug auf ihre körperliche und geistige Verfassung gibt. Die einzige Sprache, die ihr verwenden könnt, stützt sich auf das Sprechen durch eure Körper: Ihr benutzt euren Mund, eure Zunge, die Zähne und den Atem, um zu der Person zu sprechen. Ihr kommuniziert auf dieser Ebene mit der anderen Person, die ebenfalls in diesem Zustand von Körper, Gehirn und Atem lebt - die zu diesem Zeitpunkt schwächer wird. Aber ihr geht mit dieser Situation um. Eine feste, grundlegende Basis bereitzustellen, scheint sehr wichtig zu sein.

Zu diesem Zeitpunkt ist der Tod nicht länger eine Erfindung. Er geschieht wirklich. „Du stirbst. Wir sehen dir beim Sterben zu. Aber wir sind deine Freunde, deshalb sehen wir dir beim Sterben zu. Wir glauben an die feinstoffliche Eigenschaft in dir, deinen Körper zu verlassen und dich in eine Leiche zu verwandeln. Das ist wunderbar. Du weißt, daß du stirbst, und wir wissen, daß du sterben wirst. Das ist das großartigste und beste Beispiel von Freundschaft, das du uns zeigen kannst." Schon allein dies ist eine wunderbare und reiche Kommunikation; sie stellt wirklich eine enorme weitere Inspiration für die sterbende Person dar.

Der springende Punkt ist, sich auf den Menschen einzulassen und Übertragung oder eine Begegnung im Geist der Person zu entwickeln. Dies geschieht zwischen den Gesprächen, in den Pausen: „Dies hat nichts mit deinem Tod zu tun, aber laß uns zusammen sein. Wir wollen uns gleichzeitig für einander öffnen. Sollen wir das tun? Laß es uns tun. Los geht's. Wir wollen uns öffnen. Das ist wunderbar, laß es uns nochmals machen."

Es ist gleichzeitig gut zu versuchen, die Menschen vor unnötigen Sorgen zu bewahren. Wenn die Person mitmacht, könntest du über ihr Verhältnis zu ihren Eltern und Verwandten sprechen. Wenn ein Mensch seinen Körper verläßt, neigt er dazu, über die unausgesprochenen Dinge nachzudenken. „Ich würde dies so gerne jemandem mitteilen; ich wünsche mir, ich könnte dies einer Person sagen." Ein enormes Bedauern findet statt. Es ist wie auf einer langen Reise in einem fremden Land. Wir denken: „Ich würde dies so gerne jemandem erzählen, dem/der so und so. Möchtest du es hören? Möchtest du dies sehen?" Auf unseren langen Reisen können wir Briefe schreiben, Telegramme schicken, telefonieren, aber leider hat die sterbende Person keine dieser Möglichkeiten oder Kommunikationsmittel. Deshalb ist es sehr wahrscheinlich, daß eine solche Person sich in einen sehr deprimierten und paranoiden Zustand verwickelt. Sie würde gerne eine Beziehung zu Menschen herstellen und ihre Erfahrungen wirklich mitteilen - ihr Verhältnis zu ihrem Familienleben oder ihre besonderen Anliegen. Versucht also, mit der sterbenden Person auch über deren familiäre Beziehungen, über ihre Freunde und darüber, was sie gerne sein würde, zu sprechen. „Ich würde gern einen Doktortitel in diesem oder jenem Fach erlangen." - „Du wolltest das, aber jetzt kannst du es nicht mehr, weil du im Sterben liegst. In Ordnung. Du wolltest das tun, nicht wahr. Aber das ist jetzt vorbei. Jetzt stirbst du." Es erfordert wirklich Mut, auf diese Weise zu kommunizieren. In einer solchen Situation solltet ihr immer über die ehrgeizigen Wünsche der Person, die ein großes Hindernis darstellen, sprechen. Ehrgeizige Wünsche jeglicher Art sind das größte Hindernis für die Person. Es ist, als ob sie letztendlich mit anderen Menschen in Beziehung treten wollte, aber sie kann es nicht. Sie verspürt eine enorme Klaustrophobie, weil sie vollkommen abgeschnitten ist. Deshalb ist es sehr wichtig, direkt damit umzugehen.

Möglicherweise kennt ihr die Person schon lange Zeit; dann könntet ihr das Gespräch auch auf gemeinsame Erlebnisse in der Vergangenheit bringen. - „Erinnerst du dich an unsere erste Begegnung? - Du bist gegen mein Auto gefahren. Wir trafen uns damals und beschlossen, über unsere Versicherungsscheine zu sprechen, und wir kamen auf das ganze Thema Meditation und Buddhismus. Das war toll. Und nun sind wir hier." - Alles in dieser Art wäre äußerst hilfreich. In anderen Worten, es geht darum, der Person, die sterben wird, eine sehr normale und feste persönliche Situation anzubieten und mit ihr so direkt und gleichbleibend wie möglich umzugehen. Das scheint der Hauptpunkt zu sein.

Frage: Ich kann mir einen sterbenden Menschen vorstellen, der große körperliche Schmerzen hat. Vielleicht will dieser Mensch mit seiner restlichen Kraft einfach nur still sein, seine Augen schließen und seinen Körper ruhig und entspannt halten. In diesem Fall könnte jemand, der dann zu ihm spricht und dauernd seine Aufmerksamkeit fordert, wirklich sehr lästig sein. Dieser Mensch hätte nicht einmal die Kraft, dem andern zu sagen, still zu sein.

Chögyam Trungpa: Sei einfach da, sitze da. Sage ihm wenigstens, daß er sterben wird. Tatsächlich ist es bei vielen Menschen so, daß sie von ihrer Reserveenergie oder ihrer Hauptenergie zehren können, wenn ihre Grundenergie abnimmt. Zu diesem Zeitpunkt werden sie sehr wach: Sie fangen an zu sprechen, setzen sich sogar auf. Das passiert sehr oft, müßt ihr wissen. Dann ist die Gelegenheit da, mit ihnen in Beziehung zu treten.

Frage: Worum geht es, wenn wir versuchen, mit der sterbenden Person so zu kommunizieren, wie Sie es vorgeschlagen haben. Nach welcher Art von Wahrnehmungsvermögen sollten wir Ausschau halten?

Chögyam Trungpa: Nun, die Wahrnehmung sollte die ganze Umgebung erfassen. Es ist genau wie bei einem Interview über Meditation. Ihr habt ein gewisses Gefühl für die Umgebung der ganzen Situation. Wenn ihr zu viel Druck ausübt, seid ihr unsensibel. Übt ihr zu wenig Druck aus, bedeutet das, daß ihr äußerst schwach seid und nicht genug Energie habt, euer Vertrauen in die Person zu legen. Ein solches Wahrnehmungsvermögen hängt nur vom Seinszustand einer Person ab. Es gibt wirklich keinerlei Anleitung dafür. Es muß genau auf euren Fähigkeiten, eurem Einfühlungsvermögen basieren. Es hängt nicht so sehr davon ab, wie weise oder vollkommen ihr seid, sondern davon, wieviel die Situation von euch fordert. Wenn ihr diese Situation akzeptiert, dann werdet ihr euch so äußern, wie es sein soll.

Frage: Rinpoche, was ist, wenn man mit der Person sehr verbunden ist, und über ihr Sterben sehr beunruhigt ist. Vielleicht begegnen wir ihrem Sterben mit Unwillen oder mit Furcht, oder wir haben zwiespältige Gefühle zu ihrem Sterben - alle Arten von sehr lebhaften Emotionen. Und indem wir versuchen, ihr dies sehr direkt mitzuteilen, eröffnen wir ihr auch, wie wir uns fühlen. Ich meine, wir geben irgendwie ein gewisses Maß an Kontrolle auf, indem wir in der Situation bleiben - für die sterbende Person und für uns selbst. Wenn wir der Person sagen, wie wir uns fühlen, bürden wir ihr damit nicht etwas Schweres auf?

Chögyam Trungpa: Das verursacht kein besonderes Problem. Es ist Raum für Gefühle des Aufgewühltseins vorhanden - immer. Das sollt ihr unbedingt wissen. Es ist Raum da, um zu kommunizieren; es ist Raum für euch da, aus der Fassung zu geraten. Dann fühlst du, daß Raum für alles da ist, und die ganze Angelegenheit ist sehr offen. Ihr müßt also keineswegs vollkommen sein. Es ist für alles Platz. Deshalb sprecht ihr ja mit der Person. „Du wirst sterben; wir sind außer Fassung, weil du sterben wirst, weil wir dich verlieren werden und so weiter." Ihr solltet versuchen, dies zu tun. Ihr könnt weinen, wißt ihr, alles! Das ist wunderbar. Es ist immer Raum da. (Lacht)

Frage: Wie sollten Ihre Schüler nach Ihrem Wunsch mit Ihrem Tod umgehen?

Chögyam Trungpa: Eine tolle Party feiern. (Gelächter)

Frage: Rinpoche, wenn man zu einem Sterbenden gehen will und dieser bereits tot ist, gibt es dann noch etwas zu tun?

Chögyam Trungpa: Ich denke, ja. In dem Sinne, daß du wirklich dort, in der Gegenwart dieser Person sein mußt. Der springende Punkt ist, daß du tatsächlich zu dir selbst sprichst, wenn du die sterbende Person akzeptierst. Du sagst es dir wirklich selbst. Wenn du die ganze Angelegenheit auf diese Weise betrachtest, dann ist deine Stabilität Teil dieser Person. Du erscheinst dir selbst in einer sehr stabilen Weise, also fühlst du dich automatisch stabil. Und wenn sich da eine vollkommen ausgeflippte Person im Bardozustand befindet, wirst du auch zu ihr sprechen.

Frage: Gibt es irgendwelche Probleme mit Raum und Zeit?

Chögyam Trungpa: Es gibt keine Entfernung: Jemand in Japan könnte jemand in Amerika sein.

Frage: Sollte dies mit Worten ausgeführt werden oder symbolisch?

Chögyam Trungpa: Das hängt davon ab, wie sicher du dir selbst bist. Es ist etwas sehr Gewöhnliches, Wörtliches. Es hängt davon ab, wie sehr du dir selbst vertraust.

Frage: Was ist, wenn man auf ein Unfallopfer trifft und nichts über Erste Hilfe weiß, oder ob die Person sterben wird oder nicht?

Chögyam Trungpa: Nun, alle, die das Tibetische Totenbuch studieren, sollten etwas über Erste Hilfe wissen.

Frage: Ich denke, daß der Tod etwas sehr Einfaches ist, daß Sterben eine sehr einfache Situation ist.

Chögyam Trungpa: Das ist durchaus richtig, Aber im allgemeinen muß ich sagen, daß die Menschen in Amerika oder alle Menschen im Westen sehr unreif und unterentwickelt sind, was den Tod angeht. Die ganze Angelegenheit ist für sie sehr geheimnisvoll. Für die amerikanischen Indianer zum Beispiel ist das ganz anders. Ihr könnt euch vorstellen, als amerikanischer Indianer geboren zu sein und Wild zu schießen, Sport zu treiben und dauernd mit blutigen Dingen zu tun zu haben. Amerikaner oder westliche Menschen im allgemeinen sind vollkommen außerhalb dieses Bereichs. Sie sehen sich Filme an, was nicht gerade eine natürliche Situation ist. Sie betrachten den Tod als bloß erfunden, wie die Filme. Und sie sehen nur in sehr beschränktem Maße wirkliches Blut. Das ist eines der größten Probleme, die sie haben. Blut verwirrt sie. Einen toten Menschen oder einen Leichnam herumliegen zu haben, ist etwas Besonderes. Unsere Welt ist zu sanft geworden durch den Versuch, jegliche wirklich negative Eigenschaft des Todes wegzuschließen. Es gibt noch nicht einmal Metzgerläden in diesem Land. Alles ist verpackt, mit Zellophan darüber. Man sieht kein Hakken, kein Sägen, kein aufgehängtes Fleisch. Das reicht nicht ganz, um ein menschliches Wesen zu sein, es ist nicht genug, um eine lebendige Person auf dieser Erde zu sein. Sie haben nicht genug rohe und holprige Eigenschaften, was eine Menge Paranoia verursacht. Auch beim Tod gibt es Tücher, um Blut oder Speichel, der aus der sterbenden Person austritt, wegzuwischen. Für alles ist gesorgt. Alles ist weiß: der rote, schwarze und grüne Anblick von Körpern wird andauernd von weiß verdeckt. Das ist äußerst traurig.

Frage: Rinpoche, wenn wir mit Freunden zu tun haben, die keine Buddhisten sind, wie sollen wir uns dann verhalten?

Chögyam Trungpa: Nun, es ist einfach eine Frage ihres Sterbens und wie du mit ihnen umgehst. Du kannst mit grundlegendem Verständnis handeln - ich meine, versuche nicht, sie auf ihrem Totenbett zu bekehren (Gelächter). Das hat überhaupt keinen Sinn. Sage ihnen einfach, was geschieht; deshalb sind wir hier. Sei fest und gleichbleibend. Alles ist wirklich: Dein Sterben ist wirklich, und deine Krankheit ist wirklich, und dein Puls ist wirklich.

Frage: Angenommen, man weiß, daß jemand stirbt, und das erstreckt sich über mehrere Monate - gibt es eine sinnvolle Vorbereitung?

Chögyam Trungpa: Ich meine, ja. Vermittle dieser Person so viel wie möglich davon, daß es eine lebendige Situation ist, die sie erlebt. „Du wirst nicht in die Einsamkeit hinein sterben, sondern du wirst in gewisser Weise weiter da sein."

Frage: Was ist mit einer Person, die stirbt, ohne an etwas zu glauben; was geschieht mit ihr?

Chögyam Trungpa: Sie geht durch die gleichen Erfahrungen; es muß nicht religiös sein. Sie geht auf jeden Fall durch die gleiche menschliche Situation.

Frage: Ist es von Belang, was mit dem Körper geschieht?

Chögyam Trungpa: Nicht bei einem Bodhisattva; dein Körper könnte einem Krankenhaus gestiftet werden. Im Sinne des Tibetischen Totenbuches ist es von Belang, ob dein Körper verbrannt, begraben oder im Wasser beigesetzt wird. Ich selbst werde verbrannt werden.

Frage: Stört die Anwesenheit der Kinder den Sterbeprozeß der Eltern? In Japan sieht man das so, wegen der Anhaftung der Eltern an ihre Kinder.

Chögyam Trungpa: Ich denke das ganz und gar nicht. Es wäre sehr hilfreich für die Kinder, diesen Lebensübergang zu sehen, den sie beim Geborenwerden sehen sollten.

Unser wirkliches Heim

Ajahn Chah

Nun nimm dir in deinem Geist fest vor, dem Dhamma mit Respekt zu lauschen. Während ich spreche, gib so acht auf meine Worte, als ob Buddha selbst vor dir sitzen würde. Schließe deine Augen und mache es dir bequem, sammle deinen Geist und mache ihn einsgerichtet. Erlaube demütig dem Dreifachen Juwel der Weisheit, der Wahrheit und der Reinheit in deinem Herz zu verweilen, um auf diese Weise dem Vollkommen Erwachten Respekt zu zollen.

Heute habe ich dir nichts Materielles mitgebracht, das ich dir anbieten könnte, nur Dhamma, die Lehre des Buddha. Hör gut zu! Du solltest verstehen, daß sogar der Buddha selbst mit seinem großen Vorrat an gesammelter Tugend den physischen Tod nicht vermeiden konnte. Als er alt geworden war, gab er seinen Körper auf und ließ dessen schwere Last los. Nun mußt auch du lernen, mit den vielen Jahren, die du bereits von deinem Körper abhängig warst, zufrieden zu sein. Du solltest das Gefühl haben, daß es genug ist.

Du kannst es mit dem Geschirr vergleichen, das du schon so lange hast - deine Tassen, Unterteller, Teller und so weiter. Anfänglich waren sie sauber und glänzend, aber jetzt, nach so langem Gebrauch, zeigen sich Abnutzungserscheinungen. Einige sind bereits zerbrochen, einige sind verschwunden, und die, welche übriggeblieben sind, verlieren an Wert. Da sie keine dauerhafte Form besitzen, ist es nur natürlich, daß es so ist. Mit deinem Körper verhält es sich genauso - er hat sich kontinuierlich verändert seit dem Tag, an dem du geboren wurdest, durch deine Kindheit und deine Jugend hindurch, bis er sein jetziges Alter erreicht hat. Das mußt du akzeptieren. Der Buddha sagte, daß Bedingungen (Sankharas), gleich ob innere, körperliche oder äußerliche Bedingungen, Nicht-Selbst sind, und es daher ihre Natur ist, sich zu verändern. Kontempliere diese Wahrheit, bis du sie klar erkennst.

Dieser Klumpen Fleisch, der hier liegt und verfällt, ist Saccadhamma, die Wahrheit. Die Wahrheit dieses Körpers ist Saccadhamma, und sie ist die unwandelbare Lehre des Buddha. Der Buddha lehrte uns, den Körper zu betrachten, ihn zu kontemplieren und uns mit seiner Natur abzufinden. Wir müssen imstande sein, mit dem Körper in Frieden zu leben, in welchem Zustand er sich auch befinden mag. Nun, da dein Körper mit dem Alter verfällt und anfängt, dem Ende entgegenzugehen, wehre dich nicht dagegen, aber laß deinen Geist nicht mit verfallen, halte den Geist davon getrennt. Gib ihm Energie durch die Erkenntnis der wahren Natur der Dinge. Buddha lehrte, daß so die Natur des Körpers ist, er kann nicht anders sein. Nachdem er geboren wurde, wird er alt und krank und schließlich stirbt er. Es ist eine große Wahrheit, die du gegenwärtig erfährst. Betrachte den Körper mit Weisheit und erkenne sie.

Sogar wenn dein Haus überflutet wird oder niederbrennt, welche Gefahren es auch immer bedrohen mögen, laß sie nur das Haus bedrohen. Wenn eine Flut kommt, laß sie nicht deinen Geist überfluten. Wenn ein Feuer ausbricht, laß es nicht dein Herz verbrennen. Laß nur das Haus, das, was außerhalb von dir ist, überflutet werden und brennen. Erlaube dem Geist, seine Verhaftungen loszulassen. Die Zeit ist reif!

Du bist schon lange Zeit am Leben. Deine Augen haben eine Unzahl von Formen und Farben gesehen, deine Ohren haben viele Geräusche gehört, du hattest eine Unzahl Erfahrungen. Und das ist alles, was sie waren - bloß Erfahrungen. Du hast köstliche Speisen gegessen, und all der Wohlgeschmack war bloß Wohlgeschmack, nichts weiter. Die unangenehmen Geschmackserfahrungen waren nur unangenehme Geschmackserfahrungen, das ist alles. Wenn das Auge eine schöne Form sieht, dann ist das alles, was es ist, bloß eine schöne Form. Eine häßliche Form ist bloß eine häßliche Form. Das Ohr hört einen entzükkenden, melodiösen Klang und es ist nichts weiter als das. Ein schriller, unharmonischer Klang ist einfach so - schrill und unharmonisch.

Der Buddha sagte, ob reich oder arm, jung oder alt, menschlich oder tierisch, kein Wesen in dieser Welt kann sich lange in einem Zustand halten, alles erfährt Wandel und Entfremdung. Das ist eine Tatsache des Lebens, die wir nicht aufheben können. Aber der Buddha sagte auch, daß wir etwas tun können, nämlich Körper und Geist zu kontemplieren, um ihre Unpersönlichkeit zu erkennen; zu sehen, daß weder Körper noch Geist ich oder mein ist. Sie besitzen eine rein vorübergehende Realität. Es ist wie mit diesem Haus, es ist nominell deines, du könntest es nirgendwohin mitnehmen. Das gleiche gilt für deinen Reichtum, deinen Besitz und deine Familie - all das gehört dir nur dem Namen nach. Es gehört dir nicht wirklich, es gehört der Natur. Nun gilt diese Wahrheit nicht nur für dich, jeder ist in derselben Situation - sogar der Buddha und seine erleuchteten Schüler. Sie unterschieden sich von uns nur in einer Weise und zwar in ihrem Annehmen der Seinsweise der Dinge, sie erkannten, daß es gar nicht anders sein kann.

Der Buddha lehrte uns also, diesen Körper zu betrachten und zu untersuchen, von den Fußsohlen aufwärts zum Scheitel und dann wieder zurück zu den Füßen. Betrachte den Körper einfach einmal. Was siehst du? Gibt es da irgendetwas, das wirklich rein ist? Kannst du irgendeine bleibende Essenz finden? Dieser ganze Körper baut beständig ab, und der Buddha lehrte uns, zu erkennen, daß er nicht uns gehört. Es ist natürlich für den Körper, sich so zu verhalten, denn alle bedingt entstandenen Phänomene sind dem Wandel unterworfen. Wie könnte es auch anders sein? Eigentlich ist an dem, wie der Körper ist, nichts verkehrt. Es ist nicht der Körper, der dich leiden macht, es ist dein falsches Denken. Wenn du das Richtige falsch siehst, muß es zu Verwirrung kommen.

Es ist wie mit dem Wasser eines Flusses. Es fließt natürlicherweise das Gefälle hinunter, es fließt nie dagegen an, das ist seine Natur. Wenn sich jemand ans Flußufer stellen würde und dem Wasser zusähe, wie es schnell seinem Weg folgt, und er sich dümmlicherweise wünschte, es möge bergauf fließen, würde er leiden. Sein falsches Denken würde seinem Geist den Frieden rauben. Er würde wegen seiner falschen Anschauung, seines gegen den Strom Andenkens, unglücklich sein. Wenn er rechte Anschauung besäße, würde er erkennen, daß Wasser unvermeidlich das Gefälle hinunterfließen muß; und so lange, bis dieser Mann diese Tatsache erkannt und akzeptiert hätte, würde er aufgebracht und ärgerlich sein.

Der Fluß, der dem Gefälle folgen muß, ist wie dein Körper. Jung gewesen, ist dein Körper jetzt alt geworden, und mäandert nun seinem Tod entgegen. Wünsche dir nicht, daß es anders wäre, es liegt nicht in deiner Macht, es zu ändern. Der Buddha riet uns, die Dinge so zu sehen wie sie sind, und dann unsere Verhaftungen daran loszulassen. Nimm dieses Gefühl des Loslassens als deine Zuflucht. Meditiere weiter, auch wenn du dich müde und erschöpft fühlst. Laß deinen Geist mit dem Atem verweilen. Nimm ein paar tiefe Atemzüge und dann gründe den Geist auf dem Atem mit Hilfe des Mantras ‹Buddho›. Laß diese Übung zur Gewohnheit werden. Je erschöpfter du dich fühlst, desto feiner und schärfer muß deine Konzentration werden, damit du mit den schmerzlichen Empfindungen, die aufsteigen, zurecht kommst.

Wenn du ermüdest, dann halte dein Denken an, laß den Geist sich sammeln und wende dich dann dem Wissen um den Atem zu. Behalte einfach die innere Rezitation ‹Buddho, Buddho› bei. Laß alle Äußerlichkeiten los. Klammere dich nicht an Gedanken über deine Kinder und Verwandten, klammere dich an überhaupt nichts. Laß los. Laß den Geist sich in einem Punkt sammeln und laß diesen gesammelten Geist mit dem Atem verweilen. Laß den Atem das einzige Objekt des Wissens im Geist sein. Konzentriere dich, bis der Geist sich zunehmend verfeinert, bis Empfindungen unbedeutend werden, und eine große innere Klarheit und Wachheit auftritt.

Wenn schmerzliche Empfindungen aufsteigen, werden sie schrittweise von selbst aufhören. Schließlich wirst du den Atem betrachten, als ob er ein Verwandter wäre, der dich besuchen kommt. Wenn ein Verwandter geht, begleiten wir ihn hinaus und verabschieden ihn. Wir schauen ihm nach, bis er aus unserem Sichtfeld verschwunden ist und dann gehen wir wieder hinein. Den Atem beobachten wir auf die gleiche Weise. Wenn der Atem grob ist, wissen wir, daß er grob ist, wenn er zart ist, wissen wir, daß er zart ist. Während er zunehmend zarter wird, folgen wir ihm weiter, während wir gleichzeitig den Geist erwecken. Schließlich verschwindet der Atem ganz, und alles, was bleibt, ist das Gefühl der Wachheit. Das wird „den Buddha treffen" genannt. Wir haben diese klare wache Achtsamkeit, die ‹Buddho› genannt wird, der, der weiß, der, der wach ist, der Strahlende. Es ist ein Treffen und Leben mit Buddha, mit Wissen und Klarheit.

Es war der historische Buddha aus Fleisch und Blut, der ins Parinibbana einging. Der wahre Buddha, der Buddha, der klares strahlendes Wissen ist, das wir bis heute erleben und erreichen können - und wenn es uns gelingt, ist das Herz geeint.

Laß also los! Leg alles ab, alles mit Ausnahme des Wissens. Laß dich nicht von Visionen oder Geräuschen, die in deinem Geist während der Meditation aufsteigen, verwirren. Lege sie alle ab. Halte an überhaupt nichts fest. Verweile einfach mit dieser nicht-dualen Achtsamkeit. Mach dir keine Sorgen über Vergangenheit und Zukunft, sei einfach still und du wirst den Ort erreichen, an dem es kein Fortschreiten mehr gibt, kein Zurückweichen, kein Anhalten, wo es nichts zum Festhalten oder Anklammern gibt. Warum? Weil es dort kein ich, kein mein, kein Selbst gibt. Es ist alles verschwunden. Der Buddha lehrte uns, auf diese Weise von allem leer zu sein, nichts mit uns zu tragen. Er lehrte uns, zu wissen und wissend loszulassen.

Den Dhamma erkennen, den Weg zur Freiheit vom Kreislauf von Geburt und Sterben, ist eine Arbeit, die jeder für sich selbst tun muß. Versuche also, loszulassen und die Lehren zu verstehen. Strenge dich wirklich an bei deinen Kontemplationen. Sorge dich nicht um deine Familie. Zur Zeit sind sie, wie sie sind, in der Zukunft wird es ihnen gehen wie dir. Niemand in dieser Welt kann diesem Schicksal entgehen. Der Buddha lehrte uns, alles abzulegen, was keine wirklich bleibende Substanz hat. Wenn du alles ablegst, wirst du die Wahrheit sehen, sonst nicht. So ist das, und es ist für jeden in dieser Welt gleich. Also sorge dich nicht und klammere dich an nichts.

Sogar wenn du dich beim Denken ertappst, nun, dann ist das auch in Ordnung, solange du weise denkst. Denke nicht dümmlich. Wenn du an deine Kinder denkst, denke an sie mit Weisheit, nicht mit Dummheit. Denke weise und erkenne mit Weisheit, wohin der Geist sich auch wendet, sei dir seiner wahren Natur bewußt. Wenn du etwas mit Weisheit erkennst, dann läßt du es los, und es entsteht kein Leid. Der Geist ist hell, freudig und in Frieden und da er sich von Ablenkungen abwendet, ist er ungeteilt.

Gerade jetzt kannst du dich wegen Hilfe und Unterstützung dem Atem zuwenden. Das ist deine eigene Arbeit, nicht die von jemand anderem. Laß die anderen ihre eigene Arbeit tun. Du hast deine eigene Pflicht und Verantwortung und du mußt nicht die deiner Familie auf dich nehmen. Nimm nichts anderes an und laß alles los. Dieses Loslassen wird deinen Geist beruhigen. Deine einzige Verantwortung ist nun, deinen Geist zu sammeln und ihn zu befrieden. Laß alles andere den anderen. Formen, Geräusche, Geschmäcke - laß die anderen sich darum kümmern. Laß alles hinter dir und tue deine eigene Arbeit, erfülle deine Verantwortung. Was immer in deinem Geist aufsteigt, mag es Angst vor Schmerz, Angst vor dem Tod, Furcht um andere oder was immer sein, sag' einfach dazu: ‹Störe mich nicht. Du bist nicht mehr meine Sache›. Fahre einfach fort, das zu dir zu sagen, wenn du die Dhammas aufsteigen siehst.

Worauf bezieht sich das Wort Dhamma? Alles ist ein Dhamma. Es gibt nichts, das nicht ein Dhamma wäre. Und was ist die ‹Welt›? Die Welt ist genau der geistige Zustand, der dich im Moment aufregt. ‹Was wird dieser Mensch tun, was wird jener tun? Wer wird sich um sie kümmern, wenn ich tot? Wie werden sie zurecht kommen?› Das alles ist nur ‹die Welt›. Auch das Aufsteigen eines Gedankens, der Furcht vor Tod oder Schmerz ist die Welt. Wirf die Welt weg! Die Welt ist, wie sie ist. Wenn du ihr erlaubst, im Geist aufzusteigen und das Bewußtsein zu dominieren, dann wird der Geist verdunkelt und kann sich nicht selbst sehen. Also, was immer im Geist erscheint, sage einfach: ‹Das geht mich nichts an. Es ist vergänglich, unbefriedigend - Nicht-Selbst.›

Zu denken, daß du gerne noch lange leben würdest, wird dich leiden machen. Aber zu denken, daß du gerne sofort oder sehr schnell sterben würdest, ist auch nicht richtig. Es ist Leiden, nicht wahr? Bedingungen gehören nicht uns, sie folgen ihren eigenen natürlichen Gesetzen. Du kannst nichts an der Seinsweise des Körpers verändern. Du kannst ihn ein bißchen hübscher machen, ihn für eine Weile anziehend und sauber machen, wie die jungen Mädchen, die ihre Lippen bemalen und ihre Nägel lang wachsen lassen, aber wenn das Alter kommt, sitzen alle im gleichen Boot. So ist der Körper, und du kannst ihn nicht ändern. Was du aber verbessern und verschönern kannst, ist der Geist.

Jeder kann ein Haus aus Holz oder Ziegeln bauen, aber der Buddha lehrte uns, daß diese Art Heim nicht unser wirkliches Heim ist, daß es nur dem Namen nach unser ist. Es ist ein Heim in der Welt und es folgt dem Lauf der Welt. Unser wahres Heim ist innerer Frieden. Ein äußerliches Heim mag zwar hübsch sein, aber es ist nicht sehr friedlich. Es gibt diese Sorge und dann jene, diese Befürchtung und dann jene. Also sagen wir, es ist nicht unser wirkliches Heim, es ist außerhalb von uns, früher oder später müssen wir es aufgeben. Es ist kein Ort, an dem wir für immer leben könnten, weil es uns nicht wirklich gehört, es ist Teil der Welt. Unser Körper ist genauso, wir nehmen ihn als Selbst an, als „Ich" und „mein", aber in Wirklichkeit ist dem überhaupt nicht so, er ist bloß ein weiteres weltliches Heim. Unser Körper folgte von Geburt an seinem natürlichen Weg, bis er jetzt alt und krank ist, und das kann man ihm nicht verbieten. So ist es eben. Ihn sich anders zu wünschen, wäre genauso dumm, wie sich zu wünschen, daß eine Ente ein Huhn wäre. Wenn du siehst, daß das unmöglich ist, weil eine Ente eine Ente sein muß, ein Huhn ein Huhn sein muß und weil Körper alt werden und sterben müssen, wirst du Stärke und Energie finden. Wie sehr du auch wünschen magst, daß der Körper weiterbesteht und noch lange Zeit hält, er wird es nicht tun.

Der Buddha sagte: ‹Anicca vata sankhara; uppadavayadhammino; upajjhitva nirujjhanti; tesam vupasamo sukho.›

Das Wort Sankhara bezieht sich auf diesen Körper und Geist. Sankharas sind vergänglich und unbeständig, einmal entstanden, vergehen sie wieder, und doch möchte sie jeder dauerhaft. Das ist Dummheit. Schau dir den Atem an. Hereingekommen, geht er wieder hinaus, das ist seine Natur, das muß so sein. Die Einatmung muß sich mit der Ausatmung abwechseln, es muß Wandel geben. Sankharas existieren durch den Wandel, du kannst es nicht verhindern. Denke einmal nach: könntest du einatmen ohne auszuatmen? Würde sich das gut anfühlen? Oder könntest du einfach nur einatmen? Wir möchten die Dinge dauerhaft, aber das können sie nicht sein, es ist unmöglich. Wenn der Atem hereingekommen ist, muß er wieder heraus, wenn er herausgekommen ist, kommt er wieder herein und das ist natürlich, oder nicht? Einmal geboren, werden wir alt und krank und dann sterben wir, das ist völlig natürlich und normal. Es geschieht, weil die Sankharas ihre Arbeit getan haben. Weil sich das Einatmen und das Ausatmen abgewechselt haben, deshalb gibt es die menschliche Rasse heute immer noch.

Sobald wir geboren sind, sind wir tot. Unsere Geburt und unser Tod sind eine Einheit. Es ist wie mit einem Baum: Wenn es eine Wurzel gibt, muß es auch Zweige geben. Wenn Zweige da sind, muß es eine Wurzel geben. Du kannst nicht das eine haben ohne das andere. Es ist ein bißchen lächerlich zu sehen, wie die Menschen bei einem Todesfall so bekümmert und durcheinander, verheult und traurig sind und wie sie anläßlich einer Geburt glücklich und erfreut sind. Es ist Verblendung, nur hat sich niemand das jemals klar vor Augen geführt. Ich denke, wenn du schon weinen willst, dann eher, wenn jemand geboren wird. Denn eigentlich ist Geburt Tod, Tod ist Geburt, die Wurzel ist der Zweig, der Zweig die Wurzel. Wenn du weinen mußt, weine bei der Wurzel, weine bei der Geburt. Schau genau: wenn es keine Geburt gäbe, gäbe es keinen Tod. Kannst du das verstehen? Denke nicht zuviel. Denke einfach: ‹so sind die Dinge eben›.

Es ist deine Arbeit, es ist deine Pflicht. Gerade jetzt kann niemand dir helfen, es gibt nichts, was deine Familie und deine Besitztümer für dich tun könnten. Alles was dir nun helfen kann, ist das rechte Gewahrsein.

Also zaudere nicht. Laß los. Wirf alles ab.

Denn auch wenn du nicht losläßt, fängt trotzdem alles an, dich zu verlassen. Kannst du nicht sehen, wie all die verschiedenen Teile deines Körpers versuchen, wegzuschlüpfen? Nimm dein Haar: Als du jung warst, war es dick und schwarz und nun fällt es aus. Es geht. Deine Augen waren gut und stark und nun sind sie schwach, und dein Augenlicht ist getrübt. Wenn die Organe genug haben, gehen sie, dies ist nicht ihr Heim. Als du ein Kind warst, waren deine Zähne gesund und fest, nun wackeln sie und vielleicht hast du falsche. Deine Augen, Ohren, Nase, Zunge - alles versucht zu gehen, weil dies nicht ihr Heim ist. Du kannst kein dauerhaftes Heim in einem Sankhara einrichten, du kannst für eine Weile bleiben und dann mußt du gehen. Du bist wie ein Mieter, der über sein winzig kleines Haus wacht, während seine Augen immer schlechter werden. Seine Zähne sind nicht so gut, seine Ohren sind nicht so gut, sein Körper ist nicht so gesund, alles läßt nach, verläßt ihn.

Du brauchst dir über nichts Sorgen zu machen, denn das ist nicht dein wirkliches Heim, es ist nur eine vorübergehende Herberge. Nachdem du in diese Welt gekommen bist, solltest du ihre Natur kontemplieren. Alles, was existiert, bereitet sich darauf vor zu verschwinden. Schau dir deinen Körper an. Gibt es da irgendetwas, was noch im Orginalzustand wäre. Ist deine Haut, wie sie einmal war? Ist es dein Haar? Es ist nicht mehr das gleiche, oder? Wohin ist alles verschwunden? Das ist die Natur, die Seinsweise der Dinge. Wenn ihre Zeit vorüber ist, gehen Bedingungen ihren Weg. Diese Welt ist nichts, worauf man sich verlassen könnte - es ist ein endloser Kreislauf von Störungen und Schwierigkeiten, Freuden und Schmerzen. Niemals finden wir Frieden.

Wenn wir kein wahres Heim haben, sind wir wie ein zielloser Reisender, der auf diesem Weg eine Weile geht und dann auf jenem, der eine Weile anhält, um dann wieder weiter zu wandern. Bis wir in unser wahres Heim zurückkehren, fühlen wir uns unwohl, was immer wir auch tun. Wir sind wie jemand, der sein Dorf verlassen hat, um auf eine Reise zu gehen. Erst wenn er wieder nach Hause kommt, kann er sich wirklich entspannen und wohlfühlen.

In der Welt kann nirgendwo echter Friede gefunden werden. Die Armen haben keinen Frieden, noch haben ihn die Reichen. Erwachsene haben keinen Frieden, Kinder haben keinen Frieden, die Ungebildeten haben keinen Frieden und auch die Hochschulerzogenen haben ihn nicht. Es gibt keinen Frieden, nirgendwo. Das ist die Natur der Welt.

Diejenigen, die wenig Besitz haben, leiden, und das tun auch die, die viel haben. Kinder, Erwachsene, die Alten, jeder leidet. Das Leid, alt zu sein, das Leid, jung zu sein, das Leid, reich zu sein und das Leid, arm zu sein - es ist alles nichts als Leiden.

Wenn du die Dinge auf diese Weise kontemplierst, wirst du Aniccam (Vergänglichkeit) und Dukkham (Unbefriedigendsein) sehen. Warum sind die Dinge vergänglich und unbefriedigend? Sie sind es, weil sie Anatta (Nicht-Selbst) sind.

Sowohl dein Körper, der hier krank und schmerzend liegt, als auch der Geist, der sich der Krankheit und der Schmerzen bewußt ist, werden Dhammas genannt. Das, was formlos ist, die Gedanken, Gefühle und Wahrnehmungen, werden Namadhamma genannt. Das, was von Schmerz und Pein geplagt wird, wird Rupadhamma genannt. Das Materielle ist Dhamma, und das Immaterielle ist Dhamma. Also leben wir mit Dhammas, in Dhammas, wir sind Dhammas. In Wahrheit ist nirgendwo ein Selbst zu finden, es gibt nur Dhammas, die beständig aufsteigen und wieder vergehen, wie es ihrer Natur entspricht. Jeden Moment durchlaufen wir Geburt und Tod. So ist die Seinsweise der Dinge.

Wenn wir an den Buddha denken, wie wahr er sprach, dann fühlen wir, wie sehr er der Verneigung, der Verehrung und des Respektes wert ist. Wann immer wir die Wahrheit von etwas erkennen, sehen wir seine Lehre, sogar wenn wir nie wirklich den Dhamma geübt haben. Aber selbst wenn wir die Lehren kennen, sie studiert und geübt haben, ihre Wahrheit jedoch noch nicht erkannt haben, sind wir immer noch ohne Heim.

Also verstehe diesen Punkt, alle Menschen, alle Geschöpfe, alle sind dabei zu gehen. Wenn Wesen eine angemessene Zeit gelebt haben, gehen sie ihren Weg. Die Reichen, die Armen, die Jungen, die Alten, alle Wesen müssen diesen Wandel erfahren.

Wenn du erkennst, daß dies der Lauf der Welt ist, wirst du das Gefühl bekommen, daß sie ein ermüdender Ort ist. Wenn du siehst, daß es nichts Stabiles oder Substantielles gibt, auf das du dich verlassen könntest, wirst du dich ermüdet und enttäuscht fühlen. Enttäuscht zu sein, bedeutet jedoch nicht, daß du abgeneigt bist. Der Geist ist klar. Er sieht, daß es nichts gibt, das getan werden könnte, um die Sachlage zu ändern. So ist der Lauf der Welt. Auf diese Weise wissend, kannst du die Anhaftungen loslassen, loslassen mit einem Geist, der weder glücklich noch unglücklich ist, sondern in Frieden mit den Sankharas durch das Erkennen mit Weisheit ihrer veränderlichen Natur. ‹Anicca vata sankhara› - alle Sankharas sind vergänglich. Einfach gesagt - Vergänglichkeit ist der Buddha. Wenn wir ein vergängliches Phänomen wirklich klar sehen, werden wir erkennen, daß es beständig ist, beständig in dem Sinne, daß es unwandelbar dem Wandel unterworfen ist. Das ist die Beständigkeit, die den lebenden Wesen eigen ist.

Es gibt eine beständige Transformation von der Kindheit bis zum Alter, und genau diese Vergänglichkeit, diese Natur des Wandels, ist beständig und unwandelbar. Wenn du es so betrachtest, wird dein Herz beruhigt sein. Nicht nur du mußt das durchmachen, jeder muß es.

Wenn du die Dinge so betrachtest, wirst du sie als ermüdend ansehen, und Enttäuschung wird aufsteigen. Deine Freude an der Welt der Sinnenfreuden wird schwinden. Du wirst erkennen, wenn du eine Menge Dinge besitzt, hast du vieles zurückzulassen, wenn du wenig hast, läßt du wenig zurück. Reichtum ist nur Reichtum, langes Leben ist nur langes Leben, sie sind nichts Besonderes.

Wichtig ist, daß wir handeln sollten, wie es der Buddha lehrte, und unser eigenes wahres Heim mit der Methode bauen, die ich dir erklärt habe. Baue dein Heim. Laß' los. Laß' los, bis der Geist den Frieden erreicht, der frei ist von Vorankommen, frei von Zurückweichen und frei von Stillstand. Freude ist nicht unser Heim, Schmerz ist nicht unser Heim. Freude und Schmerz nehmen beide ab und sterben.

Der große Lehrer sah, daß alle Sankharas vergänglich sind, und so lehrte er uns, unser Anhaften an ihnen loszulassen. Wenn wir das Ende unseres Lebens erreichen, haben wir sowieso keine Wahl, wir werden nichts mit uns nehmen können. Wäre es da nicht besser, die Dinge vorher niederzulegen? Sie sind nur eine schwere Last; warum nicht jetzt diese Last abwerfen? Warum sich damit abgeben, sie herumzuschleppen? Laß los, entspanne dich und laß deine Familie sich um dich kümmern.

Die, welche die Kranken pflegen, wachsen in Güte und Tugend. Einer, der krank ist und damit anderen diese Gelegenheit gibt, sollte die Dinge nicht schwierig für sie machen. Wenn du Schmerzen hast oder das eine oder andere Problem, laß es sie wissen und halte den Geist in einem heilsamen Zustand. Jemand, der seine Eltern pflegt, sollte seinen Geist mit Wärme und Freundlichkeit füllen und sich nicht in Abneigung verfangen. Dies ist die Zeit, in der du zurückzahlen kannst, was du ihnen schuldest. Von deiner Geburt an durch deine Kindheit, während deines Aufwachsens, warst du von deinen Eltern abhängig. Wir sind heute nur deshalb hier, weil unsere Eltern uns auf so viele Weisen geholfen haben. Wir haben ihnen gegenüber eine unermeßliche Dankesschuld.

Deshalb haben sich heute alle deine Kinder und Verwandten hier versammelt.

Seht, wie eure Eltern eure Kinder werden. Vorher wart ihr ihre Kinder, und nun werden sie eure. Sie werden älter und älter, bis sie wieder Kinder werden. Ihre Erinnerungen verblassen, ihre Augen sehen nicht mehr so gut und ihre Ohren hören nichts mehr, manchmal verwechseln sie die Worte. Laßt euch davon nicht aufregen.

Alle, die ihr Kranke pflegt, müßt wissen, wie man losläßt. Haltet euch nicht an den Dingen fest, laßt einfach los und laßt ihnen ihren eigenen Lauf. Wenn ein junges Kind unfolgsam ist, lassen ihm die Eltern manchmal seinen Willen, nur um des lieben Friedens willen, um es glücklich zu machen. Nun sind eure Eltern wie solch ein Kind. Ihre Erinnerung und ihre Wahrnehmung haben sich verwirrt. Manchmal verwechseln sie eure Namen, oder ihr bittet sie, euch eine Tasse zu geben und sie bringen einen Teller. Das ist normal, laßt euch davon nicht ärgern.

Laßt die Patienten sich an die Freundlichkeit derer erinnern, die pflegen und die geduldig die schmerzlichen Gefühle ertragen. Gebt euch geistig Mühe, laßt den Geist nicht zerstreut und aufgeregt werden und macht die Sache nicht schwierig für die, die nach euch sehen.

Die, die Kranke pflegen, sollen ihren Geist mit Tugend und Freundlichkeit füllen. Seid der unangenehmen Seite dieser Arbeit nicht abgeneigt. Laßt es euch nichts ausmachen, Speichel und Schleim oder Urin und Exkremente wegzuputzen. Versucht euer Bestes. Jeder in der Familie sollte mithelfen.

Dies sind die einzigen Eltern, die ihr habt. Sie gaben euch das Leben, sie waren eure Lehrer, eure Pfleger und eure Ärzte - sie waren alles für euch. Daß sie euch aufgezogen haben, euch gelehrt haben, ihren Reichtum mit euch geteilt und euch zu Erben gemacht haben, ist die große Wohltäterschaft der Eltern. Deshalb lehrte der Buddha die Tugenden Kataññu und Katavedi, um die Tiefe unserer Dankesschuld zu wissen, und den Versuch, sie abzutragen. Diese beiden Dhammas ergänzen einander.

Wenn unsere Eltern der Hilfe bedürfen, wenn sie krank sind oder in Schwierigkeiten, dann tun wir unser Bestes, um ihnen zu helfen. Das ist Katañññukatavedi, es ist eine Tugend, die die Welt erhält. Sie verhindert das Auseinanderbrechen von Familien, sie macht sie stabil und harmonisch.

Heute, in dieser Zeit der Krankheit, habe ich euch den Dhamma als Geschenk gebracht. Ich besitze keine materiellen Dinge, die ich euch geben könnte, auch scheint es in diesem Haus davon zur Genüge zu geben, und deshalb gebe ich euch Dhamma, etwas, das einen bleibenden Wert hat, etwas, das ihr nie erschöpfen könnt. Nachdem ihr es von mir erhalten habt, könnt ihr es an so viele wie ihr nur wollt weitergeben, und es wird niemals weniger werden. Das ist die Natur der Wahrheit. Ich bin glücklich, daß ich dieses Geschenk des Dhamma geben konnte, und ich hoffe, es wird dir die Stärke geben, mit deinen Schmerzen zurechtzukommen.

Buddhistische Sterbevorbereitung und Sterbebegleitung

Dean Krasomil

Sterben und Tod sind ein wichtiges Thema bei allen Rassen und Religionen. Wie die Lamas oft sagten: „Unterschiedliche Glauben und Religionen sind lediglich verschiedene Wege zum selben Ziel." Aber, wenn es um Tod und Sterben geht, können diese Unterschiede sehr wichtig sein. Im allgemeinen wird der Tod in der westlichen Tradition und Gesellschaft von allen so gut es geht ignoriert. Sterbenden wird oft ausgewichen, auch in der eigenen Familie, weil niemand weiß, was man sagen oder tun könnte. Viel zu oft wird ein trügerisches Theater inszeniert, in dem medizinisches Personal, der Sterbende und seine Angehörigen die tragische Komödie aufführen. „Nächste Woche wird es dir wieder besser gehen!"

Weshalb ist es so schwierig, sich mit Tod und Sterben auseinanderzusetzen? Rationalismus und Materialismus sind zwei wichtige Fundamente der westlichen Gesellschaft. „Fortschritt" heißt unser Motto. Traurigerweise betrachten wir Tod und Sterben als etwas, das keinen Fortschritt mit sich bringt, und verweisen diese Themen in den Bereich dessen, was wir uns unter Leere vorstellen - durch einfaches Ignorieren im Sinne des Orwellschen „Nicht-Denkens".

Der Tod wird zu allen von uns kommen, und wenn der Prozeß des Sterbens beginnt, werden die meisten von uns Hilfe in irgendeiner Form brauchen können. Tod und Sterben können gewinnbringend in einer materialistischen Gesellschaft sein - doch lediglich für diejenigen, die die erforderlichen Dienste bereitstellen.

Im Westen ist eine wichtige Herangehensweise an das Thema Tod und Sterben die Psychologie. Kurse dazu werden in den meisten westlichen Universitäten von den psychologischen Fakultäten angeboten. Der Grund hierfür ist vermutlich, daß der Geisteszustand eines Sterbenden nicht mehr als normal, sondern eher als pathologisch eingestuft wird. Doch inwiefern verändert sich das Bewußtsein der meisten Sterbenden?

Vereinfacht könnte man sagen, daß Sterbende um so spiritueller werden, je näher sie dem Tod kommen. Die Betrachtung des Lebens und der eigenen Person kippt und erfaßt eine neue Dimension. Charles Tart beobachtete: „Die herkömmliche westliche Psychologie hat die spirituelle Seite der menschlichen Natur nur sehr dürftig erfaßt, wobei sie ihre Existenz entweder ignoriert oder als pathologisch brandmarkt. Doch viel des Elends unserer Zeit entstammt einem spirituellen Vakuum. Unsere Kultur und unsere Psychologie haben die spirituelle Natur des Menschen nicht berücksichtigt. Doch die Kosten dieser versuchten Verdrängung sind enorm. Wenn wir uns selbst, unsere spirituelle Seite finden wollen, kommen wir nicht umhin, die Psychologien anzuschauen, die sich damit beschäftigt haben."

Im letzten Satz bezieht sich Tart auf die Psychologien des Ostens. Als einer der großen Erforscher von veränderten Bewußtseinszuständen veröffentlichte Charles Tart eine Reihe psychologischer Theorien des Ostens in seinem bahnbrechenden Buch „Transpersonal Psychologies". Uns interessiert in diesem Zusammenhang die buddhistische Haltung gegenüber Tod und Sterben.

Kaum jemand wird in Frage stellen, daß große Teile des Buddhismus am besten mit Hilfe westlich-psychologischer Terminologien verstanden werden können. Die westliche und buddhistische Betrachtungsweise unterscheiden sich insofern nicht, als Tod und Sterben als psychologischer Prozeß aufgefaßt werden. Der große Unterschied liegt jedoch darin, daß die westliche Psychologie Tod und Sterben als etwas Krankhaftes behandelt, während Buddhismus den Sterbeprozeß als die größte Möglichkeit im Leben betrachtet, Befreiung zu erlangen. Der Hauptunterschied liegt darin, wie sich westliche Sichtweise und Buddhismus dem Thema nähern. Es stellt sich natürlich die Frage, weshalb der Westen veränderte Bewußtseinszusstände, das heißt veränderte spirituelle Obertöne, während des Sterbens als krankhaft einstuft. Einen interessanten Gesichtspunkt dazu lieferte Daniel Golemann: „Unsere normsetzende kulturelle Realität ist staatsbedingt. Insoweit wie ‹Realität› mehrheitlich bestätigt ist, wenn auch willkürlich, einvernommen, kann ein veränderter Bewußtseinszustand einen antisozialen, unbeherrschten Daseinszustand darstellen." Nach Ramanujan bildet ein verändertes Bewußtsein einen Verstoß gegen unausgesprochene kulturelle Übereinkünfte und wird so zur „Demaskierung des vom Menschen Geschaffenen. Es verletzt gemeinhin erwartete Loyalität und verursacht einen Zusammenbruch des Vorhersagbaren und Sicheren." Auf diese Unvorhersagbarkeit gründete die öffentliche Haltung zur zwangsweisen Hospitalisierung von Psychotikern. Da veränderte Bewußtseinszustände die soziale Ordnung auf dieselbe Weise umstoßen könnten, kann es sein, daß eben diese Angst vor dem Unvorhersagbaren als eine Haupttriebkraft in unserer Kultur wirkt, die Mittel zur Induktion veränderter Bewußtseinszustände - wie Psychodelica zum Beispiel oder allgemeiner auch Meditation - mißtrauisch zu betrachten und zu unterdrücken."

Wenn Golemann recht hat, betrachtet die westliche Perspektive - so erstaunlich dies auch sein mag - die veränderte Spiritualität eines sterbenden Menschen als eine Bedrohung der etablierten Ordnung. Nach westlich-psychologischer Terminologie ist sie pathologisch. Welch ein Unterschied der Standpunkte! Zum Glück verändert sich diese westliche Haltung allmählich. Wenn wir so die westliche und buddhistische Haltung zu diesem Thema vergleichen, finden wir einen wesentlichen Unterschied bei der Sterbevorbereitung und Sterbebegleitung. Obwohl eine Analyse der buddhistischen psychologischen Grundlagen eigentlich zu diesem Thema gehörte, würde sie hier den Rahmen sprengen. Hier wird es mehr darum gehen, wie ein durchschnittlich praktizierender Buddhist sich auf den Tod vorbereiten und Sterbenden helfen kann.

Lassen sie uns ehrlich sein! Wie viele von uns praktizierenden Buddhisten können wirklich mit Tod und Sterben umgehen? Wie würden Sie reagieren, wenn ein Ihnen sehr nahestehender Mensch plötzlich oder nach kurzer Krankheit stürbe? Oder wenn ein Arzt Ihnen plötzlich mitteilte, daß Sie nur noch zwei Wochen zu leben hätten? Würde die Schockwelle alles davonwaschen, was Sie im Buddhismus gelernt haben? Sind Dharma und Ihr Leben ein und dasselbe, oder ist es etwas, das Sie tun, wenn Sie die Zeit dazu haben? Dies wäre der Moment der Wahrheit für einen Dharma-Praktizierenden. Haben sie schon einmal versucht, einem sterbenden Freund oder Verwandten zu helfen und dabei festgestellt, wie wenig Sie tatsächlich helfen können?

Der Versuch, das Totenbuch der Tibeter einem sterbenden Nicht-Buddhisten vorzulesen, wird nichts bringen. Er würde sogar eher schaden als nützen. Sterben ist oft sehr kurz. Wie würden Sie in einer solch kurzen Zeit bei einer sterbenden Mutter oder einem Vater reagieren? Vermutlich würden Sie Gefühle der Unzulänglichkeit überwältigen.

Genau bei solch einer Gelegenheit ist es sehr wichtig, sich sicher zu fühlen und zu wissen, was zu tun ist, wie man Dharma in Praxis übersetzt, sei es Dharma-Schwestern und Brüdern oder auch Nicht-Buddhisten gegenüber. Zu diesem Zeitpunkt kommt es wirklich nicht darauf an, ob und welche Religion der sterbende Mensch hat. Das Wichtige ist Ihre Erkenntnis und Ihr Verständnis der Vergänglichkeit.

Im Grund tauchen hier zwei Themen auf: Die buddhistische Vorbereitung auf den Tod zum einen und Sterbebegleitung aus der Dharma-Perspektive zum anderen. Ist ein Buddhist auf den Tod vorbereitet, kann er anderen helfen, die sterben. Wenn Sie denken, sie seien auf den Tod vorbereitet, wie würden Sie reagieren, wenn Sie dem ersten Sterbenden helfen wollten? Es ist gut möglich, daß Sie selbst sehr schnell zum Lernenden würden und der Sterbende zum Lehrer. Es verändert sich niemals wirklich - es gibt nur Variationen zum selben Thema. Bescheidenheit im Angesicht des Todes ist die einzig realistische Haltung.

Buddhistische Vorbereitung auf den Tod

Als Modell schlage ich folgende Bedingungen als Anhaltspunkte vor:

1. Zuflucht genommen zu haben;
2. Einweihung für Dorje Sempa, Tschenrezig, Phowa und Amitabha;
3. Mindestens drei Jahre Dharma-Praxis;
4. Mindestens drei Jahre Meditations-Erfahrung.

Ich betrachte diese vier Punkte als bloßes Minimum für einen Buddhisten, der sich bewußt auf den Tod vorbereiten möchte. Doch wie bei allem, gibt es Ausnahmen. Wie oben gesagt, sind dies Anhaltspunkte. Aus meiner eigenen Erfahrung würde ich sogar sagen, daß ich mich nach dreijähriger Dharma-Praxis und Meditationserfahrung nicht richtig auf den Tod vorbereitet fühlte. Zufluchtnehmen ist wie das Öffnen einer Tür und das Eintreten. Die Einweihungen, Dharma-Praxis und Meditation sind die drei Säulen für das Wachstum. Sie gehören alle zusammen. Bei Einweihungen geschieht etwas sehr Subtiles. Manchmal ist es wie eine Explosion, manchmal breitet es sich in einem wie ein warmes Gefühl aus. Oft weiß man nicht genau, was geschieht, aber normalerweise geht es mit einem Gefühl großer Seligkeit einher. Für einen Menschen aus dem Westen ist es oft schwierig zu verstehen, was es bedeutet, wenn eine tantrische Gottheit implantiert wird. Einweihungen können einen „high" werden lassen. Doch dann kommen die beiden Arbeitspferde Dharma-Praxis und Meditation. Beide können mitunter schwierig, anstrengend und vielleicht langweilig werden. Aber sie sind wirklich notwendig. Ohne sie kommt man nirgendwo hin. Aus traditioneller Sicht kann man das verstehen als Hören (Einweihungen), Kontemplation (Dharma-Praxis) und Meditation.

Von dieser Grundlage ausgehend wäre der nächste Schritt, die Voraussetzungen zu erweitern. Dorje Sempa, Tschenrezig und Amitabha sollten mindestens zweimal täglich praktiziert werden; Phowa mindestens einmal im Monat und Meditation mindestens zweimal täglich. Dies mag für jemanden mit einem Acht-Stunden-Tag und eigenem Haushalt recht zeitraubend sein. Es ist ein Vorschlag; jeder Mensch muß seine Zeit selbst einteilen. Gleichzeitig wäre es gut, mehr der verfügbaren Literatur über Tod und Sterben zu lesen. Die Dharma-Praxis wird das Verständnis dessen, was Sie gelesen haben, vertiefen - vielleicht nicht so sehr intellektuell, sondern intuitiv, was aus den Einweihungen und der Praxis resultiert.

Allmählich werden Sie das Gefühl bekommen, daß Sie anfangen zu verstehen, um was es eigentlich geht - und dann sind Sie sich wieder überhaupt nicht sicher. Es ist ein bißchen illusorisch. Vielleicht haben Sie das Gefühl, Ihre tantrischen Gottheiten sind ein bißchen schüchtern, aber dennoch im Hintergrund da, um Ihnen zu helfen. Und am wichtigsten dabei ist, daß Sie meditieren.

Meditation ist die Methode, mit der Sie letztlich tiefer gehen, so daß die Frucht reift. Ich kann nicht genug betonen, wie wichtig Meditation ist, um zu beginnen, etwas über den Prozeß des Todes zu verstehen. Aber natürlich reicht Meditation alleine nicht aus. Wie bereits gesagt, gehören alle drei Bausteine - Einweihungen, Dharma-Praxis und Meditation - in einer Einheit zusammen, wenn die Realisation erreicht werden soll. In der Meditation werden Sie veränderte Bewußtseinszustände erfahren. Dabei werden Sie beginnen, die Endlosigkeit des Geistes zu verstehen, der eine Phase und dann eine weitere wahrnimmt. Der Ausdruck „Phase" ist ebenso wie jeder andere unzureichend, um das, was durchscheint, zu beschreiben. Ich habe gefunden, daß Symbole dem Erfahrenen eher nahekommen, doch dies ist ein Thema für sich. Wenn sie die Natur des Geistes in der Meditation erfahren, werden Sie verstehen oder fühlen, daß Sie (das heißt Ihr Geist) nicht Ihr Körper sind. Wenn Sie dies bemerkt haben, ist der erste wichtige Schritt auf dem Weg der Sterbevorbereitung und der Sterbebegleitung vollzogen. Ich habe dies in wenigen kurzen Worten beschrieben, doch die Anstrengung, die es erfordert, dieses Ziel zu erreichen, ist enorm.

Sterbebegleitung

Dieser Teil setzt voraus, daß es sich bei dem Sterbebegleiter um einen Buddhisten handelt, der zumindest obige Voraussetzungen erfüllt und weiter praktiziert. Da die Sterbebegleitung für Buddhisten und Nicht-Buddhisten zu Beginn des Sterbeprozesses in wichtigen Punkten verschieden ist, ergibt sich folgende Aufteilung:

Sterbende Buddhisten

Je nach Reife der Praxis und Erfahrung des sterbenden Menschen ergeben sich eine Anzahl von Variationen. Eine kurze Dorje Sempa Praxis ist am Anfang hilfreich. Danach sollte eine kurze Erörterung der Vier Edlen Wahrheiten mit dem Schwerpunkt auf „Loslassen" erfolgen. Vielleicht wäre danach ein Gespräch über die Vergänglichkeit aller Dinge und die Geschichte von Buddha und der jungen Mutter, deren Kind gerade gestorben war, nützlich. Es ist möglich, daß sich dies erübrigt, wenn der sterbende Dharma-Freund die Erkenntnis bereits erreicht hat. Vielleicht erweist sich Schmerz als ein großer Störfaktor. In diesem Fall können Achtsamkeitsmeditation und Visualisations-Praxis helfen. Das Feld ist zu weit, um an diesem Punkt auf etwas zu bestehen. Man muß nach dem Gefühl gehen. Wenn Ihre Praxis gut ist, können Sie flexibel sein. Ein Gespräch über die Berichte von Nah-Tod-Erfahrungen und das Totenbuch der Tibeter ist wichtig.

Das erste Bardo des Sterbens sollte mehrmals im Detail durchgegangen und auf Meditationserfahrungen bezogen werden. Besonders sollten auftretende körperliche Veränderungen beobachtet werden, so daß man mit Hilfe des Totenbuches der Tibeter weiß, in welchem Stadium Körper und Geist sind. Hat der Dharma-Freund einen Lehrer, so sollte er oder sie versuchen, den eigenen Geist in dem des Lehrers ruhen zu lassen. Kommt der Tod näher und wird der Sterbende schwächer, bewegt man sich auf eine andere Ebene. Vielleicht hören Sie auf zu sprechen und singen nur noch ruhig die Mantras des Dorje Sempa, Tschenrezig und Amitabha oder seines persönlichen Yidams. Wenn der Dharma-Freund stirbt, gibt es drei mögliche Wege zu handeln:

1. Ist er ein realisiertes, erleuchtetes Wesen, kennt sein Geist den Weg; lassen Sie ihn alleine gehen.

2. Hat er eine Phowa-Initiation, führen Sie die nötigen Prozeduren, wie im Text beschrieben, durch.

3. Gehört er zu keiner der beiden obigen Gruppen, fassen Sie kurz die Instruktionen aus dem Totenbuch zusammen und führen Sie für ihn eine Phowa-Praxis durch.

Es erübrigt sich zu sagen, daß diese Dinge am besten von einem Lama durchgeführt werden. Bedenkt man jedoch, wie wenige Lamas zur Verfügung stehen, können Sie als praktizierender Laie aufgerufen sein, einem sterbenden Dharma-Freund zu helfen. Die Rolle eines verantwortlichen Laienpraktizierenden ist in der Karma-Kagyu-Tradition wohl festgelegt.

Sterbende Nicht-Buddhisten

Da diese Menschen von unterschiedlichen Glaubenssystemen kommen, können nur allgemeine Hinweise zur Hilfe gegeben werden. Unabhängig davon, ob Sie eine enge Beziehung zum Sterbenden haben oder nicht, müssen Sie offen sein und sich von ihm Hinweise geben lassen, welche Gedanken ihn beschäftigen. Versuchen Sie, einen Punkt aufzugreifen und ihn als Modell zu benutzen, mit dem Sie ihm helfen loszulassen. Vielleicht möchte er einfach mit jemandem über seine Ängste reden, sein mangelndes Wissen über das, was vor ihm liegt, oder über unerledigte Geschäfte, die ihn noch belasten. Viele Sterbende scheinen nicht zu erfassen, daß alle irdischen Angelegenheiten in Kürze für sie von keinerlei Bedeutung mehr sein werden. Andere gehen weise und ohne jeden Gedanken an die Illusion, die sie gerade hinter sich gelassen haben. Es ist schwierig für die, die einfach nicht loslassen und ihre Situation nicht akzeptieren können. Die Liste der Möglichkeiten ist nahezu unendlich. Das Beste für Sie ist zuzuhören und wenn nötig zu antworten. Versuchen Sie nicht zu führen, außer wenn der Sterbende dies will. Oft ist es gut, einfach nur da zu sein, ohne etwas zu sagen. Manchmal hilft es, die Hand des sterbenden Menschen zu halten. Stilles Singen des Tschenrezig-Mantras hilft dem anderen oft, sich zu entspannen. Praktizieren Sie jedoch vor allem innere Einfühlsamkeit.

Es ist schwer, mehr als allgemeine Hinweise zur Sterbebegleitung zu geben. Wenn Sie vorher schon Kontakt- und Kommunikationsprobleme auf der menschlichen Ebene hatten, kann es sein, daß Sie nicht helfen können. Andererseits kann es sein, daß sich Ihre Hemmungen auflösen, wenn Sie bei einem Sterbenden sind, und vielleicht finden Sie heraus, daß Sie Liebe und Mitgefühl geben können, ohne ein Wort zu sprechen. Liebe und Mitgefühl sind für die Sterbebegleitung am wesentlichsten. Wenn Sie diese Eigenschaften nicht haben, stimmt etwas mit ihrer Dharma-Praxis nicht. In einem solchen Fall ist es sehr notwendig, Bodhicitta zu entwickeln, bevor Sie versuchen, sich selbst auf den Tod vorzubereiten oder Sterbenden zu helfen.

Dieser Artikel wurde auf Anfrage hin von einem Menschen mit begrenzter Erfahrung, doch mit viel gutem Willen, geschrieben. Ich spüre, daß ich von meinen beiden Wurzel-Lamas, Kalu Rinpoche und Gendün Rinpoche, geleitet wurde. Alle Fehler jedoch sind von mir. Es ist zu hoffen, daß dieser Artikel die Tür zu weiteren Beiträgen von Menschen mit mehr Erfahrung und Erkenntnis öffnet.

Begleitet sterben - Geleitet sterben?

Alfred Weil

Zwei Dinge konfrontieren uns mit dem Tod: die Aussicht der eigenen (körperlichen) Vernichtung und das Sterben anderer. Der eigene Tod berührt, belastet und ängstigt uns nur als Vorstellung oder geistige Vorwegnahme eines im Grunde unvorstellbaren Erlebnisses. Der Tod anderer dagegen wird zumindest gelegentlich unmittelbare Erfahrung. In einem Fall mag man stummer Zeuge sein, im anderen direkt Beteiligter, Angehöriger oder Nahestehender.

Darum soll es im folgenden gehen: ob die „Begleiter im Sterben" für ihre schwierige Aufgabe gerüstet sind und wie sie diese bewältigen - oder ob sie selbst der Hilfe bedürfen. Gelingt es ihnen, eine Atmosphäre der Ruhe und der Würde zu schaffen oder eine solche der Bedrükkung und Lähmung? Gelingt es, den emotionalen Bedürfnissen des Sterbenden Rechnung zu tragen, oder stehen eigene Trauer und Verzweiflung im Mittelpunkt? Wird das Sterben bewußt und mit klarem Wissen erlebt oder als etwas Unbegreifliches, dem man verwirrt und ohnmächtig gegenübersteht? Kann der Tod gar als eine Situation des Lernens verstanden und als Chance ergriffen werden?

Es sollen mit den folgenden Zeilen vier charakteristische Beispiele skizziert werden, die sich im buddhistischen Pali-Kanon finden. Vier Schlaglichter, in denen sich Menschlich-Allzumenschliches und Überlegenes widerspiegelt, Alltagssicht und Weisheit, Hilflosigkeit und Kraft, Verzweiflung und Zuversicht.

Verständliche und uns allzu nahe, aus der weisheitlichen Sichtweise eines Erwachten aber dennoch unangemessene Züge finden wir in dem mythologischen Bericht über die Königin Subhadda, deren Gatte im Sterben liegt. Sie sträubt sich gegen den Gedanken, daß ihr geliebter Mann Sudassano von ihr gehen wird. Zu groß scheint ihr der Verlust. Mit allen Mitteln versucht sie, seine Gedanken noch einmal auf das Leben mit seinen angenehmen Seiten und Freuden zu lenken - in der Hoffnung, der Lebenswille des Mannes könnte gestärkt werden, er selbst würde dadurch neue Kraft gewinnen und weiter am Leben bleiben. ‹Die Welt ist zum Genießen da, und genießen soll man sie, solange es geht›, meint sie offenbar. Und so malt sie ein verlockendes Bild der Freude an Besitz und Reichtum:

„Sieh', o König, du hast da vierundachtzigtausend Städte mit Kusavati der Königsburg als erster: daran erquicke den Willen, am Leben laß' dir gelegen sein! Sieh', du hast da vierundachtzigtausend Paläste mit dem ‹Dhamma-Palast› als erstem: daran erquicke den Willen, am Leben laß' dir gelegen sein! Sieh', du hast da vierundachtzigtausend Erkerhallen mit der großen Empfangshalle als erster: daran erquicke den Willen, am Leben laß' dir gelegen sein!" (D 17, in Anlehnung an Neumann)

Es folgen in der Aufzählung die Ruhebetten des Königs, seine Elefanten und Pferde, die Wagen und Juwelen, seine Frauen, Ratgeber und Untergebene, das Vieh, Speicher mit Kleidern und allerlei Gebrauchsgegenständen. Sie sollen den Geist des Mannes gewinnen. Sterben heißt Abschied nehmen von allem Materiellen und Gewohnten: von Besitz, den Mitmenschen und schließlich vom eigenen Körper. Noch in diesem Moment seine Begehrlichkeit und Wünsche auf die Sinnesobjekte zu richten, hieße, sich den Tod schwer zu machen in dem verzweifelten Versuch festzuhalten, was schließlich doch schwinden muß. Wie könnten da die Worte Subhaddas hilfreich sein?

Aber der sterbende Sudassano läßt sich davon nicht mehr fesseln, sein Blick ist auf anderes gerichtet und er weist das Ansinnen seiner Frau zurück. Mehr noch, er ist es, der sie belehrt und zu tieferer Einsicht bringt.

„Lange hindurch, Königin, bist du mir auf erwünschte, liebreiche, angenehme Art entgegengekommen: und nun kommst du mir in der letzten Stunde auf unerwünschte, lieblose, unangenehme Art entgegen."

„Wie, sagst du, König, komm' ich Dir entgegen?"

„So komme du mir entgegen: ‹Eben alles, was einem lieb und angenehm ist, muß verschieden werden, aus werden, anders werden. Laß' dir im Sterben nichts am Leben gelegen sein: schwer stirbt wer am Leben hängt; nicht gut geheißen wird der Tod eines solchen. Sieh', du hast da vierundachtzigtausend Städte, mit Kusavati der Königsburg als erster: davon wend' ab den Willen, laß' dir am Leben nichts gelegen sein. Sieh', du hast da alle diese vierundachtzigtausendfachen Schätze: davon wend' ab den Willen, laß' dir am Leben nichts gelegen sein.›"

Eine ganz andere Situation erleben wir bei Nakulapita und Nakulamata, deren Ehe in der buddhistischen Tradition als Beispiel einer makellosen Lebensgemeinschaft bis zuletzt gilt. Nakulapita ist akut von einer tödlichen Krankheit bedroht (die er am Ende aber überlebt).

Nakulamata, seine Frau, hat im Gegensatz zu Subhadda keinerlei selbstsüchtige und egoistische Motive, die sie in der vermeintlichen Sterbestunde ihres Mannes in ihrer Weisheit irre machen. Und sie weiß, daß ihrem Mann keine verlangenden Gedanken oder weltliches Sehnen den Abschied vom Leben schwer machen könnten, allenfalls die Sorge um das Wohlergehen der zurückgelassenen Frau. Deshalb versucht sie, ihn zu beruhigen.

„Möchtest du doch nicht voller Sorgen dahinscheiden! Qualvoll stirbt man, wenn man voller Sorgen ist. Getadelt hat der Erhabene den sorgenvollen Tod. Vielleicht denkst du: ‹Nakulamata wird nach meinem Tode nicht imstande sein, die Kinder zu ernähren und den Haushalt weiterzuführen.› Doch das darfst du nicht denken. Denn ich verstehe mich darauf, Baumwolle zu spinnen und Wolle zu verarbeiten, und dadurch bin ich wohl imstande, die Kinder zu ernähren und den Haushalt weiterzuführen. Mögest du daher nicht voller Sorgen dahinscheiden! Qualvoll stirbt man, wenn man voller Sorgen ist. Getadelt hat der Erhabene den sorgenvollen Tod." (A VI,16, in Anlehnung an Nyanatiloka/Nyanaponika)

Um ihrem Mann ein von Ungewißheit freies Sterben zu ermöglichen und um zu verhindern, daß sich Nakulapita aus Beunruhigung innerlich nur schwer von seinem jetzigen Dasein lösen kann, erinnert sie ihn noch einmal an ihre Lebenserfahrung und ihre Lebenstüchtigkeit. Er braucht keine materielle Not für seine Frau zu befürchten, auch keine Gefährdung ihres spirituellen Fortkommens. Ihre moralische Integrität ist unantastbar, ihre seelische Ausgeglichenheit stabil und ihre geistige Orientierung in der Lehre des Erhabenen gefestigt:

„Vielleicht aber denkst du: ‹Nakulamata hat in dieser Lehre und Ordnung noch keinen festen Fuß gefaßt, keinen Halt und Trost gefunden; ist noch nicht dem Zweifel und der Ungewißheit entronnen, ist noch ohne Selbstvertrauen, noch nicht unabhängig von anderen in des Meisters Anweisung.› Doch das darfst du nicht glauben..."

Die Hilfe auf dem Sterbelager ist der letzte Dienst, der einem Menschen zuteil werden kann und ein sehr wichtiger zumal. Können doch diese Minuten auch mitentscheiden, wie der „Übergang" verläuft und wie es „drüben" weitergeht. Wenn bei Sudassano und Nakulapita jeweils die gemütsmäßige, emotionale Loslösung von allem Bisherigen und Diesseitigen im Vordergrund stand und Unterstützung und Ermutigung bei der Transzendierung, lernen wir nun einen weiteren Aspekt kennen: die Führung zu Höherem und Erhabenerem ‹danach›.

Wohl führte die Priesterkaste zu Zeiten des Buddha die Worte „Brahma" und „brahmische Welt" dauernd im Munde, aber ein brahmisches Leben führte sie dadurch noch keineswegs. Im Laufe der Jahrhunderte waren tieferes religiöses Wissen und eine entsprechende religiöse Praxis verloren gegangen, die in ihnen zu Lebzeiten göttliche Wesensart hätten entfalten können. Ihnen blieben nur noch die ausgefeilten Rituale, die großen Opferfeste und die Hoffnung, mit ihrer Hilfe jenseits des Todes in brahmische Welt aufzusteigen.

Das trifft auch auf den schwerkranken Priester Dhananjani zu, der seine letzten Stunden vor sich hat. Es entbehrt nicht einer gewissen Ironie des Schicksals, daß er als Brahmane ausgerechnet Sariputto, einen Mönch des Buddha, fragen muß, welcher Weg denn zu Brahma führt. Sariputto allerdings kennt ihn, weil er um die karmischen Gesetze weiß und um die Weise des Wiedererscheinens der Wesen nach ihrer jeweiligen Gemütsart.

Wer nach dem Tod in der Welt der Brahmagötter wiedergeboren zu werden wünscht, hat zu Lebzeiten eine entsprechende Gemütsart zu entwickeln oder sich wenigstens in der Todesstunde zu ihr aufzuschwingen. So kann der Rat Sariputtos an Dhananjani nur sein, die vier „göttlichen Verweilungszustände" in sich zu entfalten und seine Wesensart fest in Güte, Mitempfinden, Mitfreude und Gleichmut zu gründen.

„Was ist das also, Dhananjani, für ein Weg, der zu Brahma führt? Da strahlt ein Mönch liebevollen Gemütes weilend nach einer Richtung, dann nach einer zweiten, dann nach der dritten, dann nach der vierten, ebenso nach oben und nach unten: überall in allem sich wiedererkennend durchstrahlt er die ganze Welt mit liebevollem Gemüte, mit weitem, tiefem, unbeschränktem, von Grimm und Groll geklärtem. Das ist der Weg, der zu Brahma führt. Weiter sodann: erbarmenden Gemütes, freudevollen Gemütes, unbewegten Gemütes weilend strahlt ein Mönch nach einer Richtung, dann nach einer zweiten, dann nach der dritten, dann nach der vierten, ebenso nach oben und nach unten: überall in allem sich wiedererkennend durchstrahlt er die ganze Welt..." (M 97, in Anlehnung an Neumann)

Der Brahmane beherzigt den Rat und zieht aus ihm besten Gewinn. Kaum hat ihn Sariputto verlassen, stirbt er, und sein erhobenes Gemüt läßt ihn unmittelbar in brahmischer Welt wiedererstehen.

Sariputto ist es auch, der Anathapindiko in den letzten Stunden beisteht. Der Kaufmann Anathapindiko ist seit vielen Jahren Anhänger des Buddha und als großzügiger Spender und Unterstützer des Ordens bekannt. Nun ist der Stifter des berühmten Jetahain-Klosters in Savatthi dem Tod nahe. Trotz heftigster Schmerzen bedarf er auf dem Sterbelager aber nicht so sehr der moralischen Unterstützung. Sein Körper liegt von Krankheit gequält danieder, doch sein Gemüt ist ruhig, und vor allem, sein Geist ist klar. Das erkennt Sariputto und er nutzt die Sterbestunde, um dem Kaufmann eine letzte und sehr weitreichende Lehrdarlegung und Übungsanweisung zu geben, die sonst nur an fortgeschrittene Mönche gerichtet wird.

„Da hast du dich denn also zu üben: ‹Keiner Form werd' ich anhangen, und keiner Form verbunden sein wird mein Bewußtsein›: also hast du dich wohl zu üben. Da hast du dich denn also zu üben: ‹Keinem Tone werd' ich anhangen, und keinem Tone verbunden sein wird mein Bewußtsein›... ‹Keinem riechbaren, keinem schmeckbaren oder tastbaren Gegenstand und keinem Gedanken werd' ich anhangen, und keinem riechbaren, schmeckbaren oder tastbaren Gegenstand und keinem Gedanken verbunden sein wird mein Bewußtsein›..." (M 143, in Anlehnung an Neumann)

Detailliert und vollständig umreißt Sariputto alle Elemente der Welterscheinungen, an denen die Wesen haften können und die damit zu Fesseln werden. Er lenkt den Geist Anathapindikos auf ihre völlige Durchschauung und die Notwendigkeit des Loslassens. Nichts im gesamten Samsaro ist von Dauer, ruft er in Erinnerung, alles erweist sich als unbeständig und damit als nicht tatsächlich erfüllend. Wie könnte etwas wirklich Lohnendes darunter zu finden sein?

In seinem Innersten berührt erlangt Anathapindiko tiefe Einsicht in die Natur der Dinge. Die Todesstunde wird für ihn zur Chance weisen Erkennens und nicht alltäglicher geistiger Klarheit. Und Sariputto, der Begleiter seines Sterbens, ermöglicht sie ihm. Bald darauf stirbt Anathapindiko, um in „erhabener Himmelswelt" wiederzukehren.

Es ist offensichtlich: Das Verhalten der Zurückbleibenden den Sterbenden gegenüber, ihre Gefühle, Motive und Gedanken sind Gradmesser für ihre realistische oder noch illusionäre, verblendete Sicht der

Existenz. Sie zeigen, ob und wie sehr sie selbst noch am Dasein haften. Sie geben Auskunft über vergebliches Dürsten nach Dasein, nach Erleben und Sinneskontakten oder den Grad der Einsicht in die Vergänglichkeit, die Unzulänglichkeit und Substanzlosigkeit alles Gewordenen. Und eben daraus resultiert ihre Fähigkeit oder Unfähigkeit, dem Sterbenden in seiner letzten Stunde zu helfen.

Der Tod der anderen

Bokar Rinpoche

Die Methoden des Mitgefühls

Frage: Mitgefühl soll die Trauer ersetzen. Welche Mittel können wir dann zur wirksamen Unterstützung dieses Mitgefühls einsetzen? Welche bewirken, daß aus ihm etwas anderes als ein einfaches Gefühl wird?

Bokar Rinpoche: Zusätzlich zu unserer liebenden Hinwendung helfen wir dem Sterbenden oder dem Verstorbenen, indem wir spirituelle Übungen ausführen, deren Verdienst wir ihm widmen: zu den drei Juwelen beten, den Armen geben, Opfergaben darbringen, einen Stupa umwandeln, Mantras rezitieren und so weiter.

Frage: Wenn wir in diesem Zusammenhang die Meditation von Chenresig für einen Toten oder einen Sterbenden ausführen, wie sollen wir da vorgehen?

Bokar Rinpoche: Wenn wir die Chenresigpraxis für einen Verstorbenen ausführen - und dies betrifft gleichermaßen jede andere positive Handlung, die man einem Verstorbenen widmet - richten wir zunächst unseren Geist in dem Augenblick auf ihn aus, in dem wir den Erleuchtungsgeist erzeugen: Wir denken, daß wir für sein Wohl handeln wollen, um ihm zu helfen, sich aus den Leiden zu befreien; wir denken, daß wir hierfür Manis rezitieren oder eine andere spirituelle Praxis ausführen wollen. Dann visualisieren wir im Augenblick der eigentlichen Praxis, während wir das Mantra rezitieren, wie folgt:

Chenresig sendet aus seinem Herzen ein Licht aus, das den Verstorbenen berührt, ihn von seinem schlechten Karma und von allen in seinem Geist seit anfangsloser Zeit angesammelten Schleiern reinigt. Wir denken, daß er wirklich von allem Leid befreit und von Freude und Glück erfüllt ist.

Während wir das Mantra rezitieren, können wir auch die Visualisierung des „Geben und die Bürde auf sich nehmen" ausführen: Wir stellen uns vor, daß wir ein weißes Licht ausatmen, das sich über den Verstorbenen ausbreitet und ihm unser Glück gibt; daß wir ein schwarzes Licht einatmen, mit dem wir seine Leiden auf uns nehmen.

Während wir am Ende die Widmung sprechen, denken wir, daß wir dem Sterbenden oder Verstorbenen allen Verdienst der Praxis und der Rezitation des Mantras geben, damit er im Land Dewachen wiedergeboren werden kann.

Dies kann zum Wohle jedes Menschen, sei er nun ein Buddhist oder nicht, ausgeführt werden.

Frage: Wenn wir Mantras in Gegenwart von Sterbenden rezitieren, gibt es da eines, das geeigneter ist als andere?

Bokar Rinpoche: Das Mantra von Chenresig, die Namen der Buddhas, irgendein Mantra, das man kennt, eignen sich: denn sie alle tragen eine große spirituelle Kraft in sich. Man muß jedoch mit der Rezitation eine tiefe Absicht, Segen zu bringen, verbinden.

Am besten ist es, die Mantras hörbar in das Ohr des Sterbenden zu sprechen. Wenn jedoch der Sterbende oder seine Umgebung diese Rezitation ablehnt, kann man das Mantra still sagen, während man den Buddha als gegenwärtig im Raum visualisiert: Wir denken, daß sein Körper ein strahlendes Licht aussendet, das den Sterbenden berührt und die Schleier und Fehler beseitigt, die seinen Geist trüben, so wie die Sonne den Morgentau auflöst.

Frage: Welche Art von Opfergaben kann man zum Wohl eines Verstorbenen darbringen?

Bokar Rinpoche: Alle Opfergaben sind gut. Es wird gesagt, daß die materiellen Opfergaben, die dem Lama oder dem Sangha dargebracht werden, besonders segensreich sind - aber sie schließen andere Weisen, das Geben zu praktizieren, nicht aus: Spenden für die Armen, Spenden für den Bau von Statuen, von Stupas oder von Tempeln, Darbringen von Licht auf dem Altar und so weiter. Man kann auch die Gabe des Lebens ausüben, indem man Fische oder andere Tiere, die getötet werden sollen, kauft und befreit. Was zählt, ist die Ausrichtung, die wir unserem Geist geben. Wir müssen dem Verstorbenen den Verdienst unserer Handlung widmen, indem wir denken: „Ich führe dieses Opfer zum Wohle des anderen aus." Steht uns der Besitz des Toten zur Verfügung, dann wird es für ihn segensreich sein, wenn wir diesen Besitz auf die gleiche Weise verwenden: indem wir Spenden oder Opfergaben darbringen, damit zu seinem Wohl Zeremonien ausgeführt oder Mantras rezitiert werden.

Frage: Mantras und Gebete rezitieren, Wunschgebete sprechen, Opfergaben darbringen und so weiter - all dies sind Handlungen aus Mitgefühl, die wir selbst zum Wohl eines Verstorbenen ausführen können. Zusätzlich können wir einen oder mehrere Lamas bitten, ein Ritual für den Verstorbenen zu zelebrieren; wir fügen unserer Bitte eine traditionelle Opfergabe bei. Welche genauen Angaben muß man in einem solchen Falle machen?

Bokar Rinpoche: Soweit möglich, muß man dem Lama folgendes übermitteln:

- den Namen der Person,
- ihren Todestag,
- möglichst ein Foto; ein Foto ist ausgezeichnet.

Frage: In Tibet war es üblich, den Toten Nahrung anzubieten. Was ist dies für ein Brauch?

Bokar Rinpoche: Während der 49 auf den Tod folgenden Tage führte man die Opferung von ‹Sur› durch: Man röstete auf offener Glut etwas Mehl und fügte ein bißchen von der Nahrung des Tages hinzu. Gleichzeitig führte man ein kurzes Ritual durch. Es heißt, daß der Verstorbene, der über einen mentalen Körper verfügt, sich vom Geruch der Lebensmittel und nicht von ihrer Substanz ernährt. So wird angenommen, daß diese Praxis für den Toten sehr hilfreich ist. Das Verbrennen des ‹Sur› soll diesen Geruch darbringen. Am besten wird diese Opferung zu den Essenszeiten durchgeführt. Jeder kann dieses kurze Opferritual, das ‹Surchö› heißt, durchführen, man muß dazu nicht Lama sein. Wenn wir nicht wissen, wie wir es ausführen sollen, können wir einfach die verbrannte Nahrung ohne Ritual opfern: Wir weihen sie, indem wir dreimal OM AH HUNG rezitieren, dann rezitieren wir Manis. Für ‹Surchö› kann man neben Mehl alle mögliche andere Nahrung, ausgenommen Fleischprodukte, verwenden.

Die Wirksamkeit der Buddha-Namen, der Mantras und der Gebete

Frage: Die Buddha-Namen und die Mantras sind nur Worte. Woher nehmen sie ihre Kraft, eine spirituelle Hilfe weit über ihren Sinn hinaus zu entfalten?

Bokar Rinpoche: Der Buddha ist ein Wesen, das während zahlloser Kalpas die Motivation, für das Wohl aller Wesen zu wirken, entwickelt, Verdienst angesammelt und Wunschgebete gesprochen hat. Daher rührt die Macht, die mit seinem Namen verknüpft ist. Allein diesen Namen zu hören, gibt einen Anstoß zur Befreiung. Es ist die Kraft des Buddhageistes, die sich durch seine Namen ausdrückt.

Ebenso sind die Mantras Formeln, die Buddha ausgesprochen hat und die mit seiner spirituellen Kraft aufgeladen sind. Sie besitzen also dieselbe Macht wie die Buddha-Namen und beziehen gleichermaßen ihre Wirksamkeit aus der Kraft, die in Kalpas der Reinigung, der Ansammlung und der Wunschgebete für das Wohl der Wesen im Geist des Buddha konzentriert ist.

Frage: Die Mantras, die Wunschgebete und die Bitten sind vor allem eine Handlung unseres Geistes. Wir haben schon Schwierigkeiten genug zu verstehen, wie eine geistige Handlung ein anderes Wesen beeinflussen kann, das in seinem Körper gegenwärtig ist; um so mysteriöser ist es, wenn die Person, der man helfen möchte, tot ist, und man nicht weiß, wo ihr Geist sich befindet. Wie können wir die Wirksamkeit der Mantras und der Gebete, welche wir für die Toten rezitieren, beurteilen?

Bokar Rinpoche: Zunächst betrachten wir den Fall, daß wir die Mantras oder die Wunschgebete in Gegenwart des Körpers oder der körperlichen Reste rezitieren. Es bleibt eine Verbindung zwischen dem Geist des Toten und dem Körper, der ihm während des Lebens gehörte. Über diese Verbindung läuft die Hilfe, die wir durch unsere Rezitation geben. Selbst ohne jeglichen materiellen Träger kann sich eine Hilfe allein zwischen Geist und Geist bewegen. Die wahre Natur des Geistes aller Wesen ist das, was wir Buddhanatur nennen. Also sehen wir es so an, daß diese Buddhanatur einhellig den Geist aller Wesen umfaßt, daß es also keine Diskontinuität gibt. Daher hat die Absicht oder die Ausrichtung eines Wesens die Macht, den Geist eines anderen Wesens zu beeinflussen.

Das ist dem Fernsehen ähnlich: Es ist drahtlos, unsichtbar, und dennoch ereignet sich etwas, denn in der offenbaren Leere des Himmels pflanzen sich Wellen fort und dienen als Träger für Bild und Ton. Der Geist ist gleichermaßen leer in seinem Wesen, aber er ist nicht nur leer. Der Dharmakaya (Wahrheitskörper) ist ebenfalls dynamische Klarheit, was die Manifestation des Sambhogakaya (Ausstrahlungskörper) und des Nirmanakaya (Erscheinungskörper) ermöglicht, die Klarheit-Leerheit jenseits aller Konzepte und aller Begrenzungen sind. Wenn der Dharmakaya nur Leere wäre, käme das dem Nichts gleich. Aufgrund der Tatsache, daß der Geist nicht nur Leerheit ist und andererseits eine Kontinuität des Geistes auf der Ebene der Buddhanatur besteht, gibt es eine Interaktion zwischen dem Geist der verschiedenen Wesen. Daher entsteht eine segensreiche Wirkung, wenn wir Wunschgebete sprechen und Visualisierungen durchführen. Es ist die Macht des Miteinanderverflochtenseins, die es ermöglicht zu helfen.

Die Essenz des Dharmakaya ist leer, aber ihm ist eine ursächliche Dynamik eigen, aus der sich alle Erscheinungen manifestieren. Diesem Prinzip entspringt die Kraft der Wünsche und Gebete.

Einzelheiten

Frage: Es heißt, daß beim Sterben der Austritt des Bewußtseins aus dem Körper des Verstorbenen durch die eine oder andere „Pforte" des Körpers seine künftige Wiedergeburt beeinflußt. Was bedeutet das?

Bokar Rinpoche: Das Bewußtsein kann den Körper durch eine der sogenannten „acht unreinen Pforten" verlassen: durch den After, die Harnröhre, den Nabel, die beiden Augen, den Mund, die Ohren, die Nase und eine Stelle zwischen den Augenbrauen. Diese Pforten sind unrein, da sie zu Wiedergeburten in den bedingten Welten führen, das heißt zu einer der sechs Klassen der Wesen. Wenn man Powa ausübt, schließt man diese Pforten, indem man jede mit Hilfe der Visualisierung der Silbe HRI versiegelt. Andererseits öffnet man die Pforte der „Brahmaöffnung" auf dem Scheitel des Kopfes. Durch diese Öffnung muß daß Bewußtsein austreten, um in den reinen Ländern wiedergeboren zu werden.

Wenn man den Körper des Toten berührt, heißt es, daß dadurch das Bewußtsein zu der berührten Stelle hingezogen wird. Man muß dies also wenigstens während der Stunde vermeiden, die auf das Ableben folgt, am besten während der drei folgenden Tage. Wenn man verpflichtet ist, den Körper anzufassen, sollte man ihn auf dem Scheitel des Kopfes berühren, andernfalls läuft man Gefahr, das Bewußtsein zu einer Wiedergeburt in den niederen Bereichen zu veranlassen. Es heißt auch, man soll in der Nähe des Körpers nicht laut sprechen und keinen Lärm machen.

Frage: Was geschieht, wenn man - ohne die eigentlichen Pforten zu berühren - einen neutralen Teil des Körpers berührt, zum Beispiel das Knie oder den Arm?

Bokar Rinpoche: Wenn man das Knie berührt, wird deswegen das Bewußtsein nicht durch das Knie austreten, aber es besteht die Gefahr, daß es zu den unteren Pforten hingezogen wird. Eine Körperberührung oberhalb der Gürtellinie wird das Bewußtsein zu einer unreinen Pforte des Kopfes ziehen.

Frage: Heutzutage denken manche Menschen, daß es besser ist zu sterben als zu leiden, und sprechen sich für die aktive Sterbehilfe aus. Ist dies positiv zu bewerten?

Bokar Rinpoche: Nein, ganz und gar nicht. Selbst wenn die physischen Leiden sehr groß sind, selbst wenn man im Augenblick den Eindruck hat, dem Sterbenden Linderung zu verschaffen, so läuft Sterbehilfe dennoch darauf hinaus, einen Menschen zu töten. Das ist also eine sehr negative Handlung.

Frage: In einigen Ländern begräbt man die Toten, in anderen Ländern äschert man sie ein. In Tibet zerteilte man häufig den Kadaver, um ihn den Geiern zu geben. Auf welche Art und Weise soll man am besten mit dem Körper verfahren?

Bokar Rinpoche: Die Art, wie man mit einem Körper verfährt, ist für sich genommen ohne Bedeutung, wenn sie nicht mit einer spirituellen Einstellung verbunden ist. Ob man ihn beerdigt, verbrennt oder dem Wasser übergibt, macht keinen Unterschied. Im Buddhismus führt man beim Verbrennen eines Leichnams ein Ritual aus, welches „Feueropfer" heißt und hilft, die Fehler der karmischen Schleier des Verstorbenen zu „verbrennen". Nur in diesem Sinne bringt die Einäscherung Segen. Auch wird der Verstorbene einen gewissen Nutzen daraus ziehen, wenn man seinen Leichnam mit der Motivation, den Fischen oder den Krustentieren etwas Nahrung zu geben, ins Meer oder in einen Fluß wirft oder ihn in Zusammenhang mit einer religiösen Praxis beerdigt. All dies sind in erster Linie Unterschiede in den Gebräuchen der einzelnen Länder, und es ist gut, sich ihnen anzupassen.

Frage: Was soll mit der Asche geschehen, wenn man eine Einäscherung vornimmt?

Bokar Rinpoche: Man kann sie bewahren und rituell reinigen. Insbesondere vermischt man sie mit durch Blasen geweihtem Sand, nachdem man Mantras rezitiert hat. Man kann auch hohe Lamas bitten, beim Ausführen von Ritualen auf die Asche zu blasen. Diese „Reinigung der Asche“ ist für den Toten eine große Hilfe. Man kann die Asche dann auch dazu verwenden, Tsa-Tsas herzustellen.

Besondere Techniken

Frage: Kann die Technik des Powa, welche wir selbst im Augenblick des Sterbens anwenden können, auch für eine andere Person durchgeführt werden?

Bokar Rinpoche: Ja. Ein Lama oder jemand mit großer Erfahrung darin kann Powa für einen anderen praktizieren. Man praktiziert Powa für Menschen, die keine tiefgründige Kenntnis der wahren Natur ihres Geistes entwickelt haben.

Für einen Meditierenden jedoch, der viel praktiziert hat, wird man nicht so sehr Powa ausführen, sondern ihm eher dabei behilflich sein, daß er im Sterben seinen Geist in sich selbst ruhen lassen kann. Diejenigen, die ihm beistehen, erinnern ihn daran, daß er seine Meditation ohne Ablenkung aufrecht erhalten muß. Er stirbt also im Bewußtsein der wahren Natur des Geistes.

Frage: Was ist „materieller Powa“?

Bokar Rinpoche: Es ist eine Mischung aus verschiedenen Substanzen, die in Form von Pillen auf die Brahmaöffnung des Verstorbenen gelegt werden, um das Bewußtsein zu dieser „Ausgangspforte“, welche den Weg zu den reinen Ländern eröffnet, hinzuziehen.

Die benutzten Substanzen sind entweder „heilige Hefen“ oder eine Mischung aus Magnetpuder, Honigalkohol und Pulver aus verbrannten Muscheln. Diese Substanzen wirken durch die ihnen eigene Kraft und brauchen nicht geweiht zu werden.

Frage: Bestimmte Techniken, die im Augenblick des Todes angewandt werden, heißen „Befreiung durch Geschmack“, „Befreiung durch Berührung“ und Befreiung durch Hören“. Was ist damit gemeint?

Bokar Rinpoche: Die „Befreiung durch Geschmack“ bezieht sich auf Substanzen, die in Form von kleinen Pillen zur Einnahme bestimmt sind. Diese Substanzen sind häufig „Hefen“ unterschiedlicher Herkunft, deren Zubereitung im Laufe der Zeiten keinerlei Unterbrechung erfahren hat:

- Zubereitung großer Meister der Vergangenheit;

- Hefen, die aus Termas stammen, Pillen, die „Siebenmal Brahma-Geboren" genannt werden;

- Hefen aus Reliquien und Ringsel, die von Buddhas, Bodhisattvas und Meistern der Vergangenheit stammen;

- Hefen der „fünf Häute" und der „fünf tantrischen Nektararten", welche durch große Verwirklichte der Vergangenheit in Indien oder Tibet zubereitet wurden.

Diese Substanzen sollten vor dem Sterben eingenommen werden.

Die „Befreiung durch Berührung" bezeichnet meistens den „angehefteten Kreis der Befreiung", das heißt ein quadratisches Stück Papier, das auf eine bestimmte Weise gefaltet ist und kreisförmig eingeschriebene Mantras enthält. Falls möglich verbrennt man diese Mantras nach dem Tod über dem Herzen. Andernfalls kann man das Papier auch gesondert verbrennen und die Asche auf das Herz geben.

Die „Befreiung durch Hören" bezieht sich auf das Vorlesen von Texten für den Sterbenden oder den Toten. Diese Texte heißen „Beschreibungen", denn sie beschreiben der Person den sich vollziehenden Prozeß und die dabei auszuführende Praxis. Das Bardo Thödröl gehört zu dieser Gruppe.

Es ist sehr hilfreich, wenn eine solche Beschreibung vor dem eigentlichen Tod vorgelesen wird. Die dem Tod vorangehenden Schwächezustände und Krankheiten können verhindern, daß wir uns daran erinnern, selbst wenn wir den Dharma etwas kennen und eine gewisse Erfahrung damit haben, unsere spirituelle Praxis jedoch nicht hinlänglich tiefgreifend ist.

Beim Vorlesen der in den Texten der „Befreiung durch Hören" enthaltenen Anweisungen durch einen Lama oder einen Freund wird unser Gedächtnis wieder aufgefrischt. Der Text des Bardo Thödröl enthält solche Beschreibungen, die man vor dem Tod anwenden sollte.

Derselbe Text enthält des weiteren die Beschreibung dessen, was sich Tag für Tag im Bardo ereignet. Man liest also dem Verstorbenen täglich den entsprechenden Abschnitt vor.

Der Begriff „Befreiung" muß in diesen verschiedenen Ausdrücken auf verschiedenen Ebenen verstanden werden. Für diejenigen, deren karmische Schleier sehr wenig ausgeprägt sind, ermöglichen diese

Methoden wirklich eine rasche Befreiung. Für andere, deren Geist von dichten Schleiern bedeckt ist, bewirken sie das Einpflanzen eines Samens der Befreiung.

Transzendierung
Das Wesen von Tod und Sterben

Tod - Bardo - Wiedergeburt

Geshe Thubten Ngawang

Das Thema des heutigen Vortrags ist Tod, Zwischenzustand und Wiedergeburt. Einige von Ihnen sind sicherlich gekommen, weil Sie sich selbst als praktizierende Buddhisten fühlen, andere, weil Sie sich für dieses Thema interessieren und weil sie wissen möchten, welche Erklärungen der Buddhismus zu geben hat. Ich will versuchen, den Stoff so darzustellen, daß Ihre unterschiedlichen Interessen dabei weitgehend berücksichtigt werden. Allerdings ist es unmöglich, allen Wünschen zu entsprechen. Ich hoffe jedoch, daß jeder von Ihnen etwas von dem Vortrag haben wird.

Wir alle führen als Lebewesen auf dieser Erde unser Leben. Wir verfolgen dabei verschiedene Absichten und Ziele. Als Menschen sind wir in der Lage, Pläne zu machen und ihre Verwirklichung zu betreiben. Was wir in diesem Leben tun und erlangen wollen, planen wir, und versuchen, es abzusichern, um unsere Ziele auch zu erreichen. Das ist etwas, das alle Menschen tun. Ein anderes Thema ist, was wohl nach dem Ende dieses Lebens auf uns zukommt; ob überhaupt etwas kommen wird oder nicht. Dazu wird wohl nur in den religiösen Traditionen etwas gesagt; vielleicht noch in verschiedenen weltlichen Philosophien. Auf jeden Fall ist klar, daß es hier um etwas geht, das uns nicht offen vor Augen liegt.

Im allgemeinen sind unsere Interessen sehr stark auf materielle Dinge gerichtet. Die Ursache dafür liegt vielleicht in dem enormen materiellen technischen Fortschritt, den wir erleben. Er bewirkt, daß sowohl unsere körperlichen als auch unsere geistigen Kräfte zum größten Teil mit materiellen Dingen, etwa mit unserem materiellen Wohlstand, beschäftigt sind. So wird den alten religiösen Traditionen oder Philosophien mit ihren Auskünften über das, was nach dem Tode kommt, das Interesse entzogen.

Einige aber bedrängt gleichwohl die Frage, ob nach diesem Leben überhaupt noch etwas kommt, ob es eine Existenz nach dem Tod gibt. Falls die Antwort ‹ja› lautet, entsteht deutlich eine große Verantwortung, was unsere persönliche Zukunft angeht; denn vorausgesetzt, es kommt etwas nach dem Tod, so sollten wir jetzt handeln, um uns auf diese Zeit vorzubereiten. Das ist von großer Bedeutung.

In den verschiedenen Religionen ist dieses vorsorgliche Handeln ein Grundthema. Zum Beispiel sagen nicht-buddhistische Religionen, daß man durch den Glauben an Gott und das Einhalten seiner Gebote die Ursachen dafür schafft, um nach diesem Leben in die Nähe Gottes zu gelangen oder in das Paradies Gottes einzugehen. Alle Religionen erklären Mittel, die dazu dienen sollen, etwas Gewünschtes für die Zeit nach dem Tod zu erreichen.

Begründung der Wiedergeburt

Ich möchte heute dazu etwas aus buddhistischer Sicht sagen. Danach können wir drei Phasen unserer Existenz voneinander unterscheiden. Jetzt leben wir. Am Ende dieses Lebens steht der Tod. Wir werden krank, kommen vielleicht ins Krankenhaus, und es wird offensichtlich, daß wir sterben müssen. Das Sterben ist ein Abschnitt.

Nach dem Tod gelangen wir in eine Zwischenexistenz. Wir nehmen für eine kurze Zeit einen vorübergehenden Körper an. Dieser Zwischenzustand ist ein Vorstufe für die nächste Existenz. Er bildet den zweiten Abschnitt.

Dann werden wir in irgendeinem der verschiedenen Daseinsbereiche, die es gibt, wiedergeboren und führen dort unser Leben, bis wir wieder sterben müssen, wieder in den Zwischenzustand gelangen, wieder geboren werden. Die Geburt ist der dritte Abschnitt.

Solange wir nicht die Erleuchtung und damit die Befreiung erlangen - was nur durch die entsprechenden Mittel möglich ist - bleiben wir weiter in diesem Kreislauf von Tod, Zwischenzustand und erneuter Geburt gefangen.

Als ein Grund für diese Kontinuität wird im Buddhismus die besondere Natur des Geistes angeführt. Der Geist wandelt sich von Augenblick zu Augenblick. Er nimmt von Moment zu Moment einen neuen Zustand an. Wir können konkret bei uns beobachten, wie jeder Geisteszustand in einen neuen Geisteszustand übergeht, dieser wieder in einen neuen und so fort. Dieser Prozeß geht auch über den Tod hinaus weiter. Das heißt, der Geist im Tod wandelt sich in einen Geist nach dem Tod und schließlich in den Geist einer neuen Existenz, wobei die verschiedenen physischen Grundlagen, die dann vorhanden sind, den Körper des neuen Wesens bilden. So setzt der Geist sich immer weiter fort und nimmt dabei die unterschiedlichen Körper der verschiedenen Daseinsbereiche an. Auf diese Weise wird die Wiedergeburt im Buddhismus erklärt.

Wir bestehen aus einem Körper und aus einem Geist. Wenn wir den Körper untersuchen, so stellen wir fest, daß er aus verschiedenen physischen Grundelementen besteht, aus verschiedenen atomaren Zusammensetzungen, die sich als Materie immer weiter fortsetzen. Wenn wir sterben, das heißt der Geist sich vom Körper trennt, zerfällt der Körper zwar in verschiedene Bestandteile, doch bleiben diese immer etwas Materielles; sie gehen über in andere materielle Zustände. Es ist unmöglich, daß der Körper zu Geist wird oder zu anderen Phänomenen, die keine physische Substanz besitzen. Die körperlichen Elemente bleiben in ihrer Grundnatur eine materielle Substanz. Nur die Zustände dieser Substanz ändern sich.

Ähnlich ist es auch mit unserem Geist. Der Geist bleibt Geist. Er wandelt sich nur in seinen Zuständen. Was in seinem Wesen Klarheit und Erkenntnis ist, kann sich nur in etwas wandeln, das in seinem Wesen ebenso Klarheit und Erkenntnis ist. Das geschieht auch über den Tod hinaus, so daß der Geist sich weiter fortsetzt, wieder mit einem neuen Körper verbindet und in eine neue Existenz eintritt.

Dieses Kreisen im Daseinskreislauf besteht, wie gesagt, aus drei Abschnitten: Tod, Zwischenzustand und Wiedergeburt.

Was heisst Sterben?

Die buddhistischen Erklärungen über das Sterben beschreiben verschiedene Phasen, in deren Verlauf sich die Elemente eines Lebewesens am Ende einer Existenz auflösen. Nach diesen Erklärungen besteht ein Lebewesen aus sechs grundlegenden Elementen. Dabei gibt es zwei verschiedene Darstellungsweisen, was diese sechs Elemente sind.

Nach einer Erklärungsweise sind die sechs Elemente zum einen die vier Grundstoffe, nämlich Erde, Wasser, Feuer und Wind; mit anderen Worten ausgedrückt: das feste Element, das flüssige Element, das Hitze-Element und das bewegliche Element. Dazu kommen als fünftes Element der Raum und als sechstes Element das Bewußtsein.

Die verschiedenen körperlichen Elemente des Sterbenden verlieren nach und nach ihre Kraft. Dies geschieht, wie schon angedeutet, in verschiedenen Phasen. Die folgenden Erklärungen, die aus den tantrischen Schriften des Buddhismus stammen, gehen von dem Normalfall aus, daß man aufgrund einer gewöhnlichen Krankheit stirbt, also nicht vom Umstand eines plötzlichen Todes, eines Unfalls etwa.

In den tantrischen Schriften heißt es, daß es fünfundzwanzig grobstoffliche Elemente gibt, die sich während des Sterbens auflösen. Um sie nur kurz zu nennen:

Die Fünf Aggregate sind Körper, Empfindungen, Unterscheidungen, Gestaltende Faktoren und Bewußtsein.

Die Vier Elemente wurden bereits genannt: Erde (Festes), Wasser (Flüssiges), Feuer (Wärme) und Wind (Bewegungsenergie).

Die Sechs Sinneskräfte sind die Sinneskraft des Auges, des Gehörs, der Nase, der Zunge, des Körpers und des Geistes.

Die Fünf Sinnesobjekte sind Sichtbares, Töne, Gerüche, Geschmäcke und Tastobjekte. Dabei handelt es sich nicht um die äußeren Sinnesobjekte außerhalb der Person, sondern um die inneren: das Sichtbare, das Hörbare, das Schmeckbare, das Riechbare und das Tastbare, das mit der Person verbunden ist.

Die fünf grundlegenden Ursprünglichen Weisheiten sind die Spiegelgleiche Weisheit, die Weisheit der Gleichheit, die Unterscheidende Weisheit, die Handlungsvollendende Weisheit und die Weisheit der eigentlichen Realität. Das sind insgesamt fünfundzwanzig Elemente, die im Tod verschiedene Veränderungen und Auflösungsprozesse durchlaufen. Man nennt sie die fünfundzwanzig grobstofflichen Elemente. Die Erklärungen über diese Elemente, ihre Veränderung und ihre Auflösung während des Sterbens, wollen wir anhand des menschlichen Daseins betrachten.

Solange wir leben, sind die fünfundzwanzig grobstofflichen Elemente die Grundlage für das Leben selbst. Sie sind die Elemente, die das Weiterleben, das Aufrechterhalten des Lebens ermöglichen. Während des Todes lösen sich diese verschiedenen Elemente auf. „Auflösen" bedeutet, daß sie ihre Kraft verlieren, das Leben weiter zu unterstützen. Dabei gibt es verschiedene Phasen, in denen gleichzeitig mehrere Elemente ihre Kraft verlieren, sich „auflösen". Diese verschiedenen Stufen möchte ich nun erläutern, allerdings nicht ausführlich; denn dafür reicht die Zeit nicht. Ich will mich vielmehr darauf beschränken, nur die wichtigsten Anzeichen und Vorgänge zu nennen.

Phasen der Auflösung

Wenn man von einem natürlichen Tod durch Krankheit oder Alter ausgeht, kann man verschiedene äußere Anzeichen für die verschiedenen Stufen des Sterbeprozesses beobachten. Während der ersten Phase verliert der Sterbende seine körperliche Kraft, die Gliedmaßen werden dünner, sein Augenlicht ist getrübt, er verliert auch die Fähigkeit, die Augenlider zu schließen und zu öffnen, was wir normalerweise ständig und reflexhaft tun. Dieser Reflex läßt nach, und die Augen bleiben länger geöffnet. Zudem vermindert sich die äußere Ausstrahlung. Solange wir lebendig sind, haben wir eine gewisse lebendige, natürliche Ausstrahlung. Diese geht in der ersten Phase des Sterbens verloren.

Dies alles sind Zeichen, die man von außen an dem Sterbenden beobachten kann. Hierzu kommen innere Anzeichen, die der Sterbende selbst erlebt. Es heißt, daß er in dieser Phase eine Erscheinung wie eine Luftspiegelung, ähnlich einer Fata Morgana, erlebt.

Diese Veränderungen geschehen in der ersten Phase des Sterbens, während folgende Elemente ihre Wirkungskraft verlieren: von den Fünf Aggregaten das körperliche Aggregat, von den vier Elementen das feste Element, von den Sechs Sinneskräften die Sinneskraft des Auges, von den Fünf Sinnesobjekten das Sichtbare und von den Fünf Weisheiten die Spiegelgleiche Weisheit.

Dann vollzieht sich die zweite Phase des Sterbens, in der sich wiederum fünf Elemente auflösen: von den Fünf Aggregaten das Aggregat der Empfindungen, von den Elementen das Flüssige, von den Sinneskräften die des Gehörs, von den Objekten die Töne und von den Fünf Weisheiten die Weisheit der Gleichheit.

Auch dabei treten verschiedene Anzeichen auf. Ein Anzeichen ist, daß der Sterbende nicht mehr die Kraft hat, sich Empfindungen von Glück und Leid, die mit den fünf Sinnen zusammenhängen, bewußt zu machen. Als äußeres Anzeichen kann man beobachten, daß sein Körper austrocknet, besonders Hals und Zunge werden trocken. Er kann Töne nicht mehr deutlich hören; nicht nur äußere Töne, sondern auch den inneren Ton, das natürliche Rauschen, das wir normalerweise in den Ohren haben. Als inneres Anzeichen erlebt der Sterbende eine Erscheinung wie von verpuffendem Rauch. Die deutlichsten äußerlichen Anzeichen sieht man während der ersten Phase; jetzt, in der zweiten Phase, sind äußere Anzeichen nicht mehr so deutlich erkennbar. Aber man kann bei genauer Beobachtung doch sehen, daß diese zweite Phase eingetreten ist. In der Zeit vor diesen Ereignissen, noch in der ersten Phase, ist es sehr gut möglich, den Sterbenden zu beeinflussen und ihm von außen zu helfen. Wenn es einem möglich ist, sollte man das auch tun.

Bei der Hilfe sollte es darum gehen, daß man versucht, den Sterbenden zu beruhigen, daß man ihm Mut macht, daß man versucht, ihm Ängste zu nehmen, daß man versucht, ihn zu trösten und ähnliches. Das Ziel sollte sein, seinen Geist in einen ruhigeren Zustand zu bringen. Es ist besonders wichtig, daß man den Sterbenden an heilsame Dinge erinnert, die er im Leben sehr geschätzt hat und zu denen er Vertrauen hat. Für religiöse Menschen kann dies der Gott oder der Gründer der eigenen Religion sein, etwa Jesus im Christentum. Man kann die Vorzüge dieses Vertrauensobjektes loben und den Sterbenden daran erinnern. Wenn er keiner bestimmten Religion nachgeht, kann man versuchen, ihn an anderes zu erinnern, was ihm in dieser schwierigen Stunde weiterhelfen könnte, beispielsweise besonders außergewöhnliche Menschen, deren Vorzüge man beschreibt und so in seinem Geist Vertrauen zu ihnen entfacht.

Wenn jemand Buddhist ist, kann man ihm die Vorzüge des Buddha, der Lehre, der Geistigen Gemeinschaft, des Lamas und ähnliches beschreiben und damit versuchen, seinen Geist mit weiterhelfenden heilsamen Inhalten zu erfüllen. Damit keine Begierden und Anhaftungen entstehen, sollte man vermeiden, den Sterbenden an alle möglichen materiellen Dinge und Bindungen dieses Lebens zu erinnern, die ihm das Sterben noch schwerer machen. Man sollte ihn stattdessen an seine guten Taten im Leben erinnern, wie er anderen Menschen oder der Gemeinschaft gedient hat, und auch daran, was er in seinem Leben an Schlechtem unterlassen hat: zum Beispiel, daß er kein Mensch war, der Konflikte oder gar Kriege in der Welt geschaffen, der anderen Leid gebracht hat und ähnliches. Man sollte ihn an seine guten Handlungen, an seine gute Lebensführung erinnern, so daß in seinem Geist Mut und Selbstbewußtsein aufkommen und er seine Furcht verliert.

Alles, was in diese Richtung geht und dazu beiträgt, den Geisteszustand positiv zu beeinflussen, sollte man anzuwenden versuchen. Denn wenn man mit Freude über die guten Handlungen des Lebens stirbt, in einem heilsamen, gefestigten und freudigen Geist, wie er in den verschiedenen Religionen angestrebt wird - in einem Geist von Glauben und Vertrauen oder in einem Geist, der von Mitgefühl und Liebe zu anderen geprägt ist -, dann ist es eindeutig, daß auch die folgende Existenz nach dem Tod in eine gute Richtung verläuft. Es ist dann unmöglich, daß das Bewußtsein nach dem Tod in niedrigere, leidvolle Daseinsbereiche gerät.

In der dritten Phase lösen sich die nächsten fünf Elemente auf. Diese sind das Aggregat der Unterscheidung, das Hitze-Element, der Geruchssinn, die Geruchsobjekte und die grundlegende Weisheit der Unterscheidung.

Während dieser Phase verliert der Sterbende die Fähigkeit, sich an Freunde, Feinde oder ihm gleichgültige Menschen zu erinnern. Während des Lebens hat man Vorlieben für einige, Abneigungen gegen andere, dritte sind einem gleichgültig. Diese Fähigkeit der Unterscheidung zwischen Freund, Feind und Gleichgültigem verliert sich nun. So kann sich der Sterbende nicht mehr an die Namen von Verwandten oder anderen nahestehenden Menschen erinnern. Da das Hitze-Element sich auflöst, verliert der Sterbende die Fähigkeit des Verdauens von Nahrung. Auch wird das Ausatmen gegenüber dem Einatmen länger, und der Sterbende verliert die Geruchswahrnehmung. Diese Anzeichen zählt man alle zu den äußeren Anzeichen; sie können in gewisser Weise auch von den Außenstehenden festgestellt werden. Als inneres Anzeichen erfährt der Sterbende zu diesem Zeitpunkt eine Erscheinung wie Feuerfunken oder Glühwürmchen.

Dann kommt die vierte Phase, in der sich nicht nur fünf, sondern sieben Elemente auflösen: von den Fünf Aggregaten die Gestaltenden Faktoren, ferner der Wind oder das bewegende Element, der Geschmackssinn, die Geschmacksobjekte und die grundlegende Weisheit der Durchführung oder Vollendung von Handlungen. Dazu verliert auch der Tastsinn seine Kraft; mit anderen Worten, die Sinneskraft des Körpers und die Tastobjekte, die man normalerweise innerhalb des eigenen Körpers fühlt, lösen sich auf.

Man sagt, weil das Aggregat der Gestaltenden Faktoren sich auflöst, ist der Sterbende von diesem Zeitpunkt an nicht mehr in der Lage, den Körper zu bewegen. Weil die grundlegende Weisheit der Handlungsvollendung sich auflöst, ist der Sterbende nicht mehr fähig zu denken, daß dieses oder jenes erledigt werden muß. Er kann sich Handlungen nicht mehr bewußt machen.

Normalerweise gibt es in unserem Körper zehn verschiedene Bewegungsenergien oder Winde, die man aufteilt in fünf sekundäre Winde und fünf Stammwinde. Diese durchdringen die verschiedenen

Regionen unseres Körpers in bestimmten Energiekanälen, die auf Sanskrit nadi heißen. Während dieser Phase verschmelzen die peripheren Winde in den äußeren Körperregionen, den verschiedenen Gliedmaßen und so weiter, mit den Stammwinden in dem zentralen Kanal.

Als weiteres Anzeichen dafür, daß sich das bewegende Element auflöst und seine Wirkungskraft verliert, kommt die Atmung vollständig zum Erliegen. Das Ausatmen wird immer länger, das Einatmen immer kürzer. Schließlich atmet der Sterbende noch einmal lang aus und nicht wieder ein. Es heißt auch, daß man sieht, wie dem Sterbenden Flüssigkeit aus den Augen läuft. Als Außenstehender würde man wahrscheinlich sagen, daß der Mensch nun gestorben ist. Man kann beobachten, daß die Zunge kürzer wird und daß der Zungengrund blau anläuft.

Als inneres Anzeichen für diese Phase erlebt der Sterbende eine Erscheinung, die dem flackernden Licht einer Butterlampe oder einer Kerze ähnlich ist.

Nach den nicht-tantrischen Unterweisungen des Buddhismus, den sogenannten Sutra-Unterweisungen, befindet sich das Bewußtsein jetzt in einem subtilen Zustand, den man „subtiles Todesbewußtsein" nennt. In den Sutra-Unterweisungen wird erklärt, daß dieser Zustand nur eine kurze Zeit andauert.

Was an Elementen von den anfangs genannten fünfundzwanzig grobstofflichen Elementen nun noch bleibt, ist von den Aggregaten das Bewußtsein, von den fünf Elementen das Raum-Element, von den Sinneskräften die Sinneskraft des Geistes, von den Objektbereichen der Bereich der Denkobjekte und von den fünf Grundweisheiten die Weisheit der eigentlichen Realität.

In den folgenden Phasen lösen sich die gröberen Bewußtseinszustände auf; sie wandeln sich in immer feinere, tiefere Bewußtseinszustände um. Damit gehen verschiedene Erscheinungen einher. Sie werden die „Weiße Erscheinung", die „Rote Zunahme" und das „Schwarze Nahe-Erreichen" genannt.

Zuerst kommt die Phase der Weißen Erscheinung. Die achtzig verschiedenen gröberen begrifflichen Bewußtseinsebenen, die normalerweise in unserem Leben Grundmuster unseres Denkens bilden, lösen sich auf in eine subtilere Ebene des Bewußtseins, die man die Weiße Erscheinung nennt. Das hat zu tun mit dem Aufbau der inneren Kanäle, worin die verschiedenen Energien verlaufen, mit denen das Bewußtsein zusammenhängt.

Es gibt einen Mittleren Kanal, der umgeben wird von zwei Nebenkanälen - dem Rechten und dem Linken Kanal. Diese umschnüren den Mittleren Kanal an vielen Stellen, so daß normalerweise in unserem Leben zwar im Mittleren Kanal Energie vorhanden ist, diese aber niemals aktiv wird. Die äußeren Winde oder Energien im Körper, die außerhalb dieser zentralen Kanäle liegen, gehen mit gröberen, begrifflichen Bewußtseinszuständen einher. Sie nennt man die „achtzig natürlichen Begriffsmuster".

Diese peripheren Winde lösen sich nun auf. Das heißt, sie sammeln sich immer mehr in den zentralen Kanälen. Schließlich treten alle äußeren Winde in den Mittleren Kanal ein, und zwar zuerst vom oberen Ende her, das etwa in Höhe des Scheitels oder der Schädelkrone sitzt. Denn aufgrund des Sterbevorganges lösen sich die Umschnürungen des Rechten und Linken Kanals um den Mittleren Kanal, und es ist möglich, daß die äußeren Winde in den Mittleren Kanal eintreten. Dadurch kommt zum ersten Mal Bewegung der Winde in dem Mittleren Kanal auf.

In dem oberen Ende des mittleren Kanals, in der Schädelkrone, befindet sich ein sogenannter „essentieller Tropfen", eine bestimmte Substanz, die wir von unserem Vater bekommen haben. Jetzt, da diese Öffnung geweitet ist und die äußeren Winde in den mittleren Kanal einströmen , bewegt sich dieses sogenannte „Weiße Element" in ihm hinunter bis zur Höhe des Herzens, wo sich das Zentrum aller Kanäle und Energien befindet, und damit geht die Erfahrung einer leuchtend weißen Erscheinung einher. Deshalb spricht man von der Phase der Weißen Erscheinung.

Ähnliches geschieht am unteren Ende des Mittleren Kanals. Auch dort lösen sich die Umschnürungen, und die peripheren Winde können in ihn eintreten. Dadurch beginnen die Winde im Mittleren Kanal auch von unten her, sich zu bewegen, und damit wird auch das Bewußtsein aktiv, das mit diesen Winden verbunden ist.

Im Nabelzentrum im Mittleren Kanal sitzt ein weiterer essentieller Tropfen, das Rote Element, das wir von der Mutter geerbt haben. Dieses Element hat die Natur des Feuers und bewegt sich dadurch nach oben. Deshalb werden die Winde und das damit einhergehende Bewußtsein des Mittleren Kanals auch von unter her aktiv. Die Winde und das Bewußtsein steigen zum Herzzentrum auf: Der Sterbende erlebt die Rote Erscheinung. Diese Phase nennt man deshalb Phase der Roten Zunahme.

Zum einen fallen also die Winde im Mittleren Kanal bis zur Höhe des Herzens von oben herab, und zum anderen steigen sie von unten her auf. Damit verbunden sind die Weiße und die Rote Erscheinung.

Im Energiezentrum in der Höhe des Herzens befindet sich der sogenannte „Unzerstörbare Tropfen", das Element, das wir zuallererst am Beginn einer neuen Existenz erhalten. In diesem Unzerstörbaren Tropfen befindet sich allersubtilste Energie, verbunden mit allersubtilstem Bewußtsein.

Wenn nun von oben her die Winde herabfallen und von unten her aufsteigen, treffen sie in Höhe des Unzerstörbaren Tropfens zusammen. Es geschieht ein Zusammenstoß der unteren und oberen Winde, wodurch der Sterbende eine dunkle, schwarze Erscheinung erlebt, ähnlich einer Ohnmacht. Diese Phase nennt man das Schwarze Nahe-Erreichen. Es wird verglichen mit einer tiefschwarzen Nacht, wenn der Himmel von dunklen Wolken verdeckt ist.

Die Erfahrung des klaren Lichts

Was nun noch an Energie übrig ist, ist die Energie in dem unzerstörbaren Tropfen. Diese nennt man auch den „Lebenserhaltenden Wind". Sie ist die allersubtilste Energie in uns. Und damit verbunden ist die allersubtilste Bewußtseinsebene. Dieses Bewußtsein nennt man auch das angeborene „Natürlich-anwesende Bewußtsein".

Die Energie und das damit einhergehende Bewußtsein in dem Unzerstörbaren Tropfen sind in unserem Leben niemals aktiv. Zu diesem Zeitpunkt im Tod, wenn all die äußeren Umschnürungen der Kanäle gelockert sind, werden sie zum ersten Mal tätig, und der Sterbende erlebt eine vollkommen klare Erscheinung wie einen völlig leeren Raum. Die vorherigen Erscheinungen, die Weiße Erscheinung, die Rote Erscheinung und die Schwarze Erscheinung, sind völlig verschwunden. Ein noch subtilerer Bewußtseinszustand ist eingetreten.

Solche Erscheinungen, die mit gröberen Bewußtseinsstrukturen einhergehen, werden jetzt nicht mehr erlebt werden, sondern eben nur noch eine vollkommen klare Erscheinung wie der gänzlich leere Raum.

Etwas ähnliches kann man vielleicht in der Morgenstunde im Herbst erleben, wenn der Himmel glasklar ist, frei von Wolken, aber auch frei von Sonnen- oder Mondlicht.

Diese Erfahrung nennt man das „Klare Licht des Todes". Jedes Wesen erlebt sie im allerletzten Moment des Lebens.

Die tantrischen Schriften erklären, daß man sich diesen Zustand zunutze machen kann, wenn man sich im Leben darauf vorbereitet hat. Man kann sich vorbereiten, indem man im Leben versucht, die letzte Realität, die als Leerheit (Sanskrit: sunyata) beschrieben wird, zu erkennen und sich an sie zu gewöhnen. Mit Leerheit ist gemeint: Abwesenheit von inhärenter, unabhängiger Existenz in den Phänomenen.

Wenn man in diesem Leben diese Erkenntnis der sunyata entwickelt und sich daran gewöhnt hat, kann man den Zustand des Klaren Lichts dazu benutzen, nicht nur die gewöhnliche Leere wahrzunehmen, sondern sunyata, die Leerheit, also die letztliche Realität aller Phänomene, zu erfahren.

Gelingt das - so beschreibt es die Sprache des Tantra -, dann „trifft die Mutter auf das Kind."

Die „Mutter" ist das Bewußtsein des Klaren Lichts des Todes. Dieses tritt bei jedem auf. Es ist so natürlich wie die Mutter. Wenn man dies Licht verbindet mit der Erkenntnis der letztlichen Realität, der sunyata, dann ist es so, wie wenn die Mutter mit ihrem Kind zusammentrifft; es entsteht etwas Neues, Zusätzliches.

Der Körper des Bardo

Der Zustand des Klaren Lichtes des Todes kann kurz, er kann auch länger andauern. Die Zeitspanne ist nicht eindeutig festgelegt. Er wird dadurch beendet, daß in der allersubtilsten Wind-Energie eine gewisse Bewegung aufkommt und dadurch auch das Bewußtsein wieder in gröbere Zustände gerät. Damit beginnt die Phase der Zwischenexistenz: Aus der subtilen Wind-Energie als substantieller Ursache und dem Bewußtsein als mitwirkender Ursache entsteht ein subtiler Körper des Zwischenzustands, der auf Tibetisch Bar-do (bar do) heißt.

Dieser Körper des Zwischenzustandes ist ein geisthafter, subtiler Körper. Er ähnelt in seinem Aussehen dem Körper, den man in der darauffolgenden neuen Existenz annehmen wird. Er kann sich überall hinbewegen, ohne durch materielle Gegenstände gehindert zu werden. Die Wesen des Zwischenzustandes können untereinander ihre Körper wahrnehmen, aber mit unserem gewöhnlichen Auge kann der Zwischenzustandskörper nicht wahrgenommen werden.

Wenn sich jemand in seinem Leben in den verschiedenen tantrischen Praktiken geübt hat und wenn er ein sehr enges Verhältnis zu seinem Geistigen Lehrer oder einem anderen Geistigen Freund hat, ist es möglich, daß ihm von einer solchen Person im Zwischenzustand geholfen wird. Das Wesen im Zwischenzustand kann zum Positiven hin beeinflußt werden, so daß es eine günstige Wiedergeburt annimmt oder gar die Befreiung aus dem Daseinskreislauf erlangt. Es bedarf dazu einer sehr tiefgründigen Ebene der tantrischen Übungen. Aus diesem Zusammenhang stammt auch das tibetische Buch „Bar-do Tö-dröl" (bar do thos grol). Bard-do Tö-dröl bedeutet: „Befreiung durch Hören im Zwischenzustand".

Der Geist im Zwischenzustand ist sehr leicht lenkbar - ähnlich wie ein Boot, anders als zu Land, im Wasser leicht hierhin oder dorthin bewegt werden kann. Ebenso leicht ist der Geist im Zwischenzustand zu beeinflussen, wenn eine enge Verbindung zu einem Meister oder einem spirituellen Freund besteht und wenn genügend Gewöhnung an die verschiedenen Übungen im Leben angeeignet wurde; denn die wichtigsten Voraussetzungen für eine positive Leitung sind, daß sich der Mensch im Zwischenzustand an die verschiedenen Praktiken in seinem vergangenen Leben sehr stark gewöhnt hat und daß er unerschütterlich diesen Lehren und Übungen vertraut. Wenn er diesen Geisteszustand des Vertrauens während des Sterbens beibehält und im Zwischenzustand fortsetzt, kann ihm auch von außen geholfen werden.

Es ist wiederum ähnlich wie mit dem Boot auf dem Wasser: Das Boot ist zwar leicht auf dem Wasser zu bewegen, um es aber an die gewünschte Stelle ziehen zu können, muß es ein Seil haben, das fest angebunden ist. Sonst wird das Boot umhertreiben, ohne daß man Kontrolle darüber hätte.

Es ist möglich, daß der Sterbende Hilfe durch Meister erfährt, die verschiedene Rituale durchführen wie zum Beispiel die Überleitung des Bewußtseins in einen reinen Bereich, die auf Tibetisch Po-wa (pho ba) heißt. Daß dies möglich wird, hängt von vielen Voraussetzungen ab. Es heißt in den buddhistischen Schriften: Um Fortschritt auf einem geistigen Weg zu erreichen, muß die Öse des eigenen Vertrauens vorhanden sein, worin sich der Haken des Erbarmens und des Mitgefühls des Buddha einhaken kann, so daß der Buddha einem weiterhelfen kann. Das gilt auch im Zwischenzustand.

Eintritt in den Mutterleib

Der Zwischenzustand dauert längstens sieben Wochen. Er kann auch sehr viel kürzer sein. Aber es heißt, daß er längstens sieben Wochen, also neunundvierzig Tage, andauert. Dann findet definitiv eine Wiedergeburt statt.

Im Fall einer Wiedergeburt als Mensch tritt man in den Mutterleib ein, das Bewußtsein verbindet sich mit den essentiellen Substanzen der Eltern.

All diese Vorgänge stehen unter dem Einfluß des eigenen Karmas. Wie sie vonstatten gehen und welche Art von Geburt man nimmt, hängt von der Kraft des eigenen Karmas ab, aber auch von anderen Umständen.

Für die Geburt ist insbesondere notwendig, daß sich die Eltern in sexueller Vereinigung befinden, daß ihre Keimsubstanzen fruchtbar sind und daß sich das Wesen des Zwischenzustandes in der Nähe aufhält, um in diese körperliche Verbindung eintreten zu können.

Es heißt, daß es drei verschiedene Hindernisse gibt, die eine Geburt vereiteln. Ein Hindernis wäre, wenn das Wesen des Zwischenzustandes bei der körperlichen Vereinigung der Eltern zwar zugegen wäre, aber von seinen früheren Taten her, also von seinem Karma her, keine Verbindung mit diesen Eltern hätte. Wenn die karmische Verbindung nicht vorhanden ist, wird sich das Bewußtsein nicht mit den körperlichen Substanzen der Eltern verbinden können.

Ein anderes Hindernis träte auf, wenn die Gebärmutter nicht entsprechend vorbereitet oder aufnahmefähig wäre für das befruchtete Ei. Auch darüber werden in den Schriften verschiedene Erklärungen gegeben, welche Fehler vorliegen können.

Ein weiteres Hindernis liegt in den Substanzen der Eltern selbst, wenn Ei- oder Samenzellen bestimmte Fehler aufweisen oder nicht zur rechten Zeit zusammentreffen. Auch dann kommt es zu keiner Empfängnis. Wenn diese Hindernisse nicht vorhanden sind, kann die eigentliche Geburt stattfinden, das heißt die Empfängnis, die man als Wiedergeburt bezeichnet.

Es folgen dann die verschiedenen Phasen und Vorgänge des Kindes im Mutterleib, die uns sicher bekannt sind.

Besonders wichtig ist, daß sich zu dieser Zeit die Mutter mit Zuneigung um das werdende Kind sorgt und jene Dinge verhindert oder unterläßt, die seiner Gesundheit schaden; denn das Kind hat schon Empfindungen im Mutterleib, es reagiert sehr stark auf Kälte oder Hitze und ähnliches.

Frage und Antwort

Frage: Was bedeutet hier „subtil"?

Geshe Thubten Ngawang: Hier wird etwas subtil genannt, das für die körperlichen Sinne nicht zugänglich ist und nur mit dem Geistigen Bewußtsein, mit dem Denken, erfaßt werden kann. Auch da gibt es wiederum verschiedene Abstufungen. Bestimmte Bewußtseinszustände werden mit der gewöhnlichen Ebene des Denkens nicht mehr erfahren, sondern liegen auf einer tieferen Ebene. All das, was damit zusammenhängt, wird in diesem Fall als subtiler oder feiner bezeichnet.

Frage: Wie lassen sich solche Fälle beschreiben, daß Menschen - etwa bei einem Unfall - das Gefühl hatten, ihren Körper schon verlassen zu haben, aber dann doch nicht gestorben sind und über ihre Erfahrungen berichten konnten? War der Zwischenzustand schon eingetreten?

Geshe Thubten Ngawang: Das ist sehr schwer zu beurteilen. Zwar heißt es, daß im Zwischenzustand das Bewußtsein oft sehr klar ist und vielfältige Erinnerungen hat aus dem vergangenen Leben. Aber das wäre ja dann schon der Zwischenzustand, der eigentlich erst dann eintritt, wenn man schon gestorben ist. Es heißt aber auch, daß es in einigen seltenen Fällen möglich ist, selbst aus dem Zwischenzustand wieder in den vorherigen Körper zurückzukehren. Vielleicht sind es solche Fälle, die Sie ansprechen. Aber nur in besonderen, tantrischen Schriften wird die Möglichkeit eingeräumt, daß jemand aus dem Zwischenzustand wieder zurückgelangt in den vorherigen Körper. In den allgemeinen buddhistischen Schriften, zum Beispiel dem Abhidharmakosa von Vasubandhu, wird ausgeschlossen, daß so etwas möglich ist. Das heißt: Wenn der Zwischenzustand erreicht ist, ist man definitiv gestorben, ist es unmöglich, wieder in den alten Körper zurückzugelangen.

Frage: Was bedeutet „Spiegelgleiche Weisheit"?

Geshe Thubten Ngawang: „ Spiegelgleiche Weisheit" bezieht sich darauf, daß sich in unserem Bewußtsein vielfältige Objekte gleichzeitig widerspiegeln - ähnlich wie in einem Spiegel die vielfältigsten körperlichen Gegenstände zur gleichen Zeit erscheinen können.

Frage: Befindet sich ein Mensch im Zwischenzustand, wenn er ins Koma gefallen ist?

Geshe Thubten Ngawang: Das ist sicher nicht der Zwischenzustand; der Zwischenzustand ist der Zustand, in den man nach dem Leben gelangt. Wenn man im Koma ist, dann lebt man noch, das Bewußtsein ist noch mit dem Körper verbunden. Zwar hat das Bewußtsein durch die körperliche Konstitution, durch die körperlichen Umstände, in dem Moment sehr stark an Kraft verloren, so daß kein bewußtes Wahrnehmen oder Denken möglich ist. Aber das Bewußtsein ist weiter im Körper vorhanden.

Frage: Woher kann man von den beschriebenen Vorgängen wissen?

Geshe Thubten Ngawang: Das ist zum einen deshalb möglich, weil das Bewußtsein sehr weit entwickelt werden kann, bis hin zur Buddhaschaft, zur Allwissenheit. Auf höheren Entwicklungsstufen können solche subtilen Bewußtseinsebenen, in denen wir gewöhnlich wie ohnmächtig sind, bewußt erlebt werden; und jemand, der wie ein Buddha Allwissenheit erlangt hat, kann darüber genaue Beschreibungen abgeben. Das ist der Grund, warum man diese Erklärungen in den Sutras und Tantras des Buddha, also in seinen verschiedenen Unterweisungen, findet. Außerdem ist es so, daß viele dieser Vorgänge auch belegt werden können, zum einen mit Hilfe logischer Beweise, zum anderen aber auch durch Erfahrungen mit verschiedenen ähnlichen Bewußtseinszuständen, die man schon in diesem Leben erleben kann.

Das gilt besonders, wenn diese Erfahrungen mit einem spirituellen Pfad in Verbindung gebracht werden, auf dem ein Mensch tatsächlich sein Bewußtsein weiterentwickelt. Dann können die verschiedenen tieferen Bewußtseinsebenen und die Vorgänge, die sich sonst im Tode nur außerhalb der eigenen Kontrolle manifestieren, auch bewußt hervorgerufen werden. Dabei erlebt der Übende, daß seine Erfahrungen mit denen übereinstimmen, die außergewöhnliche Menschen auf ihrem Weg gemacht und an ihre Nachwelt weitergegeben haben. Durch die Vielzahl von Untersuchungen, Begründungen und Erfahrungen sind diese Erklärungen zustandegekommen.

Was geschieht im Moment des Todes?

S.N. Goenka

Um zu verstehen, was beim Tod passiert, sollten wir zunächst verstehen, was Tod eigentlich bedeutet. Der Tod ist wie eine Biegung, ein Knick in einem fortwährenden Strom des Werdens. Es scheint so, als sei der Tod das Ende eines Prozesses des Werdens, und sicherlich mag dies im Falle eines arahant (eines vollkommen befreiten Wesens) oder eines Buddha so sein. Bei einem gewöhnlichen Menschen jedoch setzt sich der Fluß des Werdens selbst nach dem Tode noch weiter fort.

Der Tod setzt den Aktivitäten eines Lebens ein Ende und startet im unmittelbar darauffolgenden Moment das Spiel eines neuen Lebens. Auf der einen Seite ist der letzte Moment dieses Lebens und auf der anderen Seite der erste Moment des nächsten Lebens. Es ist so, als ob die Sonne sofort nach dem Untergang wieder aufgehen würde, ohne einen Zeitraum der Dunkelheit dazwischen, oder als würde der Tod das Ende eines Kapitels im Buch des Werdens markieren, und schon im allernächsten Augenblick würde ein anderes Kapitel des Lebens beginnen.

Obwohl kein Gleichnis den exakten Prozeß überzeugend vermitteln kann, könnte man dennoch sagen, daß dieser Fluß einem Zug vergleichbar ist, der auf einem Gleiskörper dahinfährt. Er erreicht den Bahnhof des Todes und fährt, nachdem er die Geschwindigkeit für einen Moment leicht gedrosselt hat, mit derselben Geschwindigkeit weiter. Er stoppt nicht einmal für einen Moment an der Station. Für jemanden, der kein arahant ist, ist die Station des Todes kein Endbahnhof, sondern eine Kreuzung, ein Knotenpunkt, von dem einunddreißig verschiedene Gleise in unterschiedliche Richtungen auseinanderlaufen. Sobald der Zug an der Station ankommt, wechselt er sofort auf das eine oder andere Gleis über und fährt weiter. Dieser rasende Zug des Werdens, angetrieben durch die Energie der kammischen Reaktionen der Vergangenheit, eilt ständig von einer Station zur nächsten weiter, auf dem einen oder anderen Gleis - eine fortwährende Reise, die ohne Unterlaß weitergeht.

Dieses Wechseln der Gleise geschieht automatisch. Wie das Schmelzen von Eis zu Wasser und das Gefrieren von Wasser zu Eis nach Naturgesetzen vor sich geht, so wird der Übergang vom einen zum anderen Leben ebenfalls durch fest vorgegebene Gesetze der Natur bestimmt. Entsprechend diesen Gesetzen wechselt der Zug nicht nur selbständig die Gleise, er schmiedet und verlegt die nächsten Gleise darüberhinaus ebenfalls selbst. Für diesen Zug des Werdens ist die Kreuzung des Todes, wo der Wechsel der Gleise stattfindet, von großer Bedeutung. Hier wird das gegenwärtige Leben verlassen, was cuti (Verschwinden, Tod) genannt wird. Das Ableben des Körpers erfolgt, und unmittelbar darauf beginnt sofort das nächste Leben; dieser Prozeß wird patisandhi genannt (Empfängnis oder Beginn des nächsten Lebens). Dieser Moment des patisandhi ist Folge beziehungsweise Resultat des Todesaugenblicks. Der Moment des Todes bringt den Moment der Empfängnis hervor. Da jeder letzte Todesmoment der Schöpfer des folgenden Geburtsmoments ist, bedeutet Tod nicht nur Tod, sondern ist gleichermaßen auch Geburt. An diesem Knotenpunkt verwandelt sich Leben in Tod und Tod in Leben.

Auf diese Weise ist jedes Leben eine Vorbereitung auf den nächsten Tod. Wenn jemand weise ist, wird er sich bemühen, das Beste aus diesem Leben zu machen und Vorbereitungen für einen guten Tod zu treffen. Der beste Tod ist derjenige, der der letzte ist - keine Kreuzung, sondern ein Endbahnhof: der Tod eines arahant. Hier wird es kein Gleis mehr geben, auf dem der Zug weiterfahren kann. Aber bis eine solche Endstation erreicht ist, kann man zumindest sicherstellen, daß der nächste Tod zu einer guten Geburt führt und daß der Endbahnhof in einem angemessenen Zeitraum erreicht wird. Es hängt alles von uns und unseren eigenen Bemühungen ab. Wir sind die Erschaffer unserer eigenen Zukunft. Wir erschaffen gleichermaßen unser eigenes Wohlergehen oder Elend, wie auch unsere Befreiung.

Wie ist es zu erklären, daß wir selbst die Urheber und Baumeister der Gleise sind, die den immer weitereilenden Zug des Werden empfangen? Um dies zu beantworten, müssen wir verstehen, was kamma (Tat, aktives Handeln) ist.

Die gute oder schlechte Absicht unseres Geistes ist kamma. Welcher Art sie im einzelnen auch immer sein mag, die edle oder unedle Absicht, die im Geist erscheint, wird zur Wurzel jeglicher Handlung auf der geistigen, verbalen oder körperlichen Ebene. Infolge eines Kontakts an einer der Sinnespforten entsteht Bewußtsein, daraufhin gibt die sanna (Wahrnehmung und Erkennen) eine Bewertung der Erfahrung ab, Empfindungen (vedana) tauchen auf, und eine kammische Reaktion (sankhara) findet statt. Diese willentlichen, von der Absicht und Motivation gesteuerten Reaktionen sind sehr unterschiedlicher Art. Einige sind wie eine Linie, die man auf die Wasseroberfläche gemalt hat, andere wie ein Strich, den man durch den Sand gezogen hat und wieder andere sind wie eine lange, in Fels gemeißelte Kerbe. Ist die Absicht heilsam, wird auch die Handlung zu einer heilsamen, und die zu erwartenden Früchte werden segensreich sein; ist die Absicht dagegen unheilsam, wird die Handlung ebenfalls unheilsam sein und Früchte von Kummer und Leiden hervorbringen.

Nicht alle dieser Reaktionen resultieren in einer neuen Geburt. Einige sind so schwach und oberflächlich, daß sie überhaupt keine nennenswerten Früchte hervorbringen. Andere sind ein wenig stärker und schwerwiegender, werden jedoch noch innerhalb dieses Lebens abgetragen; sie werden nicht mit ins nächste Leben hinübergenommen. Wieder andere, die noch schwerer wiegen, ziehen mit dem Fluß des Lebens weiter in die nächste Geburt hinüber, aber sie bewirken selbst keine neue Geburt. Nichtsdestoweniger können sie sich in diesem wie im nächsten Leben weiter vervielfachen. Darüberhinaus sind jedoch viele kammas bhava-kammas oder bhava-sankharas, das heißt solche, die eine neue Geburt verursachen, ein neues Leben. Jedes einzelne dieser kammas löst den Prozeß des Werdens aus und trägt eine magnetische Kraft in sich, die abgestimmt ist auf eine bestimmte Ebene der Existenz oder Stufe der Wiedergeburt. Die Schwingungen des bhavakamma werden sich mit den Schwingungen des bhava-loka (Welt, Ebene), die die gleiche Intensität haben, vereinen, und die beiden werden sich entsprechend den universellen Gesetzen, denen die Kräfte des kamma gehorchen, gegenseitig anziehen.

Sobald eines dieser bhava-kammas erzeugt worden ist, wird sich dieser Zug des Werdens zu dem einen oder anderen der einunddreißig Gleise an dem Bahnhof des Todes hingezogen fühlen. In Wirklichkeit sind diese einunddreißig Gleise die einunddreißig Daseinsbereiche oder Ebenen der Wiedergeburt. Das sind die elf kama lokas (Reiche der Sinnlichkeit: die vier niederen Daseinsbereiche, die menschliche Welt und sechs himmlische Reiche); die sechzehn rupa-brahma lokas (wo noch ein sehr feinstofflicher materieller Körper existiert) und die vier arupabrahma lokas (nichtmaterielle Welten, wo nur noch der Geist vorhanden ist).

Im letzten Augenblick dieses Lebens wird ein bestimmtes bhava-sankhara an die Oberfläche kommen. Dieses sankhara, das in der Lage ist, eine neue Geburt zu bewirken, wird sich mit den Schwingungen der ihm entsprechenden Existenzebene verbinden. Zum Zeitpunkt des Todes liegen alle einunddreißig Welten offen vor uns; das sankhara, das erscheint, bestimmt, welches Gleis der Zug des Daseins als nächstes befährt. Genauso wie ein Zug auf ein neues Gleis gestoßen wird, bewirkt die Kraft der bhava-kamma-Reaktion einen Schub, mit dessen Energie der Bewußtseinsfluß in die neue Existenz hineingestoßen wird. Zum Beispiel wird sich das bhava-kamma von Zorn oder Bosheit, das den Charakter von Hitze, Unruhe und Anspannung in sich trägt, mit einem der niederen Daseinsbereiche verbinden. In gleicher Weise kann sich ein bhava-kamma mit metta-Charakter (der Eigenschaft mitfühlender Liebe), das friedvolle und ausgeglichene Schwingungen aussendet, nur mit einem der brahma-lokas vereinen. Dies ist das Gesetz der Natur, und diese Gesetze sind so vollkommen angelegt, daß es bei ihrer Anwendung nie zu Fehlern kommt. Natürlich sollte man sich darüber im klaren sein, daß es außer der Kraft der angehäuften sankharas keinen Fahrgast in dem Zug gibt.

Im Moment des Todes wird im allgemeinen irgendein sehr intensives sankhara an die Oberfläche kommen. Es kann sowohl heilsamer, als auch unheilsamer Natur sein. Wenn man zum Beispiel in diesem Leben seinen Vater oder seine Mutter ermordet hat oder irgendeinen sehr wertvollen heiligen Menschen, dann wird die Erinnerung an diese Tat im Augenblick des Todes in einem aufsteigen. In gleicher Weise wird sich, wenn man eine tiefe Meditationspraxis ausgeübt hat, ebenfalls ein entsprechender Geisteszustand einstellen. Wenn es kein so intensives bhava-kamma gibt, das erscheinen könnte, dann wird ein vergleichsweise weniger starkes kamma an die Oberfläche kommen. Diejenige Erinnerung, die wachgerufen wird, welche es auch immer sein mag, wird sich als das kamma manifestieren. Es könnte zum Beispiel sein, daß man sich an ein heilsames kamma einer Nahrungsspende für einen verehrungswürdigen Menschen erinnert, oder man könnte sich daran erinnern, jemanden getötet zu haben. Reflexionen über solche vergangenen kammas können auftauchen. Andererseits können auch Objekte erscheinen, die mit diesem speziellen kamma in Beziehung stehen. Man könnte den gefüllten Teller mit Eßwaren sehen, den man als dana (Spende) gab, oder die Waffe, die benutzt wurde, um jemand anderen zu töten. Diese werden kamma-nimittas (Zeichen) genannt.

Oder es kann sein, daß ein Zeichen oder Symbol aus dem nächsten Leben erscheint. Dies wird gati-nimitta (Abschieds-Zeichen oder Zeichen des Verlassens) genannt. Diese nimittas entsprechen dem bhavaloka, zu dem sich der Fluß hingezogen fühlt. Es könnte die Szenerie irgendeiner himmlischen Welt sein oder vielleicht der Tierwelt. Der Sterbende wird oft eines dieser Zeichen als eine Vorwarnung erfahren, so wie der Scheinwerfer des Zuges das vor ihm liegende Gleis erhellt. Die Schwingungen dieser nimittas sind identisch mit den Schwingungen der Daseinsebene der nächsten Geburt.

Ein guter Vipassana-Meditierender hat es in seiner Macht, die Gleise zu vermeiden, die zu den niederen Daseinsbereichen führen. Man entwickelt ein klares Verständnis der Gesetze der Natur und praktiziert und übt sich, um jederzeit auf den Tod vorbereitet zu sein. Wenn man bereits ein fortgeschrittenes Alter erreicht hat, gibt es um so mehr Grund, in jedem Moment aufmerksam zu bleiben. Welche Vorbereitungen werden unternommen? Man praktiziert Vipassana, indem man gleichmütig bleibt mit allen im Körper auftauchenden Empfindungen, und durchbricht dadurch das Gewohnheitsmuster, auf sie zu reagieren. So entwickelt der Geist, der normalerweise immer wieder neue unheilsame sankharas erzeugt, die neue Gewohnheit, gleichmütig zu bleiben.

Beim Herannahen des Todes wird man mit großer Wahrscheinlichkeit mit sehr unangenehmen Empfindungen konfrontiert werden. Fortgeschrittenes Alter, Krankheit und Tod sind dukkha (Leiden). Sie bewirken unangenehme Empfindungen gröberer Natur. Wenn man nicht darin geübt ist und nicht die Fähigkeit besitzt, diese Empfindungen mit Gleichmut zu beobachten, wird man sehr wahrscheinlich mit Gefühlen von Zorn, Gereiztheit oder Groll reagieren und damit einem bhava-sankhara mit den gleichen Schwingungen die Gelegenheit geben, an die Oberfläche zu kommen. Wie einige fortgeschrittene Meditierende bewiesen haben, kann man sich jedoch erfolgreich bemühen, das Reagieren auf diese außerordentlich schmerzhaften Empfindungen zu vermeiden, indem man zum Zeitpunkt des Todes Gleichmut bewahrt. Dann werden selbst jene tief im Unbewußten verborgenen bhava-sankharas, die diesen Empfindungen entsprechen, keine Möglichkeit haben, zu erscheinen. Jeder gewöhnliche Mensch wird im allgemeinen sorgenvoll und ängstlich oder gar starr vor Schrecken sein, wenn der Tod sich nähert, und wird so einem angstbesetzten bhavasankhara Gelegenheit geben, an die Oberfläche zu kommen. Auf die gleiche Weise können bei dem Gedanken, sich von seinen Lieben trennen zu müssen, Gram, Trauer, Niedergeschlagenheit und andere Gefühle auftauchen, und das dementsprechende sankhara wird nach oben steigen und den Geist beherrschen. Ein Vipassana Praktizierender schwächt diese sankharas durch das gleichmütige Beobachten aller seiner Empfindungen, so daß sie zum Zeitpunkt des Todes nicht erscheinen. Die wirkliche Vorbereitung auf den Tod ist diese: ein Gewohnheitsmuster zu entwickeln, das uns dazu anregt, immer wieder die sich im Körper und im Geist manifestierenden Empfindungen mit Gleichmut und mit dem Verständnis von anicca (Vergänglichkeit) zu beobachten.

Im Moment des Todes wird diese starke Gewohnheit des Bewahrens von Gleichmut automatisch erscheinen, und der Zug des Daseins wird auf ein Gleis geleitet werden, auf dem es möglich sein wird, im neuen Leben Vipassana zu praktizieren. Auf diese Weise bewahrt man sich vor einer Geburt in einer der niederen Welten und erlangt eine Existenz in einem höheren Bereich. Dieser Schritt ist sehr wichtig, da Vipassana in den niederen Welten nicht praktiziert werden kann.

Ein Meditierender, der an der Schwelle des Todes steht, kann sich glücklich schätzen, wenn er nahe Verwandte oder Freunde in der Nähe hat, die Vipassana praktizieren können und metta-Schwingungen erzeugen, die besonders vorteilhaft und unterstützend für einen friedvollen Tod sind. Sie werden eine gute Dhamma-Atmosphäre aufrechterhalten, die frei ist von Trauer und Klagen und bedrückter Stimmung.

Manchmal kommt es vor, daß ein Nichtmeditierender eine vorteilhafte Wiedergeburt im Moment des Todes erlangt, was auf die heilsamen bhava-sankharas wie Freigebigkeit, untadeligen Lebenswandel und anderer sehr starke heilsame Qualitäten zurückzuführen ist. Die besondere Errungenschaft eines gefestigten Vipassana-Meditierenden ist jedoch, daß man sich die Möglichkeit schafft, eine Daseinsform zu erlangen, in der man fortfahren kann, Vipassana zu praktizieren. Auf diese Weise, durch das allmähliche Vermindern des Vorrats an angehäuften bhava-sankharas, verkürzt man seine Reise des Werdens und erreicht das Ziel früher.

Man kommt in diesem Leben mit Dhamma in Kontakt, weil man sich in der Vergangenheit durch gute Taten große Verdienste erworben hat. Machen Sie dieses menschliche Leben erfolgreich für sich, indem sie Vipassana praktizieren, damit, wenn sie sterben müssen, der Tod mit einem gleichmütigen Geist kommt und Wohlergehen für die Zukunft mit sich bringt.

Frage und Antwort

Frage: Wie können Meditierende mit ihrem Kummer nach dem Tode eines ihnen nahestehenden Menschen umgehen?

Goenkaji: Meditierende sollten weise sein und das Gesetz der Natur verstehen. Diejenigen, die gestorben sind, sind gestorben. Auch wenn wir um sie weinen und beten, es ist unmöglich, daß sie zurückkommen. Wir alle sehen ein, daß die Toten für immer von uns gegangen sind. Was wir jedoch nicht verstehen: Wenn wir uns an die erinnern, die von uns gegangen sind, und Schwingungen der Trauer, des Unglücklichseins oder des Weinens und Klagens erzeugen, diese Schwingungen auch die geliebten Verstorbenen, wo immer sie auch sein mögen, erreichen werden und unglücklich machen. Niemand möchte, daß unsere Lieben, die von uns gegangen sind, unglücklich sind. Wir möchten, daß sie glücklich, friedvoll und befreit sein mögen, egal, wo sie sich gerade aufhalten. Durch unser Trauern und Klagen senden wir ihnen jedoch Schwingungen, die sie immer mehr bedrückt werden lassen. In Wirklichkeit schaden wir denen, die wir gerne glücklich sehen möchten.

Ein zweiter schädlicher Effekt ist, daß wir durch unser Trauern und Klagen um die Toten Samen von sankharas des Leidens säen. Wir werden bedrückt und unglücklich, und dieser Samen des Kummers und Leids wird uns nichts als Kummer und Leid in der Zukunft bringen. Die Natur kümmert sich nicht darum, ob das Säen des Samens klug oder logisch ist. Der Samen ist der des Leidens, und er muß zwangsläufig Leiden bringen. Schließlich erzeugen wir ein Gewohnheitsmuster des Geistes, und dadurch, daß wir es weiter verstärken, werden wir mehr und mehr unglücklich. Dieses Gewohnheitsmuster wird auch in Zukunft großes Leiden über uns bringen. Wir haben begonnen, uns selbst zu schaden, indem wir Samen des Leidens erzeugt haben.

Ein dritter schädlicher Effekt ist, daß dieses Empfinden von Leid und Kummer die Atmosphäre um uns herum durchdringt. Jeder in unserer Nähe wird durch unsere Empfindungen und Gefühle selbst unglücklich. Wir haben damit begonnen, uns selbst zu schaden, haben begonnen, allen uns nahestehenden, geliebten Menschen, die noch um uns leben, zu schaden, und wir haben angefangen, unseren Lieben zu schaden, die bereits von uns gegangen sind. Diese Handlungsweise von uns ist daher auf dreifache Weise schädlich.

Weise Menschen erkennen, wenn sie sich der Verstorbenen erinnern, daß vielleicht Trauer und Kummer in ihrem Geist entstehen. Sie werden umgehend ihren Geist beruhigen und anfangen, metta-Schwingungen (liebevolle Güte, mitfühlende Liebe) zu entwickeln, Schwingungen, die angefüllt sind von Frieden, Harmonie und Glück. Diese Schwingungen erreichen die von uns Gegangenen, die sich friedvoller fühlen werden. Diejenigen, die metta praktizieren, erzeugen ein sankhara des Friedens und der Harmonie, und dieses wird ihnen die Frucht des Friedens und der Harmonie bringen. Darüberhinaus werden die metta-Schwingungen die Atmosphäre durchdringen und ihr ebenfalls Harmonie bringen. So ergeben sich segensreiche Auswirkungen auf dreifachem Weg - dem Weg Dhammas.

Gedanken zum Thema Organtransplantation und Sterben

Rev. M. Daishin Morgan

Da Operationen, die eine Transplantation von Organen erfordern, vermehrt ausgeführt werden, besteht wachsender Druck, Organspender zu finden. In England, aber auch in verschiedenen anderen europäischen Ländern, haben die Regierungen eine Kampagne eingeleitet, um die breite Öffentlichkeit davon zu überzeugen, Organspenderausweise mit sich zu tragen, die die Erlaubnis geben, die Organe des Ausweisinhabers für Transplantationszwecke zu benutzen, falls man bei einem Unfall getötet werden sollte. Ich glaube, jeder, der die Möglichkeit in Betracht zieht, im Falle seines Todes Organe zu spenden, sollte gewissenhaft über diesen Schritt nachdenken.

Der Tod ist weniger ein plötzliches Ereignis als ein Prozeß. Wenn jemand in einem Unfallgeschehen stirbt und Herz und Gehirn aufgehört haben zu funktionieren und keine Schmerzempfindung mehr da ist, so hat diese Person für mehrere Stunden nach Eintreten des Todes noch immer eine subtile Verbindung zu ihrem Körper. Die buddhistische Lehre weist auf diese Tatsache hin, und ich weiß aus meiner eigenen Erfahrung der Meditation mit Verstorbenen, daß dies wahr ist. Aus meinem Verständnis ist es somit falsch, den Körper einer Person noch weiter zu beunruhigen, indem wir die Organe dieses Körpers für Transplantationszwecke entnehmen. Dies insbesondere deshalb, weil Organe so bald wie möglich nach Eintritt des klinischen Todes entfernt werden müssen, in jedem Fall jedoch, bevor der Körper erkaltet ist.

Der Tod ist nicht das Ende des Lebens, so wenig wie dieses Ich ewig ist. Die Art und Weise, in der Leben auch nach dem Tod fortfährt zu existieren, ist nur schwer in Worte zu fassen, da diese Erfahrung jenseits unseres Verständnisses von Raum und Zeit liegt. Die Übergangsphase zur Zeit des Todes ist spirituell von großer Bedeutung. Zu diesem Zeitpunkt hat die Person die Gelegenheit, auf ihr Leben zurückzublicken. Sie kann wählen, all die Dinge, die sie begehrte, aufzugeben, und sie kann lernen, jene Dinge und Menschen, denen sie im Leben mit Aversion gegenüberstand, zu lieben und anzunehmen. Die Art und Weise, wie diese Person ihr Leben gelebt hat, wird die Reaktion auf diesen Rückblick beeinflussen, aber dieser Zeitraum des Rückblikkes bietet gleichsam die Gelegenheit, das bisherige Verhalten zu ändern. Ableitend aus der Tradition sagen wir, daß diese Periode für 49 Tage nach dem Tod andauert, und nach Ablauf dieser Zeit wird die Person in ein anderes Leben hineingeboren, falls etwas ungeklärt verblieben ist. Dieses neue Leben bietet somit eine weitere Gelegenheit, diesen Prozeß der Arbeit an der Selbstbereinigung fortzuführen. Die spezifische Form des neuen Lebens wird bestimmt durch die Art der Begierde, des Hasses oder der Verblendung, die ungelöst und nicht transformiert verblieben sind. Das neue Leben wird sich in menschlicher, tierischer oder anderer Form manifestieren, abhängig davon, welche Form die bestmögliche Hilfe bietet, die verbliebene unerlöste Begierde, den Haß und die Verblendung zu bereinigen.

Wenn wir den Körper einer verstorbenen Person nicht beunruhigen, sondern stattdessen unsere Liebe und Meditation darbieten, können wir helfen, die Gelegenheit, persönliches ungelöstes Karma zu bereinigen, positiv zu nutzen. Die subtile Verbindung zum Körper löst sich gewöhnlich einige Stunden nach dem Tod; in manchen Fällen kann dieser Prozeß auch länger dauern. Die Funktion der Begräbniszeremonie im Buddhismus ist es, dem Toten beim Loslassen von allem verbleibenden Sich-Festklammern an Körper und Geist beizustehen. Eine Kremation oder ein Begräbnis stellt zu diesem Zeitpunkt keine Beunruhigung mehr dar, und falls Organe für Transplantationen jetzt verwendet werden könnten, würde ich möglicherweise über das Thema ganz anders empfinden.

Der Prozeß der Rückschau auf das eigene Leben beginnt gewöhnlich einige Zeit vor dem klinischen Tod, manchmal sogar Jahre vor dem Tod, wenn jemand nicht gewaltsam stirbt und wenn er bewußt sein nahendes Ende wahrnimmt. Der Weg der Meditation ist in der Tat eine bewußte Entscheidung, Karma, das durch Körper, Sprache und Geist verursacht worden ist, zu bereinigen, so daß wir befreit sterben können, das heißt frei von Festhalten und Feindseligkeit, die uns daran hindern, in ewige Meditation einzugehen. Der Augenblick des klinischen Todes und die Zeitspanne unmittelbar danach ist jedoch kritisch, ungeachtet dessen, ob wir uns auf den Tod vorbereitet haben oder nicht. Wir werden sehr offen und empfänglich, wenn die uns bekannten Bestandteile von Körper und Geist sich aufzulösen beginnen. Dank des Erbarmens Buddhas können wir unser Leben mit einer Klarheit sehen, die wir uns bis dahin nicht erlaubt haben, und die Weise, wie wir in Gier, Haß und Verblendung verstrickt waren, wird plötzlich offensichtlich. Hier gibt es keinen Urteilsspruch, sondern nur Klarheit. Die Gefahr ist, daß wir dazu neigen, uns selbst zu verurteilen. Besonders wenn wir nicht gewohnt waren, uns selbst zu reflektieren, kann diese Klarheit zunächst bewirken, daß wir an uns und an unserem Wert zweifeln und daher die liebende Umarmung des Ungeborenen, Todlosen und Unveränderlichen ablehnen. Das Ausmaß des Erbarmens einem Sterbenden gegenüber ist wunderbar dargestellt in der Figur des Amitabha Buddha, der diejenigen, die ihn gläubig anrufen, in das „Reine Land" geleitet.

Im Leben müssen wir lernen, unsere Fehler zu sehen, sie darzubieten und weiterzugehen. Dasselbe gilt für den Tod. Wenn wir fortfahren, am Ich - unserem Ego - festzuhalten, schaffen wir die Bedingungen für die Geburt eines neuen „Ich" und verlängern damit den Kreislauf des Leidens. Wenn wir während des Lebens in unserem Herzen an Bitterkeit festhalten, zehrt diese an uns, und wir werden unglücklich. Wenn wir sterben, hindern uns diese bitteren Gefühle daran, bedingungslos zu lieben. Wir müssen lernen, bedingungslos zu lieben, wenn wir Frieden finden wollen. Wenn wir dies nicht fertiggebracht haben, bevor wir sterben, haben wir nun die letzte Gelegenheit dafür, bevor es nötig wird, in ein anderes Leben einzutreten und Umständen zu begegnen, die wiederum Bitterkeit verursachen. Dieser Prozeß wird sich fortsetzen von Leben zu Leben, bis wir den Entschluß fassen, uns von Bitterkeit zu reinigen und allen, die uns Unrecht getan haben und die uns geschadet haben, zu vergeben; das Schwierigste kann sein, uns selbst zu vergeben.

Wenn wir Gier, Haß und Verblendung loslassen, treten wir mit dem Tod ein in ewige Meditation. Dies kann nicht in Worte gefaßt werden; aber es ist Einswerden mit der Quelle des Erbarmens, der Liebe und der Weisheit - und das ist Buddha. Buddha ist unendliches Erbarmen, und im Sterben liebt und akzeptiert uns Buddha bedingungslos; wir dürfen uns nur nicht von Seiner großen Liebe abwenden. Buddha verurteilt und verdammt uns niemals; wenn wir jedoch diese Liebe nicht zulassen können, verurteilen wir uns selbst als unwürdig.

Viele Menschen denken nicht nach über den Tod, noch verstehen sie den eigentlichen Zweck des Todes, aber wenn jemand über das Besagte tief meditiert hat und trotzdem den Entschluß faßt, seine Organe zu spenden als ein Akt der Großzügigkeit anderen gegenüber, so kann ich sein Mitgefühl nur bewundern. Wir wissen jedoch nicht, was es heißt zu sterben, bis die Zeit kommt, und in diesem Moment werden wir möglicherweise fühlen, daß wir alle Hilfe brauchen, die wir erhalten können. Wenn sich jemand nicht sehr genau kennt, dann meine ich, daß es unklug ist, die eigenen Organe zu spenden. Ich kann somit der Kampagne der Regierung nicht zustimmen, die die Öffentlichkeit ermutigt, Organe zu spenden. Es berührt mich unangenehm, daß im Rahmen dieser Öffentlichkeitsarbeit versucht wird, an die Schuldgefühle des einzelnen zu appellieren. Ich glaube auch, daß es falsch ist, wenn die Verwandten eines gerade Verstorbenen um Erlaubnis gefragt werden können für die Spende seiner Organe. Niemand, wie nahe verwandt auch immer, hat das Recht, über die Organe einer anderen Person zu verfügen.

Ich bin mir bewußt über die Konsequenzen dieser Ansicht, daß nämlich diejenigen, die an Nierenversagen und anderen Krankheiten leiden, in Ermangelung einer Organtransplantation sterben werden. Aber ich glaube nicht, daß jemand das Recht hat zu erwarten, daß andere zum Zwecke seines Wohlbefindens Teile ihres Körpers geben. Für Menschen, die den Tod fürchten und die keinen Glauben und kein Vertrauen in den Sterbevorgang als ein Geschehen haben, das in den Händen Buddhas liegt, ist es schwierig, Erbarmen in der Entfaltung von Leben und Tod zu sehen. Aber im Leben, in Krankheit und Tod liegt ein großes Erbarmen, welches wir erfahren können, wenn wir unser Herz öffnen.

Anmerkung:

Bei Verwendung des männlichen Pronomens in der Bezugnahme auf Buddha Amitabha und Buddha sollte jedoch verstanden werden, daß Buddha völlig jenseits eines Geschlechts wie weiblich oder männlich ist.

Nicht das Ende: Fortexistenz, Bardo und Wiedergeburt

Die Fortexistenz in der Lehre des Buddha

Paul Debes

Westliche Verständnisschwierigkeiten

Die Beeinflussung, Belehrung und Erziehung des durchschnittlichen westlichen Menschen in den letzten etwa hundert Jahren hat bewirkt, daß er sich heute fast nicht vorstellen kann, daß und wieso das Leben beim Zusammenbruch des Körpers im Tode in irgendeiner Weise fortgesetzt werden könnte. So besteht die Tatsache einer großen und tief verwurzelten Verständnislosigkeit gegenüber den Aussagen des Erwachten und anderer großer Weiser über das Leben und seine Gesetze. Die Folge davon ist, daß viele westliche Menschen überhaupt nicht an die Lehre des Buddha von der Fortexistenz herangehen mögen und können.

Die Lehre von der Fortexistenz, das heißt von der Fortsetzung des Erlebens im Erleiden und Agieren auch über den Wegfall des gegenwärtigen Leibes hinaus, ist aber eine die ganze Lehre des Erwachten durchsetzende und sie bestimmende Aussage: Wollte man diese aus den Lehrreden herausnehmen, so bliebe ein sinnloser und unverständlicher Rest zurück.

Wenn die Existenz so beschaffen ist, daß der sogenannte Tod nicht die endgültige Beendigung, sondern eben nur ein Situationswechsel, der Übergang in eine neue Situation ist, deren Qualität bedingt und bestimmt ist durch das innere und äußere Verhalten des betreffenden Wesens in der vorherigen Existenzform - wenn die Existenz in Wirklichkeit so beschaffen ist, dann muß jeder Mensch, der sie so nicht sieht, der an ein endgültiges Ende im Tod glaubt, sich in seinem jetzigen Leben zwangsläufig falsch verhalten. In den Lehrreden des Palikanon wird die sogenannte „falsche Anschauung" etwa wie folgt formuliert:

„Es gibt kein Jenseits, es gibt keine geistige Geburt, es gibt keine Saat und Ernte guter und böser Werke." (M 117)

Und der Erwachte sagt, daß von der falschen Anschauung, weil sie unrealistisch ist, weil sie die wirkenden, wirksamen Gesetze nicht sieht, alles Elend und Leiden ausgeht und daß nur mit der rechten Anschauung der Anfang des Heiles gewonnen werde.

Das Hauptproblem

Alle irgendwie aufkommenden Behauptungen über die Fortexistenz nach dem Tode stoßen, besonders bei dem gebildeten westlichen Menschen, immer wieder auf die Kernfrage: Wie soll diese Fortexistenz gedacht und vorgestellt werden, wie könnte sie vor sich gehen, nachdem der Leib, den man doch zum Sehen, Hören, Denken, Reden und Handeln braucht, für endgültig ausscheidet und vergeht und nachdem man mit dem Vergehen des Leibes von allen geistig-seelischen Erscheinungen nichts mehr erkennen und entdecken kann?

Diese Fragestellung ist wesentlich bedingt durch die Vorgehensweise der Naturwissenschaften, denn da es zur Methode der Naturwissenschaft gehört, immer nur an den Körpern die Lebenserscheinungen zu untersuchen und nie anderweitig nach dem Leben zu suchen, so konnte die so vorgehende Forschung die Lebenserscheinungen ja auch nirgend anders entdecken als nur an den Körpern, gleichviel ob auch außerhalb der uns bekannten Körper Lebenserscheinungen vorhanden sind oder nicht.

Mit dieser Abgrenzung und Einengung ihres Forschungsbereiches aber hat die Naturwissenschaft ganz ungewollt die Vorstellung geschaffen, daß Leben und Leib oder Seele und Leib identisch seien und daß darum die Vernichtung des Leibes im Tode auch die Vernichtung des Lebens sein müsse.

Und je mehr der westliche Mensch aus den Quellen der naturwissenschaftlichen Forschung sich gebildet hat, um so schwieriger - ja, fast unmöglich - ist ihm die Vorstellung, daß die Persönlichkeit des Menschen, also das Wesentliche und Prägende, den leiblichen Tod überstehen soll in einer solchen Weise, daß ihr durch den Tod kein Abbruch getan ist.

Selbst diejenigen westlichen Menschen, die als Christen sich bemühen, den Glauben an ein Weiterleben nach dem Tode hochzuhalten, können sich keinerlei lebendige Vorstellung von der Art des Weiterlebens machen, die etwa mit den zutagetretenden sinnlichen Erfahrungen und mit den Forschungen der Naturwissenschaft vereinbar wären. Diese dem Gläubigen selbst am meisten peinliche Tatsache hängt eben damit zusammen, daß das Leben mit dem Leibe ihm allzu sinnenfällig vor Augen tritt, denn es erscheint ihm während seines ganzen Lebens ununterbrochen in aller bunten Lebendigkeit, daß er aber von einem Leben ohne diesen Leib nichts erfährt.

Darum kann er auch keinerlei bildhafte, lebendige, erfahrene Vorstellung von einem Leben ohne Leib haben. So steht er mit seinem Glauben an ein Leben nach Vernichtung seines gegenwärtigen Leibes ganz im Leeren ohne Bilder, ohne Erfahrung, ohne Vorstellung - und darum ist dieser Glaube eben oft auch ohne Kraft und Halt.

Die nachfolgenden Ausführungen sollen der Versuch zur näheren Erarbeitung dieses Problems sein. Wie der Erwachte die Lehre von der Fortexistenz begründet, das ist in den westlichen Kreisen meistens mißverstanden oder kaum erfaßt worden, weil der moderne westliche Mensch von einer ganz anderen Weltanschauung und Seinssicht ausgeht als die Zeitgenossen des Buddha.

Und solange der Mensch nicht eine deutliche und klare Vorstellung davon bekommt, was es an ihm ist, das beim Zusammenbruch des Leibes weiterbesteht, so lange bleibt für den Menschen alle Behauptung von Fortexistenz leere Behauptung. Darum wollen wir jetzt untersuchen, woraus der Mensch nach der Lehre des Erhabenen überhaupt besteht, um dann aussagen zu können, welche von diesen Bestandteilen den Tod überleben und welche vernichtet werden.

Am Menschen sind erkennbar seelische Erscheinungen und der Leib.

Der sogenannte „lebendige Mensch" tritt in Erscheinung als ein von vegetativen Vorgängen unterhaltener Körper (rupa), an welchem seelisch-geistige Erscheinungen (nama) bemerkbar sind. Der Erwachte nennt sie: Gefühl, Wahrnehmung, Absicht auf (Wiederholung von) Berührungen oder geistigen Überlegungen.

Die Grundlage dieser geistig-seelischen Erscheinungen ist das Erlebenwollen, sind die Tendenzen.

Die Grundlage des lebendigen Menschen, die Wurzel, aus welcher das körperlich Sichtbare und das geistig-seelisch Erkennbare hervorgehen, ist jedoch dem normalen Menschen verborgen. Es ist sein Erlebenwollen, ein Gespanntsein auf bestimmte Erlebnisse. Bei der Berührung der Sinne durch die Objekte wird dieses Wollen, werden die in den Sinnesorganen wohnenden Tendenzen als die Empfindlichkeit, die „reizbare Substanz“ berührt.

Eine jede Tendenz ist, wie ihr Name sagt, ein Auf-etwas-aus-Sein, und zwar ist es eine geistige Kraft auf ein bestimmtes Erlebnis hin.

Der Erwachte vergleicht eine jede Tendenz mit einer juckenden Aussatzwunde (M 75), welche zum Kratzen und Reißen treibt, um den Juckreiz der Wunde vorübergehend nicht zu spüren. So ist auch jede Tendenz (oder Trieb) ein Ersehnen bestimmter Erlebnisse, und sie treibt den Geist des Menschen an, alles Mögliche anzustellen, um das Ersehnte herbeizuführen.

Die Tendenzen, ein sechsfacher Erlebenshunger, sind die unbewusste Motorik und Problematik der Lebewesen.

Da jede Tendenz ein anderes Gespanntsein nach einer anderen Berührung ist, so ist die Summe der Tendenzen, die einen Menschen bewegen, auch eine Summe von unmeßbar vielfältigen Spannungen, Ersehnen, Verlangen. Da aber dieses vielfältige Gespanntsein lebenslänglich ohne große Veränderungen im Menschen besteht, so ist er sich dessen nicht bewußt. Dennoch wird die Spannung gefühlt, denn es besteht ja nicht ein Zustand der Entspannung, der Ruhe und inneren Heiterkeit und des Friedens; es ist also weder ein positiver wohltuender Zustand noch eine neutrale Verfassung ohne Wohl und Wehe, sondern es ist eine große Summe von Mangelgefühlen, von mehr oder weniger stark gefühlten, aber nicht erkannten Ersehnungen. Diese Gesamtheit des von allen vorhandenen Tendenzen ununterbrochen ausgehenden und darum eben nicht mehr bewußten Gespanntseins, Hungerns, Verlangens und Ersehnens - das ist die lebenslängliche Grundbefindlichkeit des Menschen.

Dieser sechsfache Erlebnishunger, die Tendenzen (oder Triebe) nach bestimmten sichtbaren Formen und Konturen, nach bestimmten hörbaren Tönen, nach Düften, Schmeck- und Tastbarem und der Drang nach geistiger Orientierung durchdringen und durchziehen als sinnlich nicht wahrnehmbare Spannungen und Dränge die Sinnesorgane und damit den ganzen Körper, weshalb sie im Fleischkörper (rupakaya) einen Trieb- oder Spannungs- oder Empfindlichkeitskörper (nama-kaya) bilden. „Nama" heißt zu deutsch „Name" oder auch „das Nennende" und von daher „Urteilende". Der Urteiler ist der jeweilige Trieb nach bestimmten Erlebnissen. Weil er Bestimmtes will, darum empfindet er alles, was bei ihm ankommt, entweder seinem Willen gemäß oder seinem Willen widerwärtig. Erst dieses den Sinnesorganen innewohnende spezifische spannungshafte Wollen macht aus den stofflichen Sinnesorganen einen Empfinder, der das jeweils Empfundene als „angenehm" oder „unangenehm" oder „gleichgültig" beurteilt.

In dem Wort „kaya" von nama-kaya drückt sich die Strukturiertheit der Empfindlichkeit in Körperform aus. Das heißt, der Drang nach Erlebnis von Sichtbarem ist im Auge, der Drang nach Tonerlebnis ist im Ohr, der Drang nach Dufterlebnis ist in der Nase, nach Schmeckerlebnis in der Zunge, der Drang nach Tastungen durchzieht den ganzen Körper, so daß auch die speziellen Sinnesorgane, wie Auge, Ohr und so weiter außer Formen und Tönen und so weiter auch Tastberührungen empfinden und bei zu starkem Druck warnen. Der Drang nach Orientierung und Steuerung ist im Geist.

Der Erwachte sagt deutlich (D 15), daß beide Körper - Fleischkörper und Empfindlichkeitskörper - zusammen erst die sechsfache sinnliche Wahrnehmung ermöglichen. In bezug auf den Empfindlichkeitskörper heißt es:

„Wenn es solche charakteristischen Wirkungen, Erscheinungen und Eigenschaften, die einen Empfindlichkeitskörper (nama-kaya) ausmachen, nicht gäbe, könnte dann die Berührung des gegenständlichen Körpers empfunden und benannt werden?" -

Der Mönch antwortet: „Das ist nicht möglich, o Herr."

Das heißt, wenn unser gegenständlicher Körper nicht von Drängen nach Empfindung der Sinnendinge durchzogen wäre, dann könnte das an seine Sinnesorgane Gekommene nicht empfunden und benannt werden. Die den Empfindlichkeitskörper bildenden Tendenzen und Anliegen stellen einen ununterbrochenen Hunger nach Berührung dar. Kommen die erwünschten Berührungen, so meldet der Hunger: „Das tut wohl", bei entgegengesetzten „wehe". So gehen alle Gefühlsurteile auf den hungrigen durstigen Empfindlichkeits-, Spannungskörper zurück, und ebenso alle anderen vorgenannten psychischen Erscheinungen, die Geist und Charakter, Gedächtnis, Wissen und Anstreben eines Wesens ausmachen. Im folgenden bezeichnen wir den

Spannungsleib, die Gesamtheit der Tendenzen, und die davon ausgehenden psychischen Erscheinungen kurz als „Psyche".

Die Psyche kann in feinstofflicher Form ohne Fleischleib leben.

Der Erwachte bezeichnet die Beschaffenheit der menschlichen und tierischen Körper als „grob" (olarika), die Körper der übrigen über-, neben- und untermenschlichen Wesen der sinnlichen Welt dagegen als „himmlisch" (dibba) in dem Sinne von „feiner, von geringer Dichte, für Menschenaugen nicht sichtbar". Die in manchen westlichen Kreisen übliche Bezeichnung mit „Astralkörper" weist in eine ähnliche Richtung. Da sie aber oft mit unklaren oder spekulativen Vorstellungen verbunden wird, erscheint die Bezeichnung „feinstofflicher Körper" treffender. Ebenso wie der grobstoffliche Leib (sarira) wird auch der feinstoffliche Leib als „Form" bezeichnet, besteht also wie der erstere aus den vier Aggregatzuständen oder „Hauptbeschaffenheiten" (mahabhuta): Festigkeit, Flüssigkeit, Temperatur und Luft. Da aber bei dem feinstofflichen Leib die vier Aggregatzustände anders gemischt sind als bei dem Fleischleib (fast ohne Festigkeit und Flüssigkeit), so ist er für den normalen Menschen unter normalen Umständen unsichtbar und untastbar.

Es ist also zwischen allen Wesen der sinnlichen Welten kein struktureller, sondern nur ein gradueller Unterschied in der Dichte der Körpermasse. Sie haben alle auch einen als „stofflich", als „materiell" empfundenen Körper. Aber der eine ist grober, das heißt dichter, der andere feiner, das heißt von geringerer Dichte. Und meistens können die feinerstofflichen Wesen auch das Gröbere, also unsere Körper, wahrnehmen, selten aber umgekehrt.

Ein solcher feinstofflicher Körper von geringerer Dichte „bewohnt" auch jetzt schon samt dem Spannungsleib unseren Fleischkörper. Insofern sind wir jetzt schon ein „jenseitiges Wesen", das - samt feinstofflichem Körper - für einige Zeit in diesem grobstofflichen Körper eingeschlossen ist, durch dessen „Instrumente" es während dieser Gefangenschaft nur die Gegenstände von ähnlicher Dichte und Wellenlänge wahrnehmen kann und darum in seinem von der Geburt dieses Körpers an aufgebauten Geist nur die Dinge „dieser Welt" weiß.

Spätestens mit dem Ablegen des groben Werkzeuges erkennt das Wesen, daß es einen Tod in dem Sinne einer Vernichtung nicht gibt, daß es mit seinen gesamten Eigenschaften, Neigungen und Erkenntnissen einfach weiterhin „da ist" und daß es auch dort in der „anderen Welt" ebenso wenig allein ist wie zuvor unter den Menschen.

Der feinstoffliche Leib besitzt also trotz seiner erheblich geringeren Dichte und graduellen Unsichtbarkeit alle körperlichen Eigenschaften des Fleischleibes samt der Eignung als Werkzeug der sinnlichen Wahrnehmung - abgesehen nur vom gröberen Tasten des Fleischleibes. Die Gesamtheit der Tendenzen (Spannungsleib) des normalen Menschen bildet eine Einheit nicht mit dem dichten massenreichen Fleischleib (olarika kaya), sondern mit dem feinstofflichen Leib (dibba-kaya). Und diese Einheit besteht in einer nur mittelbaren und auflösbaren Verbindung mit dem Fleischleib. Der Spannungsleib des normalen Menschen befindet sich also, wenn er im Fleischleib verweilt, immer mit dem feinstofflichen Leib im Fleischleib, und wenn er außerhalb des Fleischleibes verweilt, immer im feinstofflichen Leib außerhalb des Fleischleibes. Das Tendenzengefüge, das ja den Spannungsleib bildet mit dem feinstofflichen Leib geringer Dichte, kann also durchaus ohne den dichteren Fleischleib leben.

Da der an die feinstoffliche Struktur gebundene Spannungsleib alle geistigen und seelischen Eigenschaften der betreffenden Person enthält und da er mittels des feinstofflichen Leibes auch alle Sinnesfunktionen ebenso wie mit dem Fleischleib erfüllen kann, so kann man den „Spannungsleib im feinstofflichen Leib" - da er jenseits unserer sinnlichen Wahrnehmung, also sinnestranszendent ist - auch als den „Jenseitigen" bezeichnen.

Der Jenseitige kann den Fleischleib verlassen und in ihn zurückkehren.

Der Spannungsleib im feinstofflichen Leib kann den Fleischleib zeitweilig verlassen (in manchen Träumen, Hypnosen und in manchen anderen Fällen auch mit vollem Bewußtsein und Willen), und er verläßt ihn beim Tode endgültig. Bei vorübergehendem Verlassen des Fleischleibes ist dieser zwar völlig bewußtlos, weil alles Geistige bei der ausgestiegenen Person ist, bleibt aber von den vegetativen Vorgängen in mehr oder weniger reduzierter Form unterhalten.

Der Erwachte lehrt, daß der bis zu einem gewissen Läuterungsgrad gediehene Mensch die Fähigkeit gewinnt, aus dem Fleischleib vorübergehend auszusteigen:

„Weiter sodann, Udayi, habe ich meinen Jüngern die Verhaltensweisen gewiesen, in welchen erfahren meine Jünger aus diesem Leib einen anderen hervorgehen lassen, gestalthaft, geistig gebildet, zu jeder gewünschten Begliederung fähig, von überlegener Macht." (M 77)

Diese Fähigkeit verspricht der Erwachte nicht dem normalen Menschen, sondern, wie aus der betreffenden Lehrrede zu erkennen ist, dem bis zu einem ganz erheblich hohen Läuterungsgrad vorgeschrittenen Mönch. Als Voraussetzung für diese Übung nennt der Erwachte die völlige Überwindung des gesamten Begehrens (kama).

Um das Verhältnis des aus dem Fleischleib aussteigenden Jenseitigen zu dem verlassenen Fleischleib zu kennzeichnen, vergleicht der Erwachte diesen Vorgang mit einer aus einem Korb herausgleitenden Schlange (M 77). Dieses für den westlichen Menschen ungewohnte Bild mag man mit dem einer Katze im Korb vertauschen. So wie die Katze auch ohne Korb in der gleichen Weise lebendig und lebensfähig ist wie mit Korb, so auch ist die Psyche ohne Fleischleib ebenso lebendig und lebensfähig wie mit ihm. So wie Männer nach dem Verlassen eines Bootes und wie ein Autofahrer nach dem Verlassen des Autos ebenso lebendig sind wie in Boot und Auto, so auch ist die Psyche ohne Fleischleib ebenso lebendig wie mit ihm.

So kann man also die Psyche als den Kern des Menschen bezeichnen und den Fleischleib als das Vehikel, die Schale. Aber mit der Bezeichnung „Kern" ist nicht gesagt, daß die Psyche etwa „ewig" und unveränderlich sei, sondern nur eben, daß sie das eigentliche Wesen des Menschen in seinem Fühlen und Wissen und Wollen und Denken ausmacht, während der Fleischleib eben nur ein grobes, bewußtloses und willenloses Werkzeug für entsprechend grobe Verrichtung ist.

Der Mensch wird nicht gezeugt, sondern empfangen.

Jener Akt, den wir „Zeugung" nennen, führt nur dann zur sogenannten „Befruchtung", wenn neben den bekannten biologischen Voraussetzungen gleichzeitig ein Jenseitiger in den Mutterleib einsteigt und nun einen Fleischleib als Werkzeug für sich aufbaut. Der Erwachte beschreibt diesen Zusammenhang in M 38 wie folgt:

„Wenn Drei sich vereinigen, dann kommt es zur Bildung einer Leibesfrucht. Wenn Vater und Mutter zusammenkommen und die Mutter ihre periodische Empfängniszeit hat und auch der Jenseitige hinzutritt, so kommt es - durch der Drei Vereinigung - zur Geburt eines Menschen."

Das Paliwort, das an obiger Stelle mit „Jenseitiger" übersetzt ist, heißt „gandhabba". „Gandhabba" werden in den Lehrreden häufig erwähnt als eine der vielerlei Arten von jenseitigen Wesen. Menschen, die in ihrem Menschenleben nur geringen moralischen Gewinn erworben haben, gesellen sich nach dem Versagen des menschlichen Körpers jenseits des Todes der „geringen Art jenseitiger Himmelswesen", eben den „gandhabba" zu (D 21), und von dem Jenseitigen, der vor seiner neuen Inkarnation als Mensch steht, heißt es in den Lehrreden, daß er in der seiner neuen Inkarnation unmittelbar vorangegangenen Zeit menschenähnliche Qualitäten, also etwa die eines „gandhabba", hatte.

Wie aus den Aussagen des Erwachten hervorgeht (zum Beispiel M 93), weiß der Jenseitige nach der Inkarnation in den meisten Fällen nichts mehr von seinen Erlebnissen vor der Inkarnation. Aber der Erwachte zeigt, daß manche Menschen nach der Geburt und besonders in den ersten Jahren des neuen Menschenlebens sich sehr wohl an ihre vergangene Daseinsform erinnern. Darüber hinaus lehrt der Erwachte Übungswege, durch welche ein jeder Mensch, der diese Übungen mit all ihren Voraussetzungen in der entsprechenden Reihenfolge und Gründlichkeit übt, sich unendlich vieler vergangener Daseinsformen erinnert.

Tod ist nicht Untergang, sondern nur Weiterreise.

So wie mit der Geburt eines Menschen nur seine Schale, der Fleischleib, neu begonnen hat, während der Kern des Menschen, die Psyche, schon vor der Geburt lebte - ganz ebenso auch ist der sogenannte „Tod" des Menschen lediglich der Zusammenbruch der Schale, des Fleischleibes (kayassa bheda), während sein Kern, die Psyche mit feinstofflicher Form, völlig unberührt von dem Zusammenbruch des Leibes ebenso weiterlebt wie ein Mensch, nachdem er sein Fahrzeug verlassen hat. Der Erwachte sagt, daß es vom sogenannten Sterben eines Menschen bis zum Eintritt der neuen Lebensform etwa so lange dauere, wie es dauert, wenn man eine Last von der Schulter ablegt und zu Boden setzt (A I,6). Das bedeutet also, daß das sogenannte Sterben nichts anderes ist als das Aussteigen der Psyche in feinstofflicher Form aus dem Fleischleib. In dem Augenblick, wo sie ausgestiegen ist, beginnt bereits ihre neue Daseinsform, und nun gelangt sie in der ihr gemäßen Form dorthin, wohin sie nach der Qualität und Beschaffenheit, welche sie sich im Laufe des Leibeslebens erworben hat, gehört.

Wer schon einmal andere Menschen hat sterben sehen, der konnte in der Regel nicht sehen, wie der Jenseitige sich vom Fleischleib absetzte, aber trotzdem ist der Augenblick zu erkennen, wo bei dem von der Psyche endgültig verlassenen Fleischleib alle willkürlichen Regungen endgültig aufhören, während der vegetative Prozeß mit Ein- und Ausatmung noch eine Weile weitergeht.

Wir müssen wissen und bedenken, daß der normale Mensch wegen der Unsichtbarkeit des Jenseitigen oder besser gesagt, wegen seiner eigenen Blindheit ein völlig falsches Bild von Geburt und Tod gewinnt. Er sieht nur das Entstehen des Fleischleibes, sieht dessen Bewegung im Laufe des Lebens, er sieht die Starre des Fleischleibes bei der Leiche, und er weiß um die Verwesung. Er sieht also den Werdegang nur der Schale des Menschen, sieht aber nicht den Kern, und aus dieser einseitigen Betrachtung kommt er zu der völlig falschen Auffassung von der Geburt als dem Anfang und von dem Tode als dem Ende der Person.

Die Kette der Geburten ist nicht „Seelenwanderung".

Obwohl der Jenseitige immer wieder inkarniert und exkarniert, immer wieder einen Fleischleib anlegt und ablegt, so darf dabei doch nicht übersehen werden, daß die von Geburt zu Geburt wandernde Seele oder Psyche, der Spannungsleib, nicht unverändert bleibt, sondern, wie schon gesagt, sich innerhalb eines jeden Lebens wandelt. Die Psyche kennt zwar nicht einen solchen totalen Untergang, wie ihn der Fleischleib erlebt, und auch keinen totalen Neuaufbau wie bei einem Fleischleib vor der Geburt, aber nichtsdestoweniger verändert sie sich während ihres Daseins ununterbrochen in kaum merklicher, aber beständig fortschreitender Weise, und zwar wird sie durch jeden Gedanken im Sinne dieses Gedankens etwas verändert.

Der im Westen gebräuchliche irreführende Begriff „Seelenwanderung" schafft die falsche Vorstellung, als ob eine ewige, sich zumindest in einem beständigen individuellen Kern gleichbleibende Seele von Geburt zu Geburt wandere. Da sich in Wirklichkeit aber das Tendenzgefüge ununterbrochen verändert, so spricht der Erwachte von der „Kette der Wiedergeburten".

Die im Laufe dieses sinnlichen Lebens zum Besseren oder Schlechteren gewandelte Psyche verläßt eines Tages den verbrauchten Leib, und sie findet sich, wenn sinnliche Tendenzen vorhanden sind, nach kürzerer oder längerer Existenz in jenseitigen sinnlichen Bereichen wieder bei Eltern mit ähnlichen Seelen ein, baut sich wieder das zur sinnlichen Wahrnehmung erforderliche physische Werkzeug und nach der Geburt jene „Geist“ genannte Erfahrungsansammlung auf. Sie nennt sich wieder „Ich“ und bezeichnet dieses Ich mit dem Namen der neuen Familie, nimmt deren Gepflogenheiten und Auffassungen an, bejaht und verneint wiederum, wandelt sich im Seelenfeld wiederum, zieht wieder aus dem Leib aus, zieht wieder neu ein, wandelt sich wiederum und so fort.

So wie ein Handwerker seine Arbeit am anderen Morgen in dem Zustand vorfindet, in dem er sie am Abend zuvor verlassen hat, so auch finden wir uns in der neuen Existenz mit genau den Tendenzen vor, die wir bis zum Ende des vorigen Lebens aus den positiv und negativ bewertenden Gedanken geschaffen haben. Wer als ein unguter oder bösartiger Mensch geboren wurde, aber durch gute Einflüsse zur beharrlichen Vermehrung und Verstärkung guter Tendenzen und zu ebenso konsequenter Abschwächung und Auflösung schlechter Tendenzen gekommen und darum bis zu seinem Tode ein gutartiger besserer Mensch geworden ist, der findet nach der Auflösung des Leibes, sobald er wieder Menschentum erlangt und seine Saat reif ist, bei gutartigen Menschen Zutritt, wird also in einer erheblich besseren Umwelt geboren als im vorigen Leben.

Ebenso ist es umgekehrt. Die bei Tod und Wiedergeburt in Erscheinung tretenden Wandlungen, wonach ein Wesen von gemeinen zu edlen Menschen, aus einem schrecklichen zu einem guten und harmonischen Milieu wandern kann, sind nur scheinbare Wandlungen: In Wirklichkeit hatte das weitergewanderte Wesen selbst diese Wandlung seiner Tendenzen bis zum Ende seines letzten Lebens vollzogen.

Bardo

Kalu Rinpoche

‹Bardo› bedeutet wörtlich: ‹Ein Intervall zwischen zwei Dingen.› ‹Bar› bedeutet ‹Intervall› und ‹Do› bedeutet ‹zwei›. Wir können uns diesen Intervall räumlich oder zeitlich denken. Der Raum zwischen zwei Häusern ist ein Bardo. Die Zeitspanne zwischen Sonnenaufgang und Sonnenuntergang, der Intervall des Tageslichts, ist ein Bardo. Ein Bardo kann von langer oder kurzer Dauer, von weiter oder begrenzter Ausdehnung sein.

In hohem Maße besteht unsere Erfahrung aus Intervallen zwischen einem Ding und einem anderen. Selbst im Falle flüchtiger Gedanken, die in unserem Geist entstehen, gibt es einen Intervall zwischen einem Gedanken, der entsteht und verschwindet, und dem nächsten Gedanken, der auftaucht. Solch eine Lücke, selbst wenn sie winzig klein ist, ist ein Teil jedes Prozesses. Alles, was wir erfahren, hat diese Beschaffenheit von Intervallen zwischen Zuständen.

Die sechs Bardos

Bestimmte Arten des Bardo sind wichtiger als andere. Eine der bedeutendsten ist unser Wachzustand vom Moment der Geburt bis zu der Zeit, zu der wir sterben. Dieser Wachzustand ist der erste große Bardo in unserer Erfahrung, der Bardo zwischen Geburt und Tod (Kyeshi Bardo/skye-shi'i bar-do).

Der Bardo des Traumzustandes, der von dem Moment, in dem wir nachts schlafen gehen, bis zu dem Moment dauert, in dem wir morgens erwachen, ist ein anderes Beispiel. Der Zustand des Bewußtseins, der während dieses Intervalls herrscht, wird Traum-Bardo (Milam Bardo/rmi-lam bar-do) genannt.

Für gewöhnliche Leute schafft das Trauma des Todes einen Zustand der Bewußtlosigkeit, der für unbestimmte Zeit andauert: Sie mag sehr kurz oder ziemlich lang sein. Üblicherweise nimmt man an, daß diese Periode der Ohnmacht dreieinhalb Tage dauert. Danach beginnt das

Bewußtsein des Individuums wieder zu erwachen und Dinge auf eine neue Weise zu erfahren. Auf den Intervall der Bewußtlosigkeit, in den der Geist durch das Trauma des Todes getaucht wird und der bis zum Wiedererwachen des Bewußtseins dauert, bezieht man sich im Tibetischen Chönyi Bardo (chos-nyid bar-do), der Intervall der letztlichen Natur der Erscheinungen; hier wird der Geist in seine eigene Natur getaucht, wenn auch auf eine verwirrte oder unwissende Weise.

Die nächste Phase der Nachtoderfahrung ist das Wiedererwachen des Bewußtseins. Sie schließt die vielen Tage mit ein, die man damit verbringen kann, die fantastischen Projektionen des Geistes zu erleben, die Halluzinationen, die vom Geist der Nachtoderfahrung geschaffen und erfahren werden. Der Intervall zwischen dem Moment des Wiedererwachens des Bewußtseins (dem Ende des Chönyi Bardo) und dem Moment der tatsächlichen physischen Wiedergeburt in einer der sechs Welten von Samsara wird als Sipa Bardo (srid-pa bar-do), Bardo des Werdens bezeichnet. Eine andere Deutungsweise des tibetischen Begriffs ist die als Bardo der Möglichkeit, da wir ja an diesem Punkt eine physische Geburt noch nicht vollzogen haben und es viele Möglichkeiten für verschiedene Arten des Daseins gibt.

Dies sind die vier Hauptbeispiele für das Bardo-Prinzip. Ein weiteres Beispiel ist der Zustand der Meditation: Wenn jemand wirksam zu praktizieren beginnt, dann gibt es eine bestimmte Veränderung im Bewußtsein; wenn diese Person sich aus der Meditation erhebt und sich wieder weltlichen Aktivitäten zuwendet, dann endet dieser Bewußtseinszustand. Der Intervall der tatsächlichen formalen Meditation wird der Bardo der meditativen Stabilität, Samtän Bardo (bsam-gtan bar-do), genannt.

Der sechste Bardo, den wir unterscheiden, ist der Bardo der Schwangerschaft, Kyenä Bardo (skye-gnas bar-do). Dieser Intervall beginnt am Ende des Bardos des Werdens, wenn das Bewußtsein des Wesens sich mit dem Sperma und dem Ei im Mutterschoß vereinigt, und dauert bis zu der Zeit der physischen Geburt, dem Anfang des Bardos zwischen Geburt und Tod.

Diese sechs Arten von Bardo, die wir als Menschen oder fühlende Wesen in Samsara erleben, können zum besseren verändert werden, doch die Macht, dies zu tun, liegt im Wachzustand. Gerade im Bardo unseres jetzigen Lebens können wir den größten Fortschritt in der Entwicklung der Fähigkeit machen, mit allen anderen Bardo-Zuständen wirksam umzugehen. Was wir üblicherweise mit dem Wort Bardo meinen, ist jedoch der Bardo des Werdens, die Phase der Halluzinationen vor einer neuen körperlichen Empfängnis.

Die fünf Elemente und die Natur des Geistes

Unser jetziger, unerleuchteter Zustand basiert auf einem Zustand grundlegender Unwissenheit, einem grundlegenden diskursiven Bewußtsein, Künshi Namshe (kun-gzhi rnam-shes). Es ist das grundlegende Bewußtsein, das verdreht und verwirrt ist. Es gibt dennoch eine Möglichkeit, die wahre Natur des Geistes zu erfahren, und wenn dieses reine Bewußtsein gegenwärtig ist, erfahren wir nicht länger Künshi Namshe, sondern Künshi Yeshe (kun-gzhi ye-shes).

Diese Veränderung einer einzelnen Silbe, von Nam zu Ye bringt einen gewaltigen Unterschied zum Ausdruck, weil wir uns nun auf die grundlegende ursprüngliche Bewußtheit beziehen statt auf grundlegende Unwissenheit.

In beiden Fällen sprechen wir über den Geist, der essentiell verkörpert, was wir in unserem physischen Universum die fünf Elemente nennen. Das Potential für diese Elemente existiert im Geist und hat immer existiert - es ist nichts, was zu einer bestimmten Zeit geschaffen wurde. In seiner inhärenten Natur besitzt der Geist immer die fünf elementaren Eigenschaften, und es ist dieses Potential, aus dem die Erfahrungen des Nachtodzustandes entstehen.

Wenn wir über den Geist sprechen, sprechen wir über etwas, das kein Ding an sich ist. In seinem grundlegendsten Sinn ist der Geist nicht etwas, was wir beschränken könnten. Wir können nicht sagen, daß er einen bestimmten Umriß, Größe, Ort, Farbe oder irgendein anderes begrenzendes Merkmal besitzt. Das Element, welches wir Raum nennen, das innerhalb unserer Wahrnehmungssituation ebenfalls keine begrenzenden Merkmale besitzt, ist genau diese Leerheit des Geistes; dies ist die elementare Eigenschaft des Raumes im Geist.

Aber der Geist ist nicht einfach leer; er hat das erleuchtende Potential, alles Mögliche wahrzunehmen. Diese unbegrenzte Fähigkeit des Geistes, alles wahrzunehmen, ist seine erleuchtende Natur und entspricht dem Element des Feuers.

Dieser Geist, essentiell leer und erleuchtend, verursacht alle Erfahrung, ob in Samsara oder Nirvana, die ebenso im Geist verwurzelt ist wie die Pflanzen in der Erde. Diese Funktion des Geistes als Ursprung aller Erfahrung entspricht der elementaren Eigenschaft der Erde.

Ein weiterer Aspekt des Geistes ist seine dynamische Qualität. Der Geist steht nie still: Keine einzige Erfahrung in ihm dauert an, sondern sie geht schnell in eine andere über. Ob man eine emotionale Reaktion erlebt, eine Erfahrung von Freude oder Schmerz oder eine sinnliche Wahrnehmung wie Sehen oder Hören, die Inhalte des Geistes sind in dauernder Veränderung begriffen. Diese fortlaufende Aktivität des Geistes ist die elementare Eigenschaft des Windes.

Der Geist mit diesen vier elementaren Eigenschaften ist immer so gewesen und wird immer so sein. Diese Stetigkeit und die Tatsache, daß der Geist sich selbst verschiedenen Situationen anpaßt, entspricht dem Element des Wassers. Gerade so wie Wasser seine Stetigkeit behält und sich, indem es fließt, jeder Form anpaßt, ist der Geist auch fließend, stetig und anpassungsfähig.

Die fünf Elemente und der physische Körper

Der Ursprung oder die Basis aller Erfahrung ist der durch die fünf elementaren Eigenschaften charakterisierte Geist. Im Augenblick befinden wir uns in der besonderen Situation des körperlichen Wachzustandes, in dem wir erfahren, was als „der Körper des vollständig gereiften Karma" (nam-min-gyi lü/rnam-smin-gyi lus) bezeichnet wird. Dies bedeutet hier, daß vollständig gereifte karmische Tendenzen diese scheinbar feste konkrete Projektion des Geistes entstehen ließen, die unser physischer Körper ist.

Diese Verbindung zwischen dem Körper, den wir jetzt erfahren, und dem Geist, der ihn geschaffen hat, besteht in folgender Weise. Die festen Elemente unseres Körpers, wie Fleisch und Knochen, entsprechen dem Element Erde, gerade so wie die ‹Festigkeit› des Geistes in seiner Funktion als Grundlage und Ursprung aller Erfahrung das Element Erde widerspiegelt. Ebenso entsprechen die Körperflüssigkeiten - wie Blut, Speichel, Urin, Lymphe und so weiter - dem Element Wasser. Die biologische Wärme des Körpers ist das Element des Feuers, während das Element Raum den Öffnungen des Körpers und der räumlichen Trennung der Organe entspricht, die, anstatt eine homogene Masse zu bilden, unterschieden und getrennt voneinander sind. Schließlich gibt es das Element Wind, das mit dem Atem verbunden ist und den Organismus durch den Prozeß der Atmung erhält.

Kurz gesagt, aus dem Geist, der die fünf elementaren Eigenschaften verkörpert, entwickelt sich der physische Körper. Der physische Körper selbst ist mit diesen Eigenschaften ausgestattet, und aufgrund dieses Geist-Körper-Zusammenhanges nehmen wir die äußere Welt wahr, die ihrerseits aus den fünf elementaren Qualitäten von Erde, Wasser, Feuer, Wind und Raum zusammengesetzt ist.

Die fünf Elemente im Bardo

Gerade jetzt sind wir am Wendepunkt zwischen unreinen und unerleuchteten Zuständen des Daseins und der Möglichkeit der Erleuchtung. Gewöhnliche Wesen erleben den Chönyi Bardo als eine Periode tiefer Bewußtlosigkeit, die auf den Augenblick des Todes folgt.

Da gibt es keine geistige Aktivität oder Wahrnehmung, nur einen leeren Zustand von grundlegender Bewußtlosigkeit. Dieser Bardo endet mit dem ersten Schimmer von Bewußtheit im Geist. In dem Intervall zwischen dem Ende des Chönyi Bardo und dem Beginn des Sipa-Bardo entsteht, was die Vision der fünf Lichter genannt wird. Ihr Erscheinen ist verknüpft mit den fünf elementaren Qualitäten.

Die verschiedenen Farben, die der Geist im Bardo-Zustand wahrnimmt, sind der natürliche Ausdruck, die Ausstrahlung der grundlegenden, inneren Eigenschaften des Geistes. Das Element Wasser wird als weißes Licht wahrgenommen, Raum als blaues Licht, Erde gelb, Feuer rot und Wind grün. Diese Farben sind Ausdruck der elementaren Qualitäten im Geist, wenn das erste Schimmern der Bewußtheit in Erscheinung tritt.

So wie das Bewußtsein sich zu entwickeln und mehr wahrzunehmen beginnt, wird auch die Erfahrung der elementaren Qualitäten weiterentwickelt. Was vorher der einfache Eindruck von verschiedenen Strahlen oder Farben von Licht war, verändert sich nun. Das Licht beginnt sich zu sammeln und sich zu einem thigle (thig-le) zu verbinden - Lichtpunkte oder Lichtbälle unterschiedlicher Größe. Innerhalb dieser Sphären des konzentrierten Lichtes erfahren wir die Mandalas der friedvollen und zornvollen Gottheiten.

In diesem Zusammenhang sprechen wir von den fünf Bereichen des Daseins. In jedem von ihnen können wir aufgrund der unreinen Ebene unserer Erfahrung wiedergeboren werden. Die übliche Beschreibung ist die der sechs Daseinsbereiche, der sechs hauptsächlichen Gefühle, die dahin führen, und der sechs Buddhas, die in ihnen erscheinen. Im Zusammenhang mit dem fünffachen Mandala-Muster werden jedoch Verlangen und Habgier zusammengefaßt, weil sie derselben grundlegenden Natur der Anhaftung teilhaben, und so wird der Bereich der

Asuras weggelassen, indem die höheren Asuras den Göttern der Begierde in der Götterwelt zugerechnet und die niederen Asuras ins Tierreich mit einbezogen werden.

Die Mandalas der friedvollen und zornvollen Gottheiten

Von einer absoluten Ebene aus sind der Geist, der eine Gottheit wahrnimmt, und die Gottheit selbst keine zwei verschiedenen Dinge, sondern essentiell dasselbe. Solange wir jedoch keine direkte Verwirklichung besitzen, hat der Geist den Eindruck, ein ‹Ich› zu sein, welches das, was es erlebt, als ‹anderes› erfährt und ansieht.

Während der Nachtoderfahrung führt diese Spaltung zu einer Neigung des Geistes, sich bedroht zu fühlen, wenn das erste Mandala der friedvollen Gottheiten erscheint: das Mandala der fünf Buddha-Familien, ihre Gefährtinnen und ihr Göttergefolge, und eine sechste Familie, die von Dorje Sempa, die wie ein Baldachin über dem ganzen Mandala schwebt.

Zu dieser Zeit sehen wir gewaltige sphärische Konzentrationen von Licht, in dem wir das Mandala der friedvollen Gottheiten wahrnehmen, von denen ein äußerst strahlendes Leuchten ausgeht. Für den verwirrten Geist ist diese Ausstrahlung geradezu überwältigend, und den friedvollen Gottheiten ins Gesicht zu sehen ist wie der Versuch, in die Sonne zu starren.

Mit den friedvollen Gottheiten nehmen wir gleichzeitig die sechs Lichtstrahlen wahr, die mit den Daseinsbereichen des Samsara verbunden sind. Diese sind viel weniger intensiv, so daß der Geist, der vor der Erfahrung der reinen Formen zurückschreckt, dazu neigt, sich von den gedämpften Lichtstrahlen, die zu den verschiedenen Zuständen der Wiedergeburt in Samsara führen, angezogen zu fühlen. Auf diese Weise wird der verwirrte Geist zu samsarischer Wiedergeburt gezogen.

Auf das Mandala der friedvollen Gottheiten folgt das Mandala der zornvollen Gottheiten. Wieder verursacht Unwissenheit, daß das Leuchten und die Macht dieser Formen, die spontane Äußerungen der eigenen Natur des Geistes sind, als etwas Äußeres und Bedrohliches wahrgenommen werden. An diesem Punkt wird die Nachtoderfahrung furchterregend und erschreckend, anstatt zu einer Erfahrung der Einheit zwischen Wahrnehmendem und Wahrgenommenem.

Die Möglichkeit der Erleuchtung im Bardo

Der Zyklus der Lehren, der im Tibetischen als bardo thödröl (bar-do thos-grol) bezeichnet wird, und die damit verbundenen Ermächtigungen sind verfaßt, um den Praktizierenden zu helfen, den Segen zu erhalten und das Verständnis zu entwickeln, das ihnen in der Nachtoderfahrung helfen wird. Mit dieser Unterstützung werden die reinen Formen, wenn sie wahrgenommen werden, als das gesehen, was sie sind - Projektionen des Geistes, die essentiell mit ihm identisch und weder äußerlich noch bedrohlich sind. Befreiung entsteht in dem Augenblick des Nachtodzustandes, wenn das Bewußtsein erkennen kann, daß seine Erfahrungen nichts anderes als der Geist selbst sind. Die Lehren und die Ermächtigungen, die mit dem Zyklus des Bardo Thödröl verbunden sind, machen uns mit den Gottheiten und den Erklärungen bekannt und bereiten uns so auf das vor, was nach dem Tod geschieht.

Die Möglichkeit der Erleuchtung im Nachtodzustand beruht auf drei Dingen. Das erste ist die grundlegend erleuchtete Natur des Geistes, der Samen der Buddhaschaft, ohne den nichts möglich wäre. Das zweite ist der Segen, der den reinen Formen der Gottheiten innewohnt. Das dritte ist die Verbindung, die wir mit diesen Gottheiten durch die Ermächtigungen hergestellt haben, und das sowohl intellektuelle wie intuitive Verständnis von dem, was tatsächlich geschieht. Wenn all diese drei Elemente zusammenkommen, besteht die Möglichkeit, im Augenblick der Konfrontation mit den Mandalas der Gottheiten Befreiung zu erlangen. Wenn diese Befreiung im Intervall zwischen dem Chönyi Bardo und dem Bardo des Werdens nicht zustande kommt, dann wirkt der Nutzen, die Ermächtigungen erhalten zu haben und die Belehrungen über die Natur der Nachtoderfahrung zu verstehen, in der darauffolgenden Phase der Nachtoderfahrung, dem Bardo des Werdens. Das bedeutet, daß wir entweder eine positive Wiedergeburt im Kreislauf von Samsara erfahren, oder in einigen Fällen in dem, was wir Buddha-Felder nennen, wiedergeboren werden, ein großer und sicherer Schritt zur letztendlichen Erleuchtung.

Der Bardo des Werdens

Die Erfahrung, den Mandalas der Gottheiten ins Angesicht zu sehen, ist nur von kurzer Dauer, und, falls die Möglichkeit ungenutzt bleibt, tritt der Geist in den Bardo des Werdens ein. Die Situation hier entspricht ungefähr dem, was wir jetzt erfahren: Viele verschiedene Eindrücke entstehen ständig im Geist, und wir halten daran fest und nehmen sie als letztlich wirklich. Von diesem Halluzinationszustand wird traditionellerweise gesagt, daß er neunundvierzig Tage andauere, bis das Bewußtsein wieder physische Form als Embryo annimmt. Am Ende jeder Woche gibt es das Trauma der Erkenntnis, daß wir tot sind, und unser Geist taucht in einen weiteren Zustand der Bewußtlosigkeit wie derjenige unmittelbar nach dem Tod, doch nicht ganz so tief. Nach jeder dieser sehr kurzen Perioden der Bewußtlosigkeit kehrt das Bewußtsein zurück, und wiederum zeigen sich die Mandalas der Gottheiten, doch nun auf eine fragmentarische und flüchtige Weise. Die aufeinanderfolgenden Möglichkeiten, die durch diese Erscheinungen geboten werden, sind nicht so groß wie in ersten Phase, aber die Möglichkeit der Befreiung wiederholt sich während der ganzen Nachtoderfahrung.

Die Symbolik des Mandalas der Gottheiten

Die Reinheit der Erleuchtung wird durch das Mandala der Gottheiten verkörpert. Zum Beispiel erkennen wir auf der reinen Ebene das, was wir normalerweise als die fünf Skandhas (die Aggregate des Geist-Körper-Komplexes) erfahren, als die Buddhas der fünf Familien. Die elementaren Eigenschaften des Geistes, die wir als die Elemente in unserem physischen Körper und dem äußeren Universum erfahren, sind auf der reinen Ebene die fünf weiblichen Gefährtinnen der fünf Buddhas. Auf der gewöhnlichen Ebene erfahren wir acht Arten des verwirrten Bewußtseins, während diese auf der reinen Ebene acht männliche Bodhisattvas sind. Auf der unreinen Ebene sprechen wir von den acht Objekten dieser verschiedenen Bewußtseinsarten, auf der reinen Ebene sprechen wir von den acht weiblichen Bodhisattvas. Jede dieser reinen Formen drückt eine erleuchtete Sichtweise eines Teils unserer unreinen Erfahrung aus. Es ist nicht nur möglich, die verschiedenen Aspekte unseres unreinen Bewußtseins mit den reinen Formen zu verbinden, sondern auch diese reinen Formen mit der Natur des Geistes selbst zu verknüpfen.

Es gab und könnte immer noch viele Kommentare geben über die Beziehung zwischen diesen unterschiedlichen Ausdrucksebenen und unserer eigenen Erfahrung. Für unsere gegenwärtigen Absichten reicht es aus zu verstehen, daß die sechs Bardos, die wir kurz erläutert haben, die sechs Hauptphasen der Erfahrung jedes im Kreislauf der Wiedergeburten wandernden Wesens sind. In jedem davon ist die Praxis des Dharma von höchstmöglichem Wert, weil wir uns dadurch von

Verwirrung, Verdunkelung und negativen Gefühlen reinigen und außerdem Bewußtheit und Verdienst weiterentwickeln können.

Fragen und Antworten

Frage: Sind die Mandalas der friedvollen und zornvollen Gottheiten nicht mit einer bestimmten kulturellen Tradition verbunden? Wie werden sie von denen wahrgenommen, die in anderen Traditionen erzogen wurden?

Kalu Rinpoche: Gemäß der Überlieferung dieser Lehren macht es nichts aus, ob Sie Buddhist sind oder nicht: Sie werden in jedem Fall die Erfahrung der zornvollen und friedvollen Gottheiten erleben. Der Vorteil, ein Buddhist zu sein oder diese besondere Herangehensweise praktiziert zu haben, liegt darin, daß Sie Ihre Erfahrung als das erkennen werden, was sie ist. Aber die Erfahrung ist grundlegend dieselbe, selbst für nicht menschliche Wesen. Jedes Wesen, das durch den Bardo geht, hat eine Wahrnehmung der Lichter, der konzentrierten Lichtsphären und der Mandalas, die darin erscheinen. Normalerweise jedoch gibt es kein Wiedererkennen und keinen Versuch des Erkennens, nur ein Gefühl, daß die Erfahrung furchterregend und erschreckend ist. Der Geist ist entsetzt und entzieht sich der Erfahrung.

In den traditionellen Texten wird gesagt, daß sogar das Bewußtsein eines Insekts im Bardo-Zustand dieselbe Erfahrung macht. Alle Wesen in den sechs Daseinsbereichen haben das, was tathagathagarbha, Samen der Erleuchtung, genannt wird, grundlegende Bewußtheit der letztendlichen Natur des Geistes. Genau aus diesem entstehen die Bardo-Erfahrungen als natürliche Projektionen des Geistes, nicht aus etwas, das durch kulturelle Bedingungen geschaffen wurde.

Frage: Der Geist wird traditionellerweise so beschrieben, daß er drei Aspekte hat. Sind die drei Elemente, die diesen Aspekten entsprechen, wichtiger als die verbleibenden zwei?

Kalu Rinpoche: In der Darstellung des Geistes, in der er drei Aspekte hat - seine Essenz ist leer, seine Natur ist Klarheit und seine Manifestation ist ungehindert - betrachten wir die Leerheit und die Klarheit des Geistes als die Elemente von Raum und Feuer. Das Element des Windes, die ständige Bewegung des Geistes, ist der dritte Aspekt, ungehinderte Manifestation. Nun ist das Element Erde die Funktion des Geistes als Ursprung und Grundlage aller Erfahrung, und das Element Wasser ist die Stetigkeit des Geistes. Diese zwei Funktionen (Stetigkeit und Grundlage) beziehen sich auf alle drei Aspekte. So ist der Geist essentiell leer (Raum), hat Klarheit (Feuer) und die Fähigkeit, sich ungehindert zu manifestieren (Wind), und in allen drei Aspekten findet sich Beständigkeit (Wasser) und die Fähigkeit, eine Grundlage zu geben (Erde).

Frage: Ich habe gehört, daß der Körper für drei oder vier Tage nach dem Tod nicht gestört werden sollte. Im Westen ist es Brauch, den Körper sehr bald nach dem Tode einzubalsamieren. Wie wichtig ist es, daß der Körper ungestört bleibt, und für wie lange?

Kalu Rinpoche: Allgemein gesprochen ist es gut, den Körper so lange wie möglich ungestört zu lassen. Aber unter vielen Umständen ist dies schwierig, weil wir einfach nicht die in den Bardo-Belehrungen widergespiegelte Einstellung dem Tod gegenüber haben. Sobald ein Mensch gestorben ist, fühlen wir, daß der Geist diesen Körper nicht länger braucht. Wir haben nicht die gleiche Art von Respekt vor dem Leichnam, den Buddhisten in Tibet haben.

Aber es ist nicht leicht, diese Ideen zu erklären, und wenn Sie nur sagen, „bewegen oder berühren sie den Körper nicht", ohne einen Grund zu nennen, könnten Sie die Leute einfach nur ärgerlich machen. Andererseits können Sie vielleicht einige dieser Vorstellungen erklären. Die Leute könnten zumindest die Wichtigkeit dessen, was Sie sagen, für Sie anerkennen, und, da sie ja ein gewisses Gefühl von Respekt gegenüber dem Leichnam haben, ihr Bestes tun, um ihn nicht zu stören. Es ist schwer zu sagen. Der allgemeine Grundsatz, einen Körper für eine kurze Zeit nach dem Tod nicht zu stören, sollte unterstützt werden. Das ist nutzbringend.

Wiedergeburt - Glaube oder Realität?

Klaus Heinsch

Bei vielen Menschen bedeutet der Tod das absolute Ende. Man stellt sich einen immerwährenden Tiefschlaf vor. Die Lebensenergien beenden aber jeden Schlaf, solange der physische Körper noch funktionsfähig ist. Andererseits kann man sich nicht vorstellen, daß das eigentliche Selbst, das innerste Sein, total vernichtet, endgültig annuliert wird. Wer zum ersten Mal der buddhistischen Lehre begegnet, wird auf den Begriff ‹Wiedergeburt› stoßen. Diese Lehre geht davon aus, daß mit dem Tode eines Menschen das Erfahren nicht endet, der Tod somit nicht die totale Vernichtung bedeutet. Es ist offensichtlich, daß der Körper mit allen Sinnesorganen in seine materiellen Bestandteile zerfällt - ein Vorgang, der irreversibel ist. Da das Bewußtsein von Sinneseindrücken genährt wird, entstehen von den Sinnesorganen her keine neuen Bewußtseinsinhalte; kurz, das Bewußtsein der materiellen Daseinsebene erlischt.

Bleibt nun etwas übrig, oder was bleibt übrig? Den Menschen zu eigen sind die primären geistigen Energien und Antriebe (sankhara), ohne die sich nichts bewegen würde, und das unstillbare Verlangen nach Dasein. Weiterhin identifiziert sich der Mensch gewöhnlich mit seinem Körper und weit fester noch mit seinen Gefühlen, Wahrnehmungen, Denkprozessen, Willensregungen, Absichten und Bewußtseinsinhalten. Diese Energien suchen und finden in einer befruchteten Eizelle eine neue adäquate Daseinsgrundlage.

Buddha lehrt: „Wenn Vater und Mutter vereint sind und die Mutter hat ihre Zeit und das zur Geburt drängende Wesen ist bereit, bildet sich eine Leibesfrucht."

Der Lebensdurst ist also Ursache für die Geburt. Dieser Durst hat aber auch eine Ursache, kann nicht ohne Ursache sein. Ein vorhergehender Lebensprozeß ist also zwingende Voraussetzung für die Ergreifung einer neuen Lebensgrundlage. Rückwärts gesehen kann es daher keinen ersten Anfang gegeben haben. Dies bestätigt Buddha ausdrücklich. So berichtet er: „Solchen Gemütes, innig, geläutert, gesäubert, gediegen, schlackengeklärt, geschmeidig, biegsam, fest, unversehrt, richtete ich das Gemüt auf die erinnernde Erkenntnis früherer Daseinsformen. Ich erinnerte mich an manche frühere verschiedene Daseinsform, als wie an ein Leben, dann an zwei Leben, dann an drei Leben, dann an vier Leben, dann an fünf Leben, dann an zehn Leben, dann an zwanzig Leben, dann an dreißig Leben, dann an vierzig Leben, dann an fünfzig Leben, dann an hundert Leben, dann an tausend Leben, dann an hunderttausend Leben, dann an die Zeiten mancher Weltenentstehungen, dann an die Zeiten mancher Weltenvergehungen, dann an die Zeiten mancher Weltenentstehungen-Weltenvergehungen. ‹Dort war ich, jenen Namen hatte ich, jener Familie gehörte ich an, das war mein Stand, das mein Beruf, solches Wohl und Wehe habe ich erfahren, so war mein Lebensende; dort verschieden, trat ich anderswo wieder ins Dasein: da war ich nun, diesen Namen hatte ich, dieser Familie gehörte ich an, dies war mein Stand, dies mein Beruf, solches Wohl und Wehe habe ich erfahren, so war mein Lebensende; da verschieden trat ich hier wieder ins Dasein.› So erinnerte ich mich mancher verschiedenen früheren Daseinsform, mit je den eigentümlichen Merkmalen, mit je den eigentümlichen Beziehungen."

Dies sind Buddhas Worte, überliefert im Majjhima Nikaya, 4. Rede, und gleichlautend an vielen anderen Stellen des Pali-Kanons. Der Überlieferung zufolge gab es zu allen Zeiten einzelne, denen es gelang, sich an frühere Daseinsformen zu erinnern. Ihr Verständnis der Welt und ihr eigenes Dasein wurde schlagartig um eine neue, unermeßliche Dimension erweitert. Gleichzeitig wurde ihnen klar, daß nur sie selbst die Verantwortung für ihr Schicksal tragen. Alles Klagen über die scheinbare Ungerechtigkeit in der Welt beruht nur auf der Beschränkung, die über die Grenzen von Geburt und Tod nicht hinaussehen kann.

Da jedes Dasein ein vergangenes voraussetzt, ist auch zu erwarten, daß immer ein neues Dasein ergriffen wird, solange der Lebensdurst nicht aufgelöst ist. Eine unendlich große Anzahl von Existenzen einer sehr großen Zahl von Wesen kann man sich wie einen ewig brodelnden Kessel vorstellen, in dem die Wesen, in die Strudel eingebunden, auf- und abtauchen. Immer wieder finden andere Konfigurationen statt. Die Zahl der Begegnungen ist daher auch unbegrenzt. Daraus ergibt sich, daß im Verlaufe langer Zeiten jeder jedermanns Vater, Mutter, Sohn, Tochter, Gatte und so weiter gewesen sein könnte. Alle Bereiche des Daseins - von der qualvollsten Hölle bis zur höchsten Gotteswelt -

hat man also schon vielfach durcheilt. Diese Konsequenz könnte allen Rassisten den Boden entziehen. Was hat es denn für einen Sinn zu sagen: ‹Ich bin Weißer›, wenn diese eine Existenz nur ein winziges Glied einer unendlich langen Reihe ist?

Die Vergangenheit kann man getrost auf sich beruhen lassen. Wie ist es aber mit der Zukunft? Manche, die an Wiedergeburt denken oder darüber sprechen, reagieren emotional. Sie weisen den Gedanken heftig zurück oder versuchen mit allen Mitteln, das Gegenteil zu beweisen. Woher kommt aber die Ablehnung?

Nun, man könnte folgendes vermuten: Man sträubt sich dagegen, die größere Verantwortung zu übernehmen, die Verantwortung für das eigene Schicksal. Man ahnt dumpf die Wahrheit, will sie aber nicht sehen und beweist dann messerscharf, daß nicht sein kann, was nicht sein darf.

Warum wohl? Das Unheimliche dabei ist vor allem, daß man nicht weiß, wo und wie man wiedergeboren wird. Die Wiedergeburt richtet sich nach den angesammelten Tendenzen; sind sie gut, kann das neue Dasein in höheren Welten, bei negativen Tendenzen aber auch in untermenschlicher Welt stattfinden.

Die Aussicht, in einem Armutsgebiet das Licht der Welt wieder zu erblicken oder in einer Hundehütte oder in einer Tierversuchsanstalt, ist so entsetzlich, daß man lieber in seiner Beschränkung bleibt. Die verbleibende Angst verstärkt die ohnehin vorhandene Furcht vor dem unausweichlichen Tode. Weder durch Verdrängung noch durch Spott kann man die Gesetze der Kausalität aufheben. Jedes Dasein mit seinen Verstrickungen ist Ursache für das Ergreifen einer neuen Lebensgrundlage.

Es gibt zahlreiche Berichte von Menschen, die sich an vergangene Existenz erinnerten, meist von Kindern. Sie wurden teilweise auch verifiziert. Mangelndes Erinnerungsvermögen ist jedoch kein Argument. Der erwachsene Durchschnittsmensch kann sich in der Regel nicht einmal an seine eigene Geburt erinnern - er wird aber nicht so töricht sein, deswegen abzustreiten, daß er geboren worden ist.

Manche hingegen hoffen aufgrund ihres Glaubens auf ein verklärtes Dasein nach dem Tode, das natürlich nie vergehen soll. Doch überall sieht man neues Leben entstehen. Und das war schon immer so.

„Was immer auch entstanden ist, muß alles wieder untergehen.“

Da ein für alle nachvollziehbarer Beweis fehlt, sind die kausalen Zusammenhänge von Tod und Geburt für den einzelnen entweder exotischer Glaube oder eine Theorie, die ganz gut mit den Beobachtungen übereinstimmt. Oder - für ganz wenige - selbst erkannte Tatsache.

Ist man in Europa bereit, die Folge ursächlich verknüpfter Existenzen als Möglichkeit zu akzeptieren? Offenbar ist der Westen noch nicht geneigt, von seiner Scheinsicherheit und seinem Paradiesglauben abzugehen. Vielleicht ist es auch gut, daß sich die Mittelmäßigkeit nicht an vergangene Daseinsformen erinnern kann; manche würden womöglich Besitz-Ansprüche aus der Vergangenheit stellen, bei anderen würden alte Feindschaften neu aufleben und bei manchen die Erinnerung ‹Ich war...› neuen Dünkel entstehen lassen.

Es bringt nichts, über Karma und Wiedergeburt nachzudenken. Richtiger und wichtiger ist es, die Verknüpfungen in der Gegenwart zu erkennen, das Anhaften an und das Identifizieren mit den sich ständig ändernden Daseinssubstraten, sowohl den materiellen als auch den geistigen. Denken und das Denkbewußtsein wird - besonders im Westen - stark überbewertet, die Denkvorgänge gelten als oberste Entscheidungsgrundlage. Sie sind aber auch nur dynamische kausale Prozesse mit zeitbegrenztem Wert - letztlich also wertlos.

Wer den dynamischen Prozeß des Lebens durchschaut und sich davon gelöst hat, braucht sich um die Zukunft keine Sorgen zu machen - um die Vergangenheit erst recht nicht. Es genügt aber nicht, dies nur auf der Ebene des Denkens zu vollziehen; die Wesenlosigkeit aller körperlichen und geistigen Vorgänge muß existentiell erfahren werden. Das wird aber nur selten erreicht. Wem es aber gelingt, kämpft nicht mehr und fragt nicht mehr nach Vergangenheit oder Zukunft. Er sieht den Brodel, bis er auch das letzte, feinste Anhaften daran aufgegeben hat.

Kein Mutterschoß kann ihn mehr anziehen.

Das Überleben des Bewusstseins

Sogyal Rinpoche

Jeder von uns hegt tief im Innern den Wunsch zu leben und weiterzuleben, was vielleicht schon ein deutliches Zeichen einer Ahnung ist, daß es ein Leben nach dem Tode geben könnte. Wenn Leben oder Bewußtsein den Tod nicht überlebten, gäbe es weder irgendeinen Sinn des Lebens noch eine letztendliche Gerechtigkeit. Dennoch behaupten viele Menschen, daß sie nicht an ein Leben nach dem Tode glauben. Wie wir jedoch häufig im Leben entdecken, hat das, was wir glauben, manchmal wenig oder gar nichts mit der Realität zu tun.

Manche Menschen behaupten: Weil sie sich nicht an ihre früheren Leben erinnern, kann es diese auch nicht gegeben haben. Dies beweist jedoch nicht unbedingt, daß sie zuvor nicht gelebt haben. Zum Beispiel hast du vielleicht früher in diesem Leben eine Erfahrung furchtbaren Leidens gemacht. Mitten in seiner ganzen Intensität werden dir alle Einzelheiten sehr nahe und sehr real erschienen sein. Jetzt ist das aber schon so lange vorbei, daß du dich nicht nur kaum mehr daran erinnerst, sondern es kommt dir sogar so vor, als sei dies jemand anderem geschehen. Dennoch bist du genau diese Person. Genauso geht das Bewußtsein - ob du dich daran erinnerst oder nicht - durch verschiedene Übergangsstadien und Ausfälle des Gedächtnisses. Obwohl du mit dem Sterben deine Identität verlierst, bist du noch immer die gleiche Person. Deinen Paß zu verlieren bedeutet nicht, daß du aufhörst zu existieren!

In Tibet, wo Reinkarnation als eine Tatsache des Lebens anerkannt ist, erinnern sich selbst die reinkarnierten Lehrer nicht unbedingt an alle Einzelheiten ihrer früheren Leben. Das Wichtigste bei ihnen ist, wie die Weisheit, die sie aus der Vergangenheit ererbt haben und die tief in ihr Bewußtsein eingebettet ist, erweckt und enthüllt werden kann.

Es gibt Menschen, die sich mit dem Gedanken trösten, ihre Zufluchtnahme zu einem Glauben an Reinkarnation würde ihnen bereits eine wünschenswerte künftige Geburt garantieren - ähnlich einem der Vorteile, die man durch den Beitritt zu einem exklusiven Club erhält. Ich nahm einmal an einer französischen Fernsehsendung über Reinkarnation teil, in der alle ganz aufgeregt darüber sprachen, wo sie gerne wiedergeboren werden würden oder über die berühmten Persönlichkeiten, die sie in früheren Leben waren. Menschen spekulieren gerne über Reinkarnation. Dies geht jedoch völlig an der Sache vorbei. Denn die Umstände unserer nächsten Geburt hängen gänzlich davon ab, wie wir dieses Leben leben. Das ist der Hauptpunkt des Lebens und der Hauptpunkt des Todes.

Wissenschaftlich gesehen ist es unmöglich zu beweisen, ob es ein Leben nach dem Tode gibt oder nicht. Aber so gesehen ist es genauso unmöglich zu beweisen, ob es ein Morgen gibt oder nicht. Die nächste Minute ist die Reinkarnation dieser Minute, die nächste Stunde ist die Reinkarnation dieser Stunde, und das Heute ist die Reinkarnation des Gestern. Genauso könnte dann dieses Leben die Wiederverkörperung einer vorigen Existenz sein. In jedem Falle scheint es sicherer, dem Überleben des Bewußtseins nach dem Tode den Vorteil der Eventualität einzuräumen. Im Westen haben wir gegen fast jedes vorstellbare Ereignis eine Versicherungspolice. Doch ironischerweise haben wir es ausgerechnet hinsichtlich unseres eigenen Todes versäumt, eine Versicherung abzuschließen oder uns auf das vorzubereiten, was tatsächlich den größeren Teil des Lebens ausmacht, nämlich die Ewigkeit. Ganz zu schweigen von unserem nächsten Leben - wir haben unser Bewußtsein völlig vernachlässigt.

Wenn es ein Überleben nach dem Tode gibt, lautet die Frage, die wirklich beantwortet werden muß, was überlebt oder welche Art von Bewußtsein überlebt. Der wichtigste Punkt hierbei - der des Verstehens der ‹Natur des Geistes› oder des Bewußtseins - ist im Westen wissenschaftlich nicht erforscht worden. Die meisten Untersuchungen haben sich darauf beschränkt, die Projektionen des Geistes zu betrachten, anstatt den Geist, der sie hervorbringt. Denn derjenige, der leidet, und derjenige, der sich an Glück erfreut, ist beides der Geist. Derjenige, der stirbt, ist der Geist und derjenige, der überlebt, ist der Geist. Deshalb dreht sich die gesamte buddhistische Lehre, insbesondere der Teil über Tod und Sterben, um das Verstehen der wahren Natur unseres Geistes, der wahren Natur unseres Seins.

Das Tibetische Totenbuch ist jetzt im Westen ziemlich bekannt, aber ohne den Hintergrund seiner Aussagen zu verstehen, dürfte es mehr als nur etwas verwirrend sein. Es bildet nur einen Teil eines vollständigen Lehrzyklus der bemerkenswerten Persönlichkeit Padmasambhava, der den Buddhismus nach Tibet und in das Himalaya-Gebiet brachte und der von den Tibetern als ein ‹zweiter Buddha› angesehen wird. Diese spezifischen Lehren zeigen, wie der verwirrte Geist durch das Erkennen seiner eigenen wahren Natur ‹in die ursprüngliche Natur des Buddha-Geistes befreit werden› kann. Der tatsächliche Titel des sogenannten ‹Tibetischen Totenbuches› (diese Bezeichnung wurde von Dr. W. E. Evans-Wentz für die erste englische Übersetzung geprägt) lautet die ‹Große Befreiung durch Hören im Bardo›.

Das tibetische Wort ‹Bardo› bedeutet schlicht Übergang oder Zwischenraum zwischen zwei Wirklichkeiten. Padmasambhava erfaßte das ganze Spektrum des Lebens und des Todes innerhalb des Kontextes von sechs dieser Bardos, drei des Lebens und drei des Todes. Zu jedem einzelnen gehört eine Serie von Lehren und Meditationsübungen. In diesen Zwischenstadien ist die Möglichkeit, daß die Natur des Geistes offenbart wird, besonders groß. Tatsächlich machen wir ständig Bardo-Erfahrungen. Gegenstand dieses Ansatzes ist es, diese Möglichkeiten zum Erwachen, die sich im Leben und im Tod laufend bieten, nutzen zu lernen.

Die drei Bardos des Lebens sind:

- von dem Augenblick unserer Geburt bis zu unserem Tod - dieses Leben;
- der Schlaf- und Traumzustand;
- der meditative oder höhere Bewußtseinszustand.

Die ständig formulierte Botschaft des Tibetischen Totenbuches ist die Notwendigkeit, sich jetzt, im Leben, auf den Tod vorzubereiten. In der buddhistischen Ausbildung werden insbesondere zwei Faktoren hervorgehoben: die Erkenntnis der Natur des Geistes auf der absoluten Ebene und, auf der relativen Ebene, die Notwendigkeit, das Wirken von Karma zu beobachten und zu respektieren.

Aus buddhistischer Sicht hat der Geist zwei Aspekte: den ‹gewöhnlichen Geist›, der im Tibetischen als ‹Sem› bezeichnet wird, und die ‹grundlegende Bewußtheit› oder Klarheit des Geistes, die ‹Rigpa› genannt wird. Der gewöhnliche Geist, Sem, beinhaltet jenes Verständnis von einem Selbst, das wir gerne fortsetzen würden. In unserem Bedürfnis weiterzuexistieren, wünschen wir irrtümlich das Fortbestehen des gewöhnlichen Geistes, denn er ist der einzige Anhaltspunkt, den wir für unsere Existenz haben. In Wirklichkeit gibt es jedoch noch einen anderen Aspekt von uns, jenseits des gewöhnlichen, abergläubischen Geistes, den wir nicht erkannt haben: unsere wahre Natur, welche nicht stirbt, sondern einfach überlebt. In der buddhistischen Lehre geht es darum, durch Meditation und Praxis diese Natur des Geistes zu erkennen, die jenseits von Geburt und Tod ist. Wenn dir dies gelungen ist und du das Vertrauen und Wissen besitzt, sie alleine erkennen zu können, dann bist du vorbereitet, wenn du durch die Zwischenstadien gehst. Im Tode kannst du dieses Leben mit mehr Zuversicht loslassen, im Wissen, daß du praktisch überhaupt nichts verlierst - tatsächlich gewinnst du nur.

In allen Religionen finden wir ein Grundthema, nämlich, daß jeder von uns eine innewohnende Grundeigenschaft des Gutseins besitzt. Buddhisten nennen sie ‹Buddha-Natur›. Im Laufe unserer Entwicklung versuchen wir alle, jenes Gutsein aufzudecken oder zu befreien. Jede unserer positiven Handlungen bringt uns diesem Ziel näher; unsere negativen Handlungen hingegen hemmen oder verdunkeln es noch mehr. Der Grund, weshalb wir in diesem Leben leiden, liegt darin, daß wir unserer wahren Natur nicht treu sind. Gleichzeitig ist Leiden eine Lehre. Manchmal scheint es, als wäre der eigentliche Grund, weshalb wir in diesem Leben leiden, der, dieses Gutsein in uns zu befreien. Warum sonst entwickeln wir uns? Es muß da irgend einen Grund geben; das Leben ist kein Scherz, es ist wirklich.

Im Herzen der Reinkarnation liegt das Prinzip von Karma. Es gibt keinen größeren Irrtum als zu denken, Karma und Reinkarnation wären einfach Theorien der Vorherbestimmung. Tatsächlich liegt die Zukunft in unseren eigenen Händen und in unseren eigenen Taten: „Wenn du dein vergangenes Leben erkennen willst, betrachte deine jetzigen Lebensbedingungen. Wenn du dein zukünftiges Leben erkennen willst, betrachte deine jetzigen Taten." In anderen Worten: die Art, wie wir unser jetziges Leben führen, ist der eigentliche Schlüssel zu unserer Zukunft. Das Wort ‹Karma› bedeutet Handeln. Jede unserer Taten zeitigt Wirkungen und trägt bereits ihre Folgen in sich. Wir können jedoch die natürliche Entwicklung von Karma nicht sehen, weil sich die Folgen nicht unmittelbar einstellen. Stattdessen reden wir einfach von ‹Glück›, wenn wir glücklich und zufrieden sind, oder von ‹Pech›, wenn Schwierigkeiten auftauchen.

Im Osten, der Heimat des größeren Teils der Weltbevölkerung, ist das Leben nach dem Tode eine Realität. Doch der Glaube an die Reinkarnation allein wird dich nicht ‹retten›. Es geht eher darum, ob ein Mensch diese Erkenntnis als Basis benutzt, um ein positives Leben zu führen. Ein guter Buddhist lebt Karma, anstatt lediglich daran zu glauben.

Im Buddhismus erklären wir den Prozeß der Verwirrung mit Begriffen, die auf Tibetisch ‹Digpa› und ‹Dribpa› heißen. Beide wurzeln in der durch unsere Sturheit und unsere Unwissenheit verursachten Unwissenheit. Digpa, negative Handlungen oder neurotische Vergehen, kommt im Buddhismus dem Konzept ‹Sünde› am nächsten. Dribpa, Verdunkelung oder Verunreinigung, entsteht, wenn wir eine negative Handlung begehen, so wie eine Rauchwolke von einem Feuer aufsteigt. Diese Trübungen des Geistes führen in der Folge zu weiterer Unachtsamkeit und Gedankenlosigkeit. Wenn wir unachtsam sind, verfallen wir eher in negative Handlungen, mit dem Ergebnis, daß wir unbewußt und gedankenlos erneut negatives Karma oder Digpa erzeugen, das seinerseits noch mehr Geistestrübung schafft. So wird daraus ein Teufelskreis. In wenigen Worten, Karma wirkt auf unseren Geist und dies wiederum beeinflußt unser Leben.

Wie der große tibetische Meister Longchenpa sagte, besteht die einzige Möglichkeit, einen Kreis aufzulösen darin, ihn durchzuschneiden. Genau da, wo man ihn durchschneidet, ist der Anfang und das Ende. Wenn wir dies aber sofort erkennen würden, geschähe genau in diesem Moment die Erleuchtung und die Verwirrung endete hier und jetzt. In diesem Augenblick könnten wir es tun, indem wir bei uns selbst und mit unserem eigenen Geist anfangen.

Der erste Schritt ist, bewußt achtsamer zu werden, denn wenn du es bist, wird es tatsächlich weniger Verdunklung geben. Aufmerksam bemühst du dich, negative Handlungen zu vermeiden und gleichzeitig festigst du deine Achtsamkeit durch Kontrolle des Geistes in der Meditation, zum Beispiel mit einer Übung wie dem bloßen Beobachten des Atems; die Konzentration steigerst du durch Ausrichten auf eine einzige Handlung. Einmal entwickelt, klärt diese Achtsamkeit selbst die eigene Bewußtheit und bannt Verdunkelungen.

Ein weiteres wichtiges Element buddhistischer Praxis und Vorbereitung auf den Tod ist, wie der einzelne durch Kontemplation sowie Meditation auf das gefühlsmäßige Annehmen des Todes hinarbeitet und lernt, wie er Krisen, Umwälzungen und Veränderungen in seinem Leben nutzen kann. Diese Veränderungen oder kleinen Tode, die in unserem Leben so häufig auftreten, bilden eine lebendige Verbindung mit dem Tod, da sie uns zum Loslassen bewegen und uns die Möglichkeit bieten, durch die von ihnen geschaffene Lücke den himmelsgleichen, leeren, offenen Raum der wahren Natur unseres Geistes zu sehen. Im Übergangsstadium und in der Ungewißheit des Wechsels liegt die Möglichkeit zum Erwachen.

Dann gibt es die umfassende Meditations- und Reinigungspraxis, die in der direkten Einführung des Schülers in die Natur des Geistes durch den Lehrer gipfelt. Dies wird danach durch Praxis integriert und stabilisiert. In diesem Integrationsprozeß werden alle Gedanken und Gefühle befreit. Wenn dir dies gelingt, bist du bei deinem Tod fähig, in der Erkenntnis deiner wahren Natur zu verbleiben. Unser höchstes Ziel im Laufe vieler Leben ist, unseren grundlegenden Geist zu entdecken. Langsam wird dieser enthüllt; wenn er völlig verwirklicht wird, ist dies Erleuchtung.

Wichtiger als ein wissenschaftlicher Beweis für das Überleben des Bewußtseins ist es für den einzelnen, was dies wirklich für ihn oder sie bedeutet oder was er oder sie hiermit anfängt. Aus einem tiefen Verstehen entsteht eine persönliche Überzeugung; dies ist in jeder Hinsicht eine wissenschaftliche Entdeckung. Wenn jemand die Fortdauer und den Sinn des Lebens und die Auswirkungen seiner Handlungen klar erkennt, ist dies der Auslöser, ein gutes Leben zu führen. Wenn wir wirklich auf unsere eigenen Handlungen achtgeben, dann liegt die Zukunft in unseren Händen. Deshalb ist die beste Form, dich auf die Zeit des Todes vorzubereiten, mit dem zu beginnen, was du jetzt tust.

Die buddhistische Tradition legt das Hauptgewicht der Praxis auf das Aufgeben der Verhaftung, der Konditionierung und der Gewohnheiten, die die Ebene des getrübten Geistes bilden. Wenn wir sterben, sterben alle Erinnerungen, die wir in diesem Leben gesammelt haben, völlig. Wenn wir wiedergeboren werden, entwickeln wir ein neues Gedächtnis. Aber tief in uns ist das Karma als Grundcharakter oder Veranlagung verankert. Das Karma beeinflußt unser ganzes Wesen.

Unabhängig davon, ob wir uns an unsere früheren Leben erinnern oder nicht, unsere wahre Natur existiert und überlebt. Der Moment des Todes ist der Augenblick, in dem wir durchbrechen und Befreiung erlangen können. Wenn wir versagen, dann deshalb, weil wir nicht loslassen können. Wir lassen nicht los, weil wir an unseren alten, gewohnten Handlungsweisen festhalten und diese werden zum Kern unseres neuen Lebens. Unsere künftige Geburt wird von unserer alten Handlungsweise bestimmt. Wir sind vielleicht nicht in der Lage, uns völlig hinzugeben, und so können karmische Spuren bleiben. Doch je mehr wir in der Lage sind aufzugeben, desto freier und gereinigter wird unser Karma und bedingt so eine bessere Wiedergeburt.

Der Bardo dieser Lebenszeit umfaßt die zwei anderen Bardos des Lebens: Schlaf und Traum, sowie den meditativen Zustand. Alle drei sind - wenn gut genutzt - Möglichkeiten zur Verwirklichung der Natur des Geistes. Wenn wir sensibler für die Lücke oder das Übergangsstadium werden, sind wir besser darauf vorbereitet, wenn es in machtvollerer Form beim Sterben erscheint. Durch die Meditation selbst erlangen wir ein klareres Verständnis des Geistes und werden mit seiner wahren Natur vertraut. Der Traumzustand kann uns ebenfalls helfen, den Wachzustand besser zu verstehen und eine gelöstere und humorvollere Haltung dem Leben gegenüber zu entwickeln. Ein spirituell Praktizierender kann mit dem Schlaf arbeiten, denn die Aufrechterhaltung der Bewußtheit während des Schlafes ist eine Form, für den Tod zu proben; genauso entspricht der Traum dem Bardo-Zustand nach dem Tod. Schlaf und Traum können von einem Meditierenden auch als Spiegel benutzt werden, ob seine Praxis funktioniert oder nicht.

Während eines Tages durchlaufen wir verschiedene Ebenen des Bewußtseins: Unser Wachzustand ist hiervon die gröbste, der Traumzustand ist subtiler und der Tiefschlaf am substilsten. Ähnlich ist es mit Leben und Tod; unser normales Leben stellt die gröbste Bewußtseinsebene dar, der Zwischenzustand zwischen Tod und Wiedergeburt ist subtiler, und der Tod selbst ist die subtilste Ebene.

Die drei von Padmasambhava skizzierten Bardos des Todes sind:

- der Bardo im Augenblick des Todes, das heißt die Zeit vom Beginn des Sterbevorgangs bis zu seinem Höhepunkt im Tod;

- der Bardo des ‹Dharmata› - die ‹Essenz der Dinge, so wie sie sind›, wenn die Natur des Bewußtseins in Form von Visionen erscheint;

- der Bardo des Werdens, vom Zeitpunkt an, in dem das Bewußtsein den Körper verläßt, bis zur nächsten Geburt.

Der Geist hat viele Ebenen. Hier geht es darum, ob du an derjenigen, die überlebt, dranbleiben kannst, und diejenige, die stirbt, loslassen kannst, wie beim Setzen auf das richtige Pferd. Was im Tod stirbt, ist das Festhalten, das die reine Energie unseres Geistes schwächt und seinen natürlichen Raum bewölkt. Wenn diese Neigung zum Festhalten im Augenblick des Todes stirbt und wenn wir loslassen, bietet sich die Möglichkeit des Erwachens ganz direkt. So wie nach Auflösung der Wolken der klare Himmel ganz natürlich da ist, ist das, was Tod und Veränderung überlebt, das, was wahr ist. Und in dieser Wahrheit findet Erleuchtung statt. Dies ist das buddhistische Verständnis von Ewigkeit als einem Raum, wo selbst die Unbeständigkeit Teil einer grundlegenden Beständigkeit ist.

Im Tod sterben alle groben Aspekte unseres Körpers, unser Ego, unser Gedächtnis und die vielen äußerlichen Ebenen des Bewußtseins schälen sich ab und sterben ebenfalls. Wir sterben in unsere Essenz hinein, in unsere wahre Natur; von dort werden wir wiedergeboren. Die Kenntnis der Natur des Geistes und die Aufrechterhaltung der erweiterten Sicht gewährt uns den Mut, all die kleineren Aspekte unseres Selbst, wie unsere Verhaftungen, zum Zeitpunkt des Todes aufzugeben.

Obwohl der grundlegende Geist oder ‹Rigpa› immer da ist, ist er gewöhnlicherweise hinter dem wolkengleichen Schirm unseres denkenden Geistes verborgen. Doch gelegentlich, angeregt durch Meditation oder bestimmte Situationen, werden wir zu einem tiefen Wissen um die grundlegende Essenz des Geistes erweckt. Im Augenblick des Todes, wenn der gewöhnliche Geist vollständig stirbt, erleben wir vollständige Erleuchtung. Dies ist die Geburt von ‹Rigpa› in seiner ganzen Fülle. Obwohl wir alle im Sterben diese Erfahrung machen, kommt es darauf an, wie wir sterben. Dies ist abhängig davon, ob wir praktiziert haben oder nicht. Für spirituell Praktizierende ist der Moment des Todes der krönende Augenblick. Wenn sie die Essenz des Geistes erfahren, ist ihnen diese durch die Praxis bereits vertraut, daher können sie sich mit ihr vereinigen, wobei sie Erleuchtung erlangen.

Das Tibetische Totenbuch beschreibt viele Möglichkeiten der Befreiung in den drei Bardos des Todes. Es ist dazu bestimmt, in Gegenwart eines sterbenden Menschen, der durch seine Praxis mit dieser Tradition vertraut ist, gelesen zu werden, um sein Wiedererkennen zu wekken und die Natur des Geistes immer wieder einzuführen.

Beim Eintritt in den ‹Bardo des Augenblicks des Todes›, wenn die Anzeichen darauf hindeuten, daß der Tod unvermeidlich bevorsteht, sollte ein Mensch all seine Stärke zusammennehmen und sich, statt sich zu viel zu sorgen oder zu viel zu denken, auf die Essenz seiner spirituellen Praxis ausrichten. Im Augenblick des Todes ist der geistige Zustand des Individuums vom höchster Bedeutung, und es ist wesentlich, daß er nicht verwirrt ist oder gestört wird. Eine friedvolle und liebevolle Atmosphäre, die Möglichkeit, dieser letzten Zeit des Lebens wirklich einen Sinn zu geben, die Chance zur Vergebung und Klärung unerledigter Geschäfte und vor allem das Aufgeben der Verhaftung unterstützen deshalb alle die Fähigkeit einer Person, sich im Augenblick des Todes hinzugeben.

Einem Sterbenden zu helfen bedeutet, ihm beim Verstehen der Natur des Geistes zu helfen. Wenn ein Praktizierender sich dem Tod nähert, macht ihn seine Praxis selbstgenügsam, obwohl er offensichtlich aus liebevoller Unterstützung Nutzen ziehen kann. Doch wenn wir in die Lage kommen, jemandem zu helfen, der über keine spirituelle Erfahrung in seinem Leben zur Unterstützung verfügt, stellen wir fest, daß unsere Liebe selbst in ihm diese Unterstützung hervorbringen und seiner spirituellen Essenz zum Durchbruch verhelfen kann. Liebe kann einem Menschen helfen, mit dem Sterben ins Reine zu kommen. Je mehr er es akzeptiert, um so mehr kann er verstehen.

Es ist auch sehr wichtig, das Gewahrsein im Augenblick des Todes aufrechtzuerhalten. Wenn einem dies nicht gelingt, wird das Bewußtsein unterbrochen, und es wird kein Erinnern geben, da man in eine andere Seinsweise übergegangen sein wird; in ein Gebiet, wo das vorherige Bewußtsein keine Möglichkeit des Erinnerns und des Vertrautfühlens hat. Aus diesem Grund fürchten sich die meisten von uns vor dem, was nach dem Tod geschieht; da wir nicht mit dem Geist gearbeitet haben, haben wir keine Vorstellung davon, was wir erfahren werden.

Zwischen den Phasen der ‹Kernerfahrung› und anderen Aspekten der Nahtod-Phänomene, wie sie von Autoritäten wie Moody, Sabom, Ring und Grey berichtet werden, und der sehr genauen Beschreibung der Erfahrung des Sterbens und des Todes in den mit dem Tibetischen Totenbuch verbundenen traditionellen Lehren können erstaunliche Parallelen entdeckt werden. Der Sterbeprozeß selbst beginnt mit den ‹Stadien der Auflösung›. Diese Auflösung ist genau der umgekehrte Prozeß des Geburtsvorgangs. Dieser Geburtsvorgang beginnt damit, daß zu der Zeit der Empfängnis das Bewußtsein des zukünftigen Kindes von dem ‹karmischen Wind› oder der Neigung zu dem Ort getragen wird, wo die künftigen Eltern sich lieben. Wenn es sie sieht, wird es davon berührt und ein Gefühl der Anziehung und Abstoßung entsteht: Anziehung zur Mutter und Ablehnung gegenüber dem Vater erzeugt ein männliches Kind, das Gegenteil ein weibliches. In dem Augenblick, in dem sich Sperma und Ei vereinen, wird das Bewußtsein eingesaugt und die Elemente der Essenz des Vaters und der Mutter liefern die Grundlagen für den Körper. In der Folge steigt die Essenz, die vom Vater kommt, in die Ebene des Kopfes und die von der Mutter sinkt hinab, um unter dem Nabel, im Bereich des Unterleibs zu verbleiben.

Der Todesprozeß beginnt mit der Auflösung eines Elements in das andere bei gleichzeitiger Auflösung der psychologischen Komponenten oder ‹Aggregate› des Ego, nämlich Form, Gefühle, Wahrnehmung, Intellekt oder Vorstellung und Bewußtsein. Die Stadien der Auflösung sind jeweils begleitet von erkennbaren äußeren, physischen Zeichen sowie inneren Erfahrungen.

Das Erdelement löst sich in Wasser auf, das Wasser in Feuer und das Feuer in Luft. Wenn sich die Luft auflöst, atmet die Person aus und kann kaum mehr einatmen. Schließlich hört sogar das Ausatmen auf. Jetzt löst sich die ‹innere Luft› in den Zentralkanal auf. Die Essenz des Vaters steigt hinab, begleitet von einer innerlichen ‹weißen Vision›, die mit dem Blick durch ein Fenster auf den Herbstmond verglichen wird. Dann steigt - mit einer ‹roten Vision› wie bei einem Sonnenuntergang - die Essenz der Mutter hinauf. Wenn sich beide im Herzen treffen und verschmelzen, verliert sich das Bewußtsein in einen dunklen, leeren Raum.

Der Geist stirbt nur für einen Augenblick. Wenn du aufwachst, erlebst du das reine Leuchten des Geistes, die subtilste Ebene des Bewußtseins, die mit einem makellosen Herbsthimmel in der Morgendämmerung verglichen wird. Der entscheidende Punkt ist nun, wie wir im Augenblick des Todes vorbereitet sind und wie wir demzufolge reagieren. Ein Mensch, dessen Energien sehr verschlossen sind oder mit wenig spiritueller Praxis, kann in dem Zustand der Dunkelheit ziemlich lange bleiben. Dann erscheint das Leuchten, die Erfahrung des erleuchteten Geistes nur eine oder zwei Sekunden lang. Für einen geübten Praktizierenden dagegen schwindet das Bewußtsein nur für kurze Zeit, nach der es zur Vision des erleuchteten Geistes erwacht.

Wenn die Natur des Geistes mit ihrer Energie von ungeheurer Lichtheit dämmert, kann ein äußerst erfahrener Praktizierender sie einfach als die Natur seines Geistes erkennen. Indem er sie mit seinem eigenen erwachten Zustand verbindet, bleibt er voll bewußt, verschmilzt damit und erlangt dadurch Befreiung. Für die anderen wird an dem Punkt, wo ihr äußerer Atem aufhört, der innere Atem aber noch andauert, mit der Lesung des Tibetischen Totenbuches begonnen oder, falls sie in der Meditationspraxis des ‹Phowa› - der direkten Übertragung des Bewußtseins in den erleuchteten Zustand - geübt sind, erhalten sie Unterstützung zur Durchführung dieser Praxis.

Alle Konditionierungen, alles, was den erleuchteten Geist verdeckt hat, ist abgefallen, und die wahre Natur der Wirklichkeit stellt sich unverhüllt dar. Hiermit tritt das Bewußtsein in den ‹Bardo der Dharmata› ein - in das ‹So-Sein› oder die Natur der Wirklichkeit. Wenn jemand die erste Vision des klaren Lichts nicht erkennt, löst sie sich auf und verschwindet. Nun beginnt der Geist, sich von seinen Projektionen zu befreien. Wenn seine Blockierungen befreit werden, wird Energie freigesetzt und entlädt sich als Visionen von Farben, Klängen und Licht, die in der Tradition des Tibetischen Totenbuches als 42 friedvolle und 58 zornvolle Gottheiten dargestellt werden. Diese Energie besitzt die Qualität der Elemente Erde, Wasser, Feuer, Luft und Raum in ihrer subtilen Form. Das Bewußtsein erfährt all die verschiedenen Aspekte des Geistes wie Ärger, Verlangen, Unwissenheit und so weiter, die die blockierten Energien unserer innewohnenden Natur sind. Nun, befreit und geöffnet, erscheinen sie in ihrer Weisheitsform in überwältigendem Licht und Glanz. Alles hängt davon ab, ob ein Mensch diese Vision als Projektionen seines eigenen Geistes, als nichts anderes als seine innere Weisheit erkennen kann. Denn wenn man zu diesem glänzenden Licht der Weisheit, der Freisetzung dieser Energien, Zuflucht nehmen kann, bietet sich hier erneut eine Möglichkeit zur Befreiung.

Dies ist jedoch schwierig für jemanden, der nicht die Erfahrung der Praxis besitzt, das Vertrauen und die Stabilität, die aus dem Verständnis der Natur des Geistes erwachsen. Wir sind eher geneigt, uns in unsere alten Gewohnheiten zu flüchten, als einfach loszulassen; wir neigen zum Beispiel eher zu Ärger als zu seinem reinen und befreiten Gegenstück. Denn gleichzeitig taucht aus unserer während des Lebens aufgebauten Grundneigung zur Verhaftung eine Reihe Erfahrungen von Instinkten auf wie Aggression, Gier, hartnäckige Dummheit, Leidenschaft, Eifersucht, Arroganz und Selbstberauschung. Diese Energien erscheinen als sanftes, behagliches Licht, weniger herausfordernd und überwältigend als das Licht der Weisheit. Wenn unsere Reaktion unserem Instinkt folgt, dann schreiten wir auf eine Geburt zu, die durch die verwirrte und geschwächte Energie bestimmt ist, mit der wir uns identifizieren.

Den meisten Menschen mögen die Beschreibungen dieser Visionen, wie sie im Tibetischen Totenbuch ausgeführt werden, ziemlich seltsam erscheinen. Da jeder aus den gleichen psychologischen Komponenten und Elementen besteht, wird auch jeder durch sie hindurchgehen, allerdings werden westliche Menschen sie wahrscheinlich in der ihnen mehr vertrauten Form erleben. Das Hauptprinzip der Visionen ist nicht so sehr ihr Aussehen, sondern wie sich ein Mensch auf sie bezieht. Ihre Form liefert dem Praktizierenden, der sich auf die Energie, Leuchtkraft und Qualität der Vision einlassen kann, einen Bezugspunkt.

Wenn es jemandem nicht gelingt, diese Visionen als Projektionen zu erkennen und dadurch Befreiung zu erlangen, lösen diese sich auf. An diesem Punkt verläßt das Bewußtsein den Körper und reist weiter in den ‹Bardo des Werdens›.

Es besitzt nun einen ‹geistigen Körper› mit einer Anzahl von Charakteristika. Er ist leicht und leuchtend, und vom Bewußtsein sagt man, es sei neunmal klarer als im Leben, hellsichtig und im Besitz von wunderbaren Kräften. Er ähnelt dem Körper der vorangegangenen Existenz, ist jedoch vollkommen und jugendlich. Er kann sich ungehindert fast überallhin bewegen und durch bloßes Denken reisen, obwohl sein einziges Licht ein schwaches Glühen ist, das den unmittelbar vor ihm liegenden Raum erhellt.

Das Bewußtsein macht im Bardo verschiedene Erfahrungen, zum Beispiel wiederholt es alle Erfahrungen, die es im Leben machte, es kehrt dabei sogar an Orte zurück, wo es vielleicht nur ein einziges Mal ausgespuckt hat; es macht allerhand entsetzliche Erfahrungen und es erfährt, wo es wiedergeboren werden wird. Zunächst erkennt es nicht, daß es tot ist, und versucht, mit seiner Familie zu reden, ohne eine Antwort zu bekommen, was ihm unfaßbaren Kummer bereitet. Wenn es sieht, wie seine Verwandten schluchzen, über seinen Besitz verfügen und seinen Platz am Tisch nicht aufdecken, erkennt es, daß es tot ist. Es kann jedoch die vielen anderen Reisenden im Bardo, die es trifft, sehen und mit ihnen reden.

Viele Eigenschaften dieses geistigen Körpers wie die größere Klarheit des Bewußtseins, die Beweglichkeit, die übernatürliche Wahrnehmung, die höhere Sensibilität, die Fähigkeit zur Konzentration und Meditation, sofern sie ihm vermittelt wurde, und die durch die intensive Angst im Bardo geschärfte Aufmerksamkeit machen ihn tatsächlich zugänglicher für spirituelle Hilfe von den Lebenden in Form von Praxis oder guten Taten in seinem Namen oder auch einfach guten Gedanken in seine Richtung. Dies gilt insbesondere für die 21 Tage nach dem Tod. Es wird gesagt, daß die gesamte mit dem Tod verbundene Bardo-Erfahrung durchschnittlich 49 Tage dauert, von denen die ersten 21 mehr mit dem soeben gelebten Leben zu tun haben und die übrigen mehr mit dem kommenden Leben verbunden sind.

Da das Bewußtsein so extrem leicht und beweglich ist, sind alle aufkommenden guten oder schlechten Gedanken sehr machtvoll. Daher kann zum Beispiel eine Reaktion wie Ärger beim Anblick von in nachlässiger Form für ihn durchgeführten Ritualen oder über gierige Verwandte, die sich um seinen Besitz zanken, sehr wirksam und gefährlich sein. Das Totenbuch ermahnt deshalb das Bewußtsein dringend, sich vor unreinen Gedanken, vor Gefühlen wie Aggression und Angst sowie Haften an früherem Besitz zu hüten. Gleichzeitig versucht das Totenbuch, bei dem toten Menschen Verbindung mit irgendeiner spirituellen Erfahrung, die er vielleicht hatte, wiederzuerwecken und gibt erneut Hinweise, wie er diese Gelegenheit nutzen kann, um die Natur des Geistes zu erkennen und Befreiung zu erlangen. „Sei nicht abgelenkt", rät es, „hier liegt die Trennungslinie, wo Buddhas und begrenzte Wesen unterschieden werden." Über diesen Augenblick wird gesagt: „In einem Augenblick sind sie getrennt, in einem Augenblick - Vollkommene Erleuchtung."

Es folgen Hinweise, wie man die Zeichen der nächsten Geburt erkennt, wie hierdurch eine unvorteilhafte Geburt vermieden werden kann und man stattdessen eine Geburt zum Beispiel in der Menschenwelt wählen kann, wo man dann eventuell erneut der Lehre begegnet.

Wir haben hier nun einen kurzen Blick auf die buddhistische Sichtweise vom Überleben des Bewußtseins geworfen und dessen Weg durch Leben und Tod verfolgt. Was durchgängig auffällt, ist die nachdrückliche Betonung des Verstehens der Natur des Geistes oder Bewußtsein als höchstem Ziel des Lebens, als wesentlich zur Vorbereitung für den Augenblick des Todes und für ein Sterben ohne Bedauern. In gewissem Sinn wurde der zentrale Punkt der buddhistischen Lehre von Milarepa folgendermaßen zusammengefaßt: „Mich meiner selbst nicht zu schämen, wenn ich sterbe." Ein gewöhnlicher Mensch, der diese Perspektive der Fortdauer des Bewußtseins durch eine Reihe von Leben hindurch hat, wird sicher niemals am Leben verzweifeln oder den Selbstmord als letzte Möglichkeit sehen. Wie das Bewußtsein den Tod überlebt, hängt von seinen unmittelbaren Bedingungen, seinem Zustand in eben diesem Augenblick ab. Um für die Zukunft Sorge zu tragen, müssen wir der Gegenwart unsere Aufmerksamkeit widmen, dem Bewußtsein, das wir hier und jetzt haben. Wir neigen dazu, sehr besorgt um das Überleben des Bewußtseins zu sein, doch wie wir gesehen haben, ist eben dieses Bewußtsein selbst die ganze Grundlage für unsere Arbeit und Entwicklung. Daraus sollte das Bemühen um eine tiefere Bewußtheit von uns selbst folgen. Ein Verstehen dieses grundlegenden Bewußtseins, das wir alle teilen, kann uns zu einem sorgsameren Umgang und einer positiveren, verantwortlicheren Haltung dem Leben gegenüber anregen. Da eine solche Bewußtheit über das einzelne Individuum hinausgeht, könnte sie eine sehr bedeutsame Rolle hinsichtlich der Förderung einer erleuchteteren Sicht der Welt spielen und zu jenem Frieden und jener Harmonie ermutigen, nach der wir uns alle sehnen.

Sterben lernen - Leben lernen!

Hoffnung und Inspiration im Tod finden

Christine Longaker

In meinem Vortrag möchte ich Ihnen grundlegende Informationen zum Thema Tod und Sterben geben und ein Verständnis vermitteln, vielleicht sogar eine Botschaft, die Ihnen in Ihrem eigenen Leben im Umgang mit sich selbst und anderen helfen soll.

Ich verstehe mich selbst als ein Mensch, der versucht, den Tod zu erforschen, herauszufinden, was der Tod eigentlich ist. Meine Nachforschungen begannen vor 14 Jahren, als mein Mann an Leukämie starb. Sein Sterben dauerte ein Jahr. Während dieses Jahres lernte ich einen wesentlichen Grundsatz kennen, über den ich stets lehre. Und ich denke, auch Sie werden ihn wahrscheinlich nicht wieder vergessen.

Dieser Grundsatz beinhaltet, daß Sterben stets ein bestimmtes Maß an Leiden umfaßt. Das ist der unvermeidbare Teil des Leidens, um den man nicht herumkommt. Wir sind alle vertraut damit. Hierzu gehört, wenn wir wahrnehmen, wie der Körper verfällt, wie wir immer schwächer werden, verursacht durch eine Krankheit.

Es ist aber nicht nur das körperliche Leiden, es ist vor allem das emotionale Leiden, dem wir in unserem Leben ausgesetzt sind. Bezüglich dieses emotionalen Leidens möchte ich Sie bitten, sich an Ihr Befinden und Ihre Gefühle in einer Zeit Ihres Lebens zu erinnern, als Sie etwas sehr Bedeutendes verloren. Vielleicht war es eine wichtige Beziehung, vielleicht Ihre Arbeit, vielleicht wichtige Zukunftspläne, die Sie aufgeben mußten. Vielleicht war es auch nur der Umstand, eine Wohnung aufgeben zu müssen. Und wenn Sie sich daran erinnern, wie es war, als sie durch diese Phase Ihres Lebens gegangen sind, werden Sie wissen, wieviel Schmerzen das mit sich brachte. Vielleicht haben Sie sich dabei geweigert loszulassen. Vielleicht waren Sie wütend oder traurig. Vielleicht haben Sie bis heute nicht losgelassen.

Von diesem Punkt aus wollen wir untersuchen, was passiert, wenn wir sterben. Wir verlieren dann nicht nur eine Sache, ein Ding, eine Person, sondern alles auf einmal. Das ist das Leiden beim Sterben! Es ist eine ganze Menge, was man loszulassen hat. In der Regel ist niemand von uns besonders gut darin, etwas loszulassen, etwas aufzugeben.

Wie Sie vielleicht durch Elisabeth Kübler-Ross wissen, gibt es fünf Phasen, die man im Sterbeprozeß durchläuft. Sie macht jedoch darauf aufmerksam, daß nicht jeder auf die gleiche Art und Weise stirbt, und damit auch nicht jeder alle fünf Phasen durchläuft.

Es gibt Leute, die ihr Sterben niemals akzeptieren. Die grundlegende Bedeutung dieser fünf Phasen ist es aber gerade, daß man sich schrittweise mit dem Abschiednehmen, dem Loslassen, dem Sterben, und der daraus resultierenden Trauer, auseinandersetzt und sich mit dem Tod anfreundet. Manche Menschen schaffen es, durch diesen Prozeß, durch diese Trauer hindurchzugehen, andere Menschen nicht. Allen Sterbenden gemeinsam ist also dieses Leiden, diese Trauer, und die Notwendigkeit, alles loszulassen.

Zu meinen prinzipiellen Erfahrungen, die ich bereits beim Sterben meines Mannes machte, gehört aber auch, daß es eine Menge unnötiges Leid gibt, das Sterbende heutzutage durchzumachen haben. Diese Erfahrungen sind die Kehrseite des Grundsatzes. Dieses unnötige Leiden hat eine Menge unterschiedliche Ursachen. Es resultiert vor allem daraus, daß wir nicht damit vertraut sind, was an dem Sterbevorgang natürlich ist.

Wir haben nie über den Tod nachgedacht und uns auch nicht darauf vorbereitet. Wir haben in unserem Leben niemals gelernt, würdevoll loszulassen. Deshalb haben wir Angst und leisten Widerstand. Die Menschen, die bei uns sind, haben Angst, über den Tod zu sprechen oder gar uns zu sagen, daß wir sterben müssen. Daneben gibt es eine mehr praktische Ebene des Leidens, wenn Sterbenden nicht die erforderliche Pflege und Zuwendung zuteil wird und die physischen Schmerzen nicht ausreichend gelindert werden können.

Beide Seiten des Prinzips habe ich erlebt, als mein Mann starb. Wir hatten innerhalb dieses Jahres aber auch sehr viele positive Erfahrungen. Ich gebe hierzu ein Beispiel. Alles, was ich bis zu dem Zeitpunkt, als ich von der Leukämie meines Mannes erfuhr, über den Tod gelernt hatte, war, daß der Tod tragisch, grauenhaft und beängstigend ist. Als wir im Krankenhaus erfuhren, daß mein Mann tödlich erkrankt war, dachten wir, der Rest unseres gemeinsamen Lebens wäre so von der Krankheit vorgezeichnet, daß es nur aus Angst und Leid bestehen würde. Da faßten wir den Entschluß, uns mit dem Tod auseinanderzusetzen, um zu sehen, ob wir nicht auch darin etwas Positives finden könnten - so etwas wie ein Geschenk. Wir hatten zu dieser Zeit keinen Glauben und keine Vorstellung, was während und nach dem Tod geschehen würde. Auf so etwas konnten wir uns also nicht abstützen. Wir waren uns auch bewußt, daß unsere Beziehung zu dieser Zeit nicht die beste war und wir Kommunikationsschwierigkeiten hatten.

Ich machte in diesem Jahr die Erfahrung - obwohl die Schwierigkeiten fortbestanden und er dem Tod oft sehr nahe war - daß wir nicht alles als schrecklich und tragisch erlebten. Ich machte auch die Erfahrung, daß uns all die Fehler unterliefen, die man in dem Prozeß des Sterbens und der Sterbebegleitung macht, wenn man nichts darüber weiß.

Da ich eine praktische Person bin, glaube ich, man sollte aus gemachten Fehlern lernen. Allerdings dauert es meist wieder lange Zeit, bis erneut ein nahestehender Mensch stirbt, bei dessen Betreuung und Begleitung einem dann die Erfahrung zugute kommen kann. So war ich sehr erfreut, als ich ein Jahr später eine Anstellung als Volontärin im Hospiz von Santa Cruz bekam.

Ich möchte Ihnen ein Beispiel für einen Fehler geben, den wir gemacht haben. Er ist typisch für den Umgang zwischen dem Sterbenden und seiner Familie. In den ersten vier Monaten hatte mein Mann zahlreiche Krisen. In dieser Zeit verbrachte er drei Wochen eines jeden Monats im Krankenhaus, stets dem Tode sehr nahe.

Es war gerade in einer Zeit, die er zu Hause verbrachte, als er einen Tag vor Weihnachten den vereinbarten Besuch bei seinem Arzt im Krankenhaus machte. Der Arzt stellte in seinem Bein ein Blutgerinsel fest und sagte ihm, daß es genauso gefährlich sei, wie das Blutgerinsel, das er zuvor in seiner Lunge gehabt hatte. Es sei also notwendig, im Krankenhaus zu bleiben.

Wir sahen uns an und wußten beide, es würde unser letztes Weihnachtsfest sein. Außerdem hatten wir einen kleinen Sohn. Mein Mann entschied sich daher, das Fest mit seiner Familie zu verbringen und erst nach Weihnachten ins Krankenhaus zu gehen. Wir waren trotzdem beide tottraurig, weil wir wußten, daß es unser letztes Weihnachtsfest sein würde. Wir wußten, daß er erneut ins Krankenhaus mußte und sein Leben wieder in akuter Gefahr war.

Er ging nach dem Fest ins Krankenhaus, und eine Woche später war Silvester. Normalerweise feiert man in dieser Nacht das beginnende neue Jahr. Wir wußten, daß er in diesem Jahr sterben würde. Wir hatten Angst, darüber zu sprechen. Also versuchte ich, Silvester sehr müde zu wirken, um noch vor Mitternacht nach Hause gehen zu können, denn ich war sehr verlegen und traurig bei dem Gedanken an das, was das nächste Jahr uns bringen würde.

Eine Woche später war unser Hochzeitstag. Wir hatten uns so darauf gefreut, etwas besonderes zu unternehmen. Aber die Ärzte wollten ihm nicht erlauben, das Krankenhaus zu verlassen. Dann stießen wir jedoch auf einen Doktor, der frisch verheiratet war. Wir bedrängten ihn, meinen Mann zu beurlauben. Er erklärte sich einverstanden unter der Bedingung, daß mein Mann zuvor noch die nächste chemotherapeutische Anwendung nehmen würde. Das würde seine Sicherheit während des häuslichen Aufenthaltes verbessern. Nach der Anwendung durfte er auch nach Hause. Nur, diese Behandlung hatte ihn so geschwächt, daß wir nichts unternehmen konnten.

Sie können sich vorstellen, wie traurig wir waren. Außerdem hatten wir beide das Gefühl, wenn wir dem anderen erzählten, was uns bewegt, ihn mit der eigenen Niedergeschlagenheit anzustecken. So war ich der Ansicht, ihm nichts erzählen zu dürfen, und er war der gleichen Ansicht.

Zehn Tage später war mein Mann durch die vorhergehende Chemotherapie schwer erkrankt. Er konnte nicht aufstehen, mußte sich übergeben und fühlte sich sehr schwach und elend. Er sagte zu mir: „Christine, gehe bitte an den Medikamentenschrank im Bad und nimm alles heraus! Ich bin drauf und dran, alle Medikamente zu schlucken, um ein Ende zu machen."

Ich nahm das sehr ernst, ging zu dem Medikamentenschrank und sah all die Flaschen und Präparate an. Ich überlegte, wie ich sie vor ihm verstecken könnte für die Zeit, in der ich zur Arbeit gehen mußte. Letztendlich entschied ich, daß kein Versteck gut genug sei. Ich müßte sie mit mir herumtragen, stellte aber fest, daß nicht alles in meine Handtasche paßte. Außerdem war mir klar, daß er sich auch umbringen konnte, wenn ich die Medikamente verstecken oder mit mir herumtragen würde. So ging ich zu seinem Bett zurück und erklärte ihm, daß es zwar hart sei, für ihn zu sorgen, daß es hart sei, seinem Tod ins Gesicht zu sehen, daß ich dieses aber leisten könne. Wenn er sich jedoch das Leben nähme, damit könne ich nicht umgehen. Das sei zu schwer für mich. Ich bat ihn, dies nicht zu tun.

Infolgedessen fingen wir zum ersten Mal an, darüber zu sprechen, was uns schon die ganze Zeit bewegte; Trauer und all die Gefühle, über die wir nie gesprochen hatten. Zu meiner großen Überraschung geschah genau das Gegenteil von dem, was ich all die Zeit befürchtet hatte. Wir fühlten uns nicht länger schwer, deprimiert und traurig. Das Gegenteil geschah. Es war wie eine Wolke, die sich verflüchtigte. Wir fühlten uns erleichtert und fast erfreut.

Ich denke, Sie verstehen jetzt, was ich mit unnötigem Leid meine. Ich hatte eine falsche Vorstellung. Statt daß wir ehrlich miteinander waren und unseren Kummer teilten, dachte ich, wir hätten ihn voreinander zu verheimlichen.

Wie Sie wissen, haben wir in unserer Kultur viele negative Vorstellungen und Bilder über den Tod. Daher rührt auch die verbreitete Annahme, man solle seiner Frau, seinem Mann oder wem auch immer nicht erzählen, daß er sterben muß. Wir haben die Vorstellung, Sterben sei das Schlimmste, das einem passieren kann.

Wenn man viel mit Sterbenden zusammen ist, dann findet man heraus, daß es nicht das Schlimmste ist, das passieren kann. Das Schlimmste ist nicht das Sterben selbst, sondern der Umstand, sich verlassen, ungeliebt, schutzlos und ausgeliefert zu fühlen.

Nachdem wir uns ausgesprochen hatten, entstand ein ungetrübter, klarer Zustand. Wir fühlten uns erleichtert, empfanden viel Liebe und konnten wieder lachen. Meinem Mann ging es danach für fünf Monate sehr viel besser.

Diese Einsicht ist ein wesentlicher Teil der Motivation in der Hospiz-Bewegung, die inzwischen weltweit verbreitet ist, auch in Deutschland. Die Hospiz-Bewegung versucht, eine sehr bedeutende philosophische Betrachtungsweise in die westliche Gesellschaft zu reintegrieren, nämlich die Einsicht, daß es natürlich und ganz in Ordnung ist zu sterben. Es ist keine Tragödie.

Die Arbeit in der Hospiz-Bewegung orientiert sich daran, was Sterbende am meisten brauchen. Und was brauchen sie? Sie wollen in der verbleibenden Zeit noch leben und sich freuen dürfen. Sie wollen ihre Schmerzen gelindert haben und möchten eine medikamentöse Behandlung erhalten, die es ihnen erlaubt, bewußt zu bleiben und sich noch um Nahestehende kümmern zu können. Sie brauchen sehr viel Verständnis und auch Unterstützung in dem Prozeß, den Tod zu akzeptieren. Vor allem brauchen Sterbende das Gefühl der Zugehörigkeit, daß sie nicht verlassen und allein sind. Daher sind Hospize auch sehr darauf ausgerichtet, eine gute und aufrichtige Kommunikation zwischen den Sterbenden und den Angehörigen zu fördern. Sie sollten sich ehrlich begegnen, ohne Lügen und Verstecken.

Ich habe einige Religionen zu diesem Thema studiert. Vor allem habe ich bei einem tibetischen Lehrer studiert. Ich war sehr überrascht, wie brauchbar und in der Praxis anwendbar seine Belehrungen waren. Vieles von dem, was über den Tod und den Sterbeprozeß gelehrt wurde, hatte ich bereits bei meinem Umgang mit Sterbenden beobachtet. Sie können sich wahrscheinlich vorstellen, daß ich in all den Jahren meiner Arbeit in der Hospiz-Bewegung niemals jemanden betreute, der Buddhist war. Natürlich habe ich auch nicht immer meine religiöse Orientierung erklärt.

An den buddhistischen Belehrungen fand ich sehr bemerkenswert, daß mir Erklärungen und Anweisungen für die Vorbereitung auf meinen eigenen Tod gegeben wurden. Ganz besonders war es die Sichtweise, den Tod als eine einzigartige Chance in der eigenen spirituellen Praxis und Entwicklung zu begreifen. Mir wurde in immer stärkerem Maße bewußt, wie notwendig es ist, Sterbende in ihrem persönlichen Glauben, ihrer persönlichen religiösen Tradition zu bestärken. Alle große Religionen dieser Welt unterstreichen, daß der Tod ein sehr entscheidender Schnittpunkt ist. Von ganz besonderer Bedeutung - auch aus buddhistischer Sicht - ist, daß der Tod einem nicht geschieht, daß man nicht das Opfer ist. Es ist vielmehr ein sehr aktives Geschehen, das jeder Sterbende selbst stark beeinflußt. Meine Aufgabe bei der Betreuung von Sterbenden sehe ich darin, ihnen aufzuzeigen, welche inneren spirituellen Bindungen ihnen Mut und Vertrauen geben.

Schließlich führten mich meine Nachforschungen auch zu den Erkenntnissen über Nahtoderlebnisse. Nachdem Raymond Moodies Buch über Nahtoderlebnisse erschienen war, gab es eine Menge Kritik und Zweifel in der Öffentlichkeit. Einer der Einwände bestand in der Behauptung, daß die geschilderten Erlebnisse und Bilder dieser Menschen lediglich das widerspiegelten, was diese Personen glaubten oder nach Eintreten des Todes erwarteten. Es sei also so etwas wie eine letzte Phantasie. Es könnte auch an dem Morphium gelegen haben, das einige dieser Menschen zu besonders starken Phantasien angeregt hätte.

Um die Richtigkeit dieser Bedenken zu beweisen, sammelten zwei Forscher viele Fakten. Einer dieser Forscher war Professor für Psychologie, der andere ein Mediziner. Aber sie entdeckten genau das Gegenteil von dem, was sie erwartet hatten. In einem Verhältnis von zwei zu eins hatten Personen Nahtoderlebnisse, die vorher keinerlei Glauben und keine Vorstellungen von einem Leben nach dem Tod gehabt hatten. Man kann also sagen, daß die Erlebnisse nach dem Tod nichts mit dem zu tun haben, was man glaubt.

Ich weiß nicht, wie viele von Ihnen die Berichte kennen. Allen Erlebnissen gemeinsam ist, unabhängig von der Todesart, zunächst eine Phase der Dunkelheit. Spezifisch ist auch die Empfindung, den Körper zu verlassen und getrennt davon zu existieren - nur als Geist, als Bewußtsein. Selbstverständlich verallgemeinere ich hier. Das muß nicht unbedingt bei jedem so deutlich werden.

Die meisten Personen, die länger als eine Minute klinisch tot sind, machen tiefergehende Erfahrungen. Sie haben ein Gefühl von Bewegung durch die Finsternis hindurch, bis zu einem warmen, leuchtenden Licht. Sie sagen, daß in diesem Licht ein Gefühl von etwas Gegenwärtigem sei, wie eine Wesenheit, und die ist in Kommunikation mit ihnen. Diese Wesenheit ist reine Liebe und Mitgefühl. Viele beschreiben sie als die Liebe, nach der man sich ein Leben lang gesehnt hat.

Danach beginnt für die meisten Personen ein Rückblick auf das eigene Leben. Man erblickt alle Details, auch längst Vergessenes. Man sieht nicht nur, was geschah, sondern - aus einer größeren Weisheit heraus - auch, was es für andere bedeutete. Sie sagen, dieses liebevolle Wesen, dessen Gegenwart sie spüren, würde sie nicht beurteilen, sie nur mit Mitgefühl anschauen, so wie eine Mutter ihr Kind. Sie sagen, derjenige, der beurteilt, sei man selbst. Sie hätten Verwirrung und Scham darüber gefühlt, anderen Leid zugefügt zu haben.

Ein Mann erzählte, während er sein Leben betrachtet habe, sei stets das Gefühl einer im Raum stehenden Frage präsent gewesen: „Was hast du in Deinem Leben erreicht? Was hast du in puncto Liebe und Weisheit erreicht?" Und ein junger Mann sprach sogar davon, daß er sich irgendwie hereingelegt gefühlt habe. Es sei wie ein Test gewesen, und niemand habe ihn vorgewarnt.

Wenn die Menschen diese Rückschau halten, haben sie oft den starken Wunsch, die Dinge nochmals tun zu dürfen, gut tun zu dürfen, nun, da sie fühlen, was wirklich wichtig sei. Dabei haben wir uns daran zu erinnern, daß wir diese Geschichten von Menschen hörten, die die große Chance erhielten, dies tatsächlich zu tun. Nachdem diese Menschen in ihr Leben zurückkehrten, zu ihren Familien, zu ihrer Arbeit, hatten sich ihre Werte völlig geändert. Zuvor waren sie sehr beschäftigt gewesen, sie hatten keine Zeit für ihre Mitmenschen, sie arbeiteten hart, um die Rechnungen zu bezahlen. Es geschah alles in Hetze. Man schrie die Kinder an, stritt sich mit dem Partner. Aber ein Mann sagte, nun habe er erfahren, daß es tatsächlich einen Sinn im Leben gebe: Alle von uns, die gesamte Menschheit, leidet gemeinsam. Wir schwimmen alle im selben Suppentopf. Wir haben Stärken und Schwächen, aber wir leben, um die Liebe zu lernen, um uns gegenseitig zu helfen.

Jetzt möchte ich über die vier Hauptpunkte sprechen, die ich immer und immer wieder als Ursachen des unnötigen Leidens Sterbender sehe. Sie werden sie wiedererkennen, denn im Grunde habe ich sie schon alle angesprochen.

Der erste Punkt ist der, daß wir uns in unserem Leben nicht wirklich damit auseinandersetzen, warum wir leben, was der Sinn des Lebens ist, wie wir unser Leben erfüllen können. Wir haben die falschen Prioritäten. Wir schaden uns und anderen.

Ich weiß nicht, wie es Ihnen geht, aber ich hatte immer Probleme damit, den Sinn meines Lebens zu finden. Ich hatte immer die Hoffnung, mir würde es so ergehen wie in den Bibelgeschichten, daß eines Tages, während ich eine Straße entlanggehe, Gott aus einem Busch heraus wispert: „Dies ist der Sinn deines Lebens." Unglücklicherweise ist das bis jetzt nicht geschehen. Mein Problem war lange Zeit die Vorstellung, mein Leben sei nur dann sinnvoll, wenn ich alles aufgeben würde, um nur noch den Menschen zu helfen, zum Beispiel wie Albert Schweitzer oder Mutter Teresa. Aber unser Leben muß nicht einer so großen Aufgabe gewidmet sein, um sinnvoll zu sein.

Ich glaube, daß jeder, der im Sterben liegt und auf sein Leben zurückblickt, sich fragt, was wirklich sinnvoll war. Sie können sich vorstellen, wie gut sich ein Sterbender fühlt, wenn er sagen kann, ich habe sehr vielen geholfen. Aber den meisten Menschen wird es so wie mir gehen, mit großem Bedauern zu erkennen, wie selbstsüchtig man war, wieviele negative Gedanken und Verhaltensweisen man hatte.

Inzwischen sehe ich einen Weg, wie ich anderen oder auch mir selbst bei dieser Schwierigkeit helfen kann. Sie sollten den Rückblick gemeinsam mit mir halten, um nicht nur auf die Schwächen und Versäumnisse zu schauen, sondern auch auf die eigenen Stärken und Verdienste.

Sie kennen den Begriff Schuld. Wir sind meist sehr gut darin, uns schuldig zu fühlen. Ich möchte diesen Begriff gegen den Begriff des Bedauerns austauschen. Bedauern beinhaltet eine Kraft. Im Unterschied zu Schuld bedeutet Bedauern, daß wir einsehen, Fehler gemacht zu haben. Aber wir sind entschlossen, dagegen etwas zu tun, dies für die Zukunft zu ändern. Und so tritt anstelle eines Gefühls der Hilflosigkeit die Frage, wen habe ich verletzt, was ist es, dessen ich mich zu schämen habe. Und man ergreift die Initiative. Man nimmt Verbindung zu diesen Menschen auf, man schreibt ihnen Briefe und versucht, seine Fehler wiedergutzumachen. Man untersucht praktisch, was unerledigt geblieben ist. Und man beginnt, daran weiterzuarbeiten, es zu Ende zu bringen. In Wirklichkeit unterscheiden sich hierbei Leben und Sterben nicht. Die Aufgabe ist eigentlich stets die gleiche. Nur, Sie haben jetzt mehr Kraft und Energie, als wenn Sie sterben.

Auch wenn ihr Leben bisher nicht sehr sinnvoll war, können Sie sich fragen, wie Sie Ihr Leben in den letzten Wochen oder Tagen sinnvoll gestalten können. So können Sie sich zum Beispiel gegenüber anderen aufrichtig verhalten und dankbar sein. Wenn man allerdings im Bett liegt, Schmerzen hat und immer schwächer wird, so fragt man sich, was kann ich jetzt noch für andere tun? Im Grunde ist es wichtig, wie man seinen Geist benutzt, wie man sich gegenüber den Menschen verhält. Das ist stets ein Ausdruck des eigenen Wesens.

Ich erzähle Ihnen eine Geschichte hierzu. Ein Mann lag im Sterben. Er hatte eine sehr liebevolle Familie, die sich um ihn kümmerte. Sein psychischer Zustand und seine Umgebung waren sehr harmonisch. In dieser Familie fühlte sich der Hospizler fehl am Platze und schuldig, daß er nichts tun konnte. Er dachte bereits daran wegzugehen, um jemanden aufzusuchen, der seine Hilfe nötiger hätte. Er entschloß sich jedoch, den Mann anzusprechen und ihn zu fragen, ob es noch irgendetwas gäbe, was er für ihn tun könne. Der Mann stieß einen Stoßseufzer aus und sagte, wie froh er über diese Frage sei, denn da gebe es etwas, worum er niemand anderen hätte bitten mögen: „Mein Bruder und ich hatten einst einen schrecklichen Streit. Wir haben seit vierzig Jahren nicht mehr miteinander gesprochen. Ich würde ihn gern wiedersehen und mich mit ihm aussöhnen." Der Volontär lebte sichtlich auf und erkundigte sich nach dem Namen und der Anschrift des Bruders. Er schaffte es nach einigen Nachforschungen, den Bruder ausfindig zu machen, rief ihn an und erklärte ihm die Situation seines Bruders und dessen Anliegen. Er war sehr erschrocken zu hören, daß der Mann mit seinem sterbenden Bruder nichts zu tun haben wollte und auch sonst nichts zu sagen hatte.

Und dies ist der zweite Punkt der Schwierigkeiten, die sterbende Menschen haben. Sie haben mitmenschliche Beziehungen, die in der Vergangenheit mit Problemen befrachtet wurden. Da Schwierigkeiten oder gar Blockaden in der Kommunikation bestehen, fühlen sie sich hoffnungslos. Der Hospizler war sehr bestürzt und zerbrach sich den Kopf darüber, was er dem Sterbenden nun sagen sollte. Schließlich sagte er sich, daß das Wichtigste, was zu geschehen hatte, bereits geschehen sei. Er ging zu dem Sterbenden und sagte ihm in einer sehr geschickten Art und Weise: „Ich habe Ihren Bruder gesprochen. Er wird nicht kommen, aber er hörte Ihr Anliegen."

So etwas passiert häufig. Wenn die Sterbenden die meiste Zuwendung, Unterstützung und Liebe brauchen, erhalten sie das Gegenteil. Einer der Gründe für diese Kommunikationsschwierigkeiten ist, daß in der Vergangenheit entstandene negative Gefühle nicht geklärt wurden.

Ein anderer Grund ist, daß die Familienmitglieder bezüglich einer solchen Angelegenheit meistens sehr verkrampft sind. Sie haben Angst, ein solches Thema anzusprechen. Dabei ist es besonders schwierig, aufrichtig zu sein, wenn es ein schwerwiegendes Tabu in der Familie oder zwischen bestimmten Personen gibt.

Noch ein anderer Grund für solche Blockaden sind besondere Verhaltensmuster in jeder Familie, wie in diesem Beispiel das Muster, sehr höflich miteinander umzugehen. Vielleicht nehmen sowohl der Sterbende wie auch die Familie diese Schwierigkeiten wahr. Aber es ist dann schwer, plötzlich anders zu handeln. Jeder ist hilflos und weiß nicht, wie er diesen Bann durchbrechen soll.

Ich habe eine ganze Reihe von Freunden in der Welt, die sogar meine Seminare besuchen, aber auch sie rufen mich an, wenn ein Nahestehender stirbt, um mich zu fragen, was sie sagen sollen. Es ist ein sehr bedeutender Punkt der Kommunikation, an dem sie nicht weiterkommen. Ich frage dann zurück: „Was fühlst du denn?" Sie sagen dann oft: „Ich würde gerne da sein und helfen, aber ich habe Angst. Vielleicht stehe ich nur im Wege, und der Sterbende will mich nicht bei sich haben. Vielleicht kämpft er auch noch mit der Akzeptanz seines Sterbens. Vielleicht möchte er nicht darüber reden." Dann antworte ich: „Genau das ist es, was du ihm sagen mußt."

Eine andere Sache, die Sie sich in einer solchen Situation klarmachen müssen, ist, daß eine Person erst dann gestorben ist, wenn sie den letzten Atemzug getan hat. Noch lebt sie! Sie besuchen einen lebende Person!

Ich habe noch einen anderen Tip, den ich Ihnen geben möchte. Als ich das Training für die Hospizvolontäre im Santa Cruz County leitete, gab ich ihnen den Rat: „Versucht niemals, vollkommen zu sein! Wenn Ihr perfekt sein wollt, werdet Ihr euch immer wie auf Eierschalen bewegen und Ihr werdet niemals natürlich sein. Versucht, nichts vorzutäuschen. Macht Ihr einen Fehler, so steht dazu und entschuldigt euch."

Bezüglich des Umgangs mit nicht abgeschlossenen, unbearbeiteten Ereignissen gibt es noch einen Aspekt. Es ist die Situation, daß eine Person, zu der wir sprechen wollen, nicht gewillt ist, uns anzuhören, nicht erreichbar ist, oder schon gestorben ist. Dann entsteht ein Gefühl der Hilflosigkeit. In meinen Seminaren lehre ich Methoden, wie man sich in solchen Situationen helfen kann.

Der dritte Punkt der Schwierigkeiten, die Sterbende haben, besteht darin, daß ihre Beziehung zum Leiden ungeklärt ist, sie nicht verstehen, mit dem Leiden umzugehen.

Wir verstehen das Leiden als das Unangenehme, das uns widerfährt. Das Leiden ist aber unsere Reaktion darauf. Wer ständig Kranke pflegt, weiß, daß zwei Patienten mit der gleichen Krankheit völlig unterschiedlich reagieren. Der eine leidet entsetzlich, der andere kaum.

Selbstverständlich umfaßt der Prozeß des Sterbens sehr schmerzvolle Augenblicke und Umstände, aber wir müssen sie ansehen und durchstehen. Wir müssen erkennen, daß alles zu unserer Vorstellung über das Leben in Beziehung steht. Wir wollen den Schmerz vermeiden und nur Freude erfahren. Aber ist es nicht bedeutungsvoller zu realisieren, daß zum Leben beides gehört?

Wenn Sie sich jetzt wieder an die Situationen erinnern, in denen Ihnen großes Leid widerfuhr, so werden Sie erkennen, daß dieses Leid für Sie sinnvoll war, oft sogar konstruktive Veränderungen zum Besseren bewirkte. Leiden verändert uns. Leiden verändert uns auch gegen unseren Willen. Wollen wir versuchen, die Wände um uns immer dicker zu machen, um das Leiden fernzuhalten, oder wollen wir leben? Leiden ist nicht nur ein Teil des Sterbens, es ist ein wesentlicher Bestandteil des Lebens selbst! Es bringt uns dazu, unsere inneren Schranken zu überwinden. Aber dazu gehört die Bereitschaft, sich darauf einzulassen.

Als mein Mann starb, gab es eine Zeit, in der ich sehr verzweifelt war. Ich hatte das Gefühl, mich auf dem bodenlosen Grund eines tiefen Brunnens zu befinden, und niemand war da. Ich fühlte mich wie in der Falle. Ich sah keinen Ausweg. Wie ich schon sagte, damals habe ich an nichts und niemanden geglaubt. Trotzdem wußte ich, ich muß hier raus. Und ich habe gebetet. Wenig später stieg so ein Bild in mir hoch, das weltweit publiziert worden war. Es zeigte eine vietnamesische Mutter mit ihrem Kind auf dem Arm, die in Verzweiflung zum Himmel schaut. Als dieses Bild in mir aufstieg, empfand ich sofort eine Verbindung zu allen leidenden Menschen auf der Welt. Mir wurde klar, wir alle müssen einen gemeinsamen Weg durch das Leid finden. In dem Augenblick war es, als ob die Schale, die mich umgeben hatte, gesprengt würde. Leiden bringt uns dazu, den Sinn des Lebens zu finden! Es ist der Anfang des spirituellen Pfades!

In unserem Hospiz war ein pensionierter katholischer Priester, der als Volontär arbeitete. Er erzählte mir die Geschichte einer älteren Frau, die zwar gesund, aber sehr verbittert war. Sie war zickig und beschwerte sich über jeden und alles. Selbst ihre Kinder wollten sie nicht mehr besuchen. Sie war einfach unerträglich. Dieser Priester besuchte sie jede Woche. Er war sehr höflich zu ihr und bemühte sich, sie immer geduldig anzuhören. Eines Tages erhielt er den Notruf einer anderen Familie. Dort war eine junge Frau, deren Mann überraschend gestorben war. Sie hatte vier kleine Kinder zu versorgen. Und er hörte von all ihren Ängsten, ihrem Schmerz, ihren Sorgen, wie es weitergehen sollte. Sein Herz wurde ganz eingenommen von ihren Nöten. Als er bei nächster Gelegenheit erneut die verbitterte und jammernde alte Frau besuchte, verlor er die Geduld. Er sagte, daß es ihm sehr leid tue, daß sie sterben müsse, daß ihre Kinder sie nicht mehr besuchen würden und er ihr nicht helfen könne, weil sie sich nur um ihre eigenen Probleme kümmern würde. Und dann erzählte er ihr von der verzweifelten jungen Frau. Er schlug ihr vor, sich dieser jungen Frau zu widmen, für diese zu beten und ihr zu helfen. Die alte Frau verwandelte sich in der darauffolgenden Zeit völlig. Sie strahlte Liebe und Güte aus und kümmerte sich um die Anliegen der jungen Frau, so gut sie es noch konnte.

Leiden sind also nicht äußere Umstände! Leiden ist unsere Reaktion darauf!

Es gibt eine Vielzahl von Möglichkeiten, wie man positiv reagieren kann. Und es wird sowohl im Buddhismus wie auch im Christentum gleichermaßen betont, wie hilfreich es ist, sein Leiden jemandem zu widmen.

Der vierte Punkt tritt ein, wenn eine Person stirbt, aber keine klaren Vorstellungen über den Tod hat und nicht weiß, wie sie dem Tod begegnen soll. Dies ist in unserer Gesellschaft sehr häufig der Fall.

Die Bilder vom Tod erzeugen Streß und Angst. Es gibt in unserem Kulturraum viele, die Atheisten oder Nihilisten sind, die keine Vorstellungen über ein Leben nach dem Tod haben und auch nicht daran glauben. Vielleicht haben sie aus jüngeren Jahren eine Vorstellung vom Tod, die sie ängstigt. Vielleicht spielen sie mit dem Gedanken, daß es doch einen Himmel und eine Hölle geben könnte, auch wenn sie es nicht glauben wollen.

Wirklich viele Menschen halten nur deshalb so verzweifelt am Leben fest, weil sie diese Möglichkeiten fürchten. Hinzu kommt, daß sie beim Rückblick auf ihr Leben zu dem Urteil gelangen, daß sie den Himmel nicht verdient haben und die Hölle als einen Zustand oder Ort ewigen Leidens verstehen.

Ein Weg aus dieser Situation ist Hingabe und Gottvertrauen. Menschen, die ihren Frieden mit Gott gemacht haben, leben in der Zuversicht, wenn sie sterben, Gott zu treffen und eins mit ihm zu werden. Aber für die meisten ist Gott etwas von ihnen sehr Entferntes. Und sie wissen nicht so recht, ob Gott Spaß versteht. Da ist auch diese Unsicherheit, ob man Gottes überhaupt würdig ist. Wird er mich mögen, wird er mich akzeptieren? Und andere Menschen zweifeln daran, ob Gott ihnen wirklich ihre Sünden vergeben wird.

Den Weg, den ich sehe und auch in der Praxis beschreite, um Sterbenden bei dieser Problematik zu helfen, besteht darin, gemeinsam mit ihnen herauszufinden, was sie glauben, worauf sie vertrauen, statt das zu vertiefen, worüber sie besorgt sind. Wenn sie an Gott oder Jesus Christus glauben, dann soll man sie ermutigen, diesen Glauben in ihr Leben einzubringen, eine aufrichtige und klare Beziehung zu Gott aufzubauen, so daß Gott keine entfernte und unbekannte Instanz bleibt. Es gilt herauszufinden, welche Art spiritueller Praxis, Gebete oder Texte sie inspiriert und ihnen ein Gefühl des Vertrauens und der Liebe zu Gott gibt, anstelle des Gefühls der Gottesferne und der eigenen Unwürdigkeit.

Jede Religion hat Empfehlungen für eine Praxis oder für Gebete in Vorbereitung auf den Tod. So zeigte mir zum Beispiel der als Volontär in der Hospiz-Bewegung tätige katholische Priester ein kleines Büchlein, das ausschließlich Gebete für Sterbende enthielt. Es waren sehr schöne Gebete. Sie bitten um die Aufnahme des Sterbenden durch Gott und haben somit auch mit dem Loslassen zu tun.

Ich stelle mir vor, wie schön es sein müßte, wenn die Familie eines Sterbenden solche Gebete in den Wochen und Stunden vor dem Tod ihrer Angehörigen gemeinsam sprechen würde. Das würde auch die Spannung in der Familie zum Teil lösen, dieses Festhalten, dieses nicht loslassen wollen seitens der Familie. Durch solche Gebete wird das Loslassen des Sterbenden sinnvoller und leichter, da er doch zu Gott geht. Es transzendiert den Schmerz über die bevorstehende Trennung.

Auch die buddhistisch-tibetische Tradition, die ich studiere, kennt eine bestimmte Praxis, die hilft, einen Menschen im Augenblick des Todes in die Wahrheit zu entlassen. Es wird betont, daß dies auch im Leben schon praktiziert werden sollte. Dann fällt es beim Sterben leichter.

Der oberste Grundsatz, um jemanden friedvoll sterben zu lassen - insbesondere, wenn ihm jeglicher Glaube und jegliche spirituelle Praxis fehlt - ist, ihn zu unterstützen, mit einem befriedeten Geist zu sterben, ohne Zorn, ohne Festhalten, aber in dem Gefühl, geliebt zu werden.

Das sind nur „Ratschläge in einer Nußschale" für die Sterbebegleitung. Es ist ein umfangreiches Gebiet. Deshalb behandele ich es in der Regel auf Seminaren. Doch hoffe ich, daß Sie einiges von dem Vorgetragenen in Ihrem Herz bewahren, so daß es verfügbar ist, wenn Sie es benötigen. Ich hoffe aber auch, Sie bewahren in Ihrem Herzen, daß der Tod wie ein Spiegel ist, der reflektiert, wie wir gelebt haben. So sind all diese Ratschläge für die Unterstützung Sterbender gleichzeitig Ratschläge für das Leben, für die Freude daran.

Der Tod zeigt sein Gesicht

Anagarika Kassapa

Irgendwann im Jahre 1979 während meiner Mönchszeit in der Island-Hermitage in Dodanduwa/Sri Lanka. Unser Mittagsmahl war beendet, und ich saß auf der Veranda meiner Hütte. Eiligen Schrittes kam Ehrwürden Piyaratana, unser Hauptmönch, auf mich zu und rief etwas zu mir herüber. Wir verständigten uns in der Palisprache, und ich verstand von dem, was er mir zurief nur Fetzen, doch es reichte: „Jemand ertrunken - komm schnell zur Lagune - wir müssen tauchen und nach ihm suchen!"

Ich lief hinter ihm her, so schnell es meine Schlappsandalen erlaubten. Wir erreichten das Ufer, stiegen in unser Boot ein und im Verein mit den anderen Mönchen tauchten wir immer wieder bis auf den schlammigen Grund, um den Versunkenen zu bergen. Das Wasser war von dem aufgewühlten Schlamm so trübe geworden, daß wir um uns herum nur noch einen bräunlichen Schimmer wahrnahmen. Schließlich gaben wir die Suche auf.

Ich fragte einen der Mönche, wer denn der Ertrunkene sei und wie sich das Ganze zugetragen habe. „Der Möchtegern-Busfahrer", war die Antwort. Er war mir wohlbekannt, doch seinen Namen wußte niemand. Er hieß Karunaratna, wie mir später Ehrw. Piyaratana mitteilte, „Juwel des Mitempfindens". Früher war er Koch in der Island-Hermitage, dann machte er seinen Busführerschein, blieb aber ohne Anstellung und kam daher öfter zu uns.

An seinem Todestag - er hatte recht viel zu Mittag gegessen - sah ihn einer unserer Helferjungen in die Lagune steigen und hinausschwimmen. Nach einer kurzen Strecke verfingen sich seine Beine in seinem Sarong, er geriet in Panik, schlug wild mit den Händen um sich und sank nach verzweifeltem Kampf mit erhobenen Armen in die Tiefe. Der Junge lief so schnell er konnte zu Ehrw. Piyaratana und berichtete ihm den Vorfall. Piyaratana rief eiligst die Mönche zur Hilfe herbei, doch wir konnten Karunaratna nicht mehr dem Tod entreißen.

Ehrw. Piyaratana setzte nun mit dem Boot über die Lagune und verständigte Mr. Vas, den Ortspolizeichef von Dodanduwa. Mr. Vas rief seine Leute zusammen und bald kehrte Ehrw. Piyaratana mit ihnen zurück. Mit Tauchermasken ausgerüstet begannen sie ihr Werk, und nach kaum einer Viertelstunde hatten sie Karunaratna gefunden und geborgen.

Der Tag ging zur Neige, und ich kehrte zum Schauplatz des Geschehens zurück. Karunaratna lag auf einer Holzbank, als ob er noch lebte. Daneben stand eine Druckluft-Petroleumlampe und verbreitete ein grelles Licht, um Nachtgetier fernzuhalten.

Ich berührte den kalten, braunen Körper - die Totenstarre hatte schon eingesetzt. Mehrere Mönche kamen heran, und wir trugen die Holzbank mit dem Toten auf die Veranda einer leerstehenden Mönchshütte, wo wir ihn auf einer Pritsche aufbahrten und mit einem Leintuch bedeckten. Mein Mitmönch Nanadipa und ich hielten die erste Totenwache.

Die Nacht war drückend schwül, und schon bald nahm ich die ersten Anzeichen der Verwesung wahr. Mit einem leicht zischenden Geräusch bildeten sich Speichelbläschen in seinen Mundwinkeln, als ob er noch ausatmete. Doch es waren Verwesungsgase, die nach außen drangen. Beim Morgengrauen war der Körper schon leicht angeschwollen, und Karunaratnas silbernes Halskettchen spannte sich straff um seinen bereits aufgetriebenen Hals.

Nach wachend verbrachter Nacht lösten uns andere Mönche ab. Wir nahmen unser Frühstück zu uns und gönnten uns einige Stunden der Ruhe, dann aber kehrten wir zu dem Toten zurück. Schon lag Verwesungsgeruch in der Luft. Mehrere Karabas, bis zu drei Meter lange, eidechsenähnliche Reptilien, krochen heran und wollten sich an dem faulenden Fleisch laben. Sie ließen sich schwer vertreiben, zischten wütend und schlugen mit den Schwänzen um sich. Wehe, wenn die treffen! Ihre Schwanzschläge können Knochen brechen.

Es wäre an der Zeit gewesen, den Leichnam beizusetzen, doch warteten wir noch auf die Eltern, die ja sicherlich dem Begräbnis beiwohnen wollten. Sie kamen und kamen nicht, und warum? Ein Telegramm mit der Todesnachricht war noch nicht abgegangen. So blieb denn der Leichnam noch über der Erde.

Die zweite Nacht brach herein, und wieder saßen Nanadipa und ich bei dem Toten. Er war bereits unförmig aufgedunsen, und auf der Haut hatten sich Blasen gebildet, in denen Gewebewasser hin- und hersickerte, bis sie zerplatzten. Die Zunge quoll aus dem Mund, die Augenlider hatten sich unter dem Druck der angeschwollenen Augen geöffnet, und die Pupillen schauten wie schwarzgraue Knöpfe unter ihnen hervor.

Plötzlich gingen ruckartige Bewegungen durch den Körper. Die Arme winkelten sich seitwärts in Schulterhöhe vom Körper ab, und nach einer Weile rückten die Beine nach und spreizten sich wie bei einem Baby. Wir berichteten dies einem älteren Mann aus Dodanduwa, der uns öfter besuchte, und der meinte dazu: „Es ist gut, daß ihr dies beobachtet habt und nicht unsere Jungen. Sie wären in Panik davongerannt."

Wieder setzte Ehrw. Piyaratana mit dem Boot über die Lagune und kehrte mit einem Trupp Männer zurück. Sie schleppten Bretter und Werkzeug heran und begannen in Eile, einen primitiven Sarg zu zimmern. Ringsum standen mehrere Druckluftlampen und warfen ihr grellweißes Licht auf die emsig hin- und herhuschenden Männer, die sich geisterhaft von ihren Schatten abhoben.

Indessen verfärbte sich der Leichnam blau und sprang an verschiedenen Stellen auf. Pestilenzartiger Geruch erfüllte die Luft, und wir saßen mit dem Rücken gegen die Wand, damit er uns nicht in die Nase drang. Die stark geschwollene Zunge hatte sich ganz aus dem Munde geschoben, und die Augen waren wie Tennisbälle aus ihren Höhlen gequollen.

Nun trugen die Männer den roh gezimmerten Sarg heran. Jeder von uns packte ein Stück des Leintuchs, auf dem der Tote lag, und bei angehaltener Luft hoben wir die faulige Masse in den Sarg. Zwei Männer deckten schleunigst den Deckel darüber.

Der Morgen brach an. Wir beschlossen, den Toten am Nachmittag beizusetzen und nicht länger auf die Eltern zu warten. Der Mann, der das Telegramm aufgeben sollte, hatte ein schlechtes Gewissen, weil er dies so lange hinausgezögert hatte, und quengelte herum, wir sollten doch noch warten, bis die Eltern kämen. Ehrw. Piyaratana aber sagte ihm kurz angebunden: „Dann bring den Sarg bei Dir zu Hause unter!" Das machte ihn still.

Am frühen Nachmittag hatten sich mehrere Freunde versammelt, um den Toten zum Grabe zu geleiten. Einige Neugierige wollten unbedingt den verwesenden Leichnam sehen und drängten, den Deckel zu öffnen. Durchdringend schaute sie einer der Männer an, und dann tat er ihnen den Gefallen. Oh, wie diese Neugierigen zurückfuhren! Mit zugehaltenen Nasen oder mit den Händen vor den Augen wandten sie sich entsetzt ab. Karunaratnas Gesicht hatte sich zu einer knolligen Fratze entstellt, so grausig, daß das Grausige ins Lächerliche überkippte. Schnell verschloß der Beherzte den Sarg, und der Zug setzte sich in Bewegung zu Karunaratnas Grabstätte im Dschungel. Rasch wurde das Grab zugeschaufelt, und nur einige armselige Blumen schmückten die nackte Erde. Erst am nächsten Tag erschienen die Eltern. Von Trauer niedergedrückt betrachteten sie das frische Grab und bald reisten sie wieder ab. Schon nach kurzer Zeit begann der Dschungel die Stätte zu überwuchern, und nun wird sie wohl niemand mehr finden.

Dies alles liegt nun weit zurück. Der Tod eines Mitmenschen bot uns Gelegenheit zu einer Leichenbetrachtung im Sinne der Buddhalehre. Ob von uns irgend jemand bei dieser Betrachtung in die erste Versenkung eintreten konnte, weiß niemand, doch wird sie bei uns allen einen tiefen, lebensverändernden Eindruck hinterlassen haben. Noch öfter haben wir Leichenbetrachtungen gepflegt, indem wir in Krankenhäusern bei Obduktionen zugeschaut haben.

Was bedeutet es für unser Leben, wenn es heißt: „Auch dieser Körper ist so geartet, wird dem nicht entgehen?" Es soll uns zeigen, daß wir noch nicht einmal Herr und Eigner unseres Körpers sind, er stirbt uns weg und keine Macht der Welt kann dies verhindern. Dazu sagt eine Textstelle: „Der Körper ist nicht euer, ihn gebet auf! Habt ihr ihn aufgegeben, wird es euch lang zum Heil und Segen gereichen."

Viele Menschen verdrängen die Tatsache des Todes, und wenn er vor ihnen steht oder einen ihrer Angehörigen dahinrafft, sind sie rat- und hilflos. Was haben sie alles noch vorgehabt? Was wollten sie noch alles werden, erreichen, erleben und genießen? Doch angesichts des Todes hilft kein Sich-Aufbäumen und Kämpfen, keine Verzweiflung, weil all unser Streben nach Glück, Erfolg, sozialer Stellung und persönlicher Geltung sich als ein Griff ins Leere erweist. Was ist von Kaisern, Königen, Päpsten, Präsidenten, Diktatoren, Politikern, Generälen, Dichtern, Denkern, Wissenschaftlern und Heiligen übriggeblieben als Geschichte, Lehren und Werke? Und was bleibt vom „gewöhnlichen Sterblichen"? Nichts als die Erinnerung im Gedächtnis der Hinterbliebenen! Sind auch sie tot, ist er vergessen. Sollte uns das nicht klarmachen, daß all unser Jagen nach selbstgestellten und selbstsüchtigen Zielen letztlich nur unserer Eitelkeit dient und nichts als ein Greifen nach Seifenblasen ist, die im Weltenlauf verschwinden? Das einzig Sinnvolle ist, dies als Irrsinn zu erkennen und nach Befreiung zu streben.

Es ist ein Unding, den Tod zu tabuisieren und in die Illusion vom Daseinsglück zu fliehen. Wer sich jedoch mit dem Tode auseinandersetzt, bricht seine Schrecken, und dazu ist die Betrachtung verwesender Leichen äußerst hilfreich. Ist nicht unser ganzes Leben gleichzeitig auch ein Sterben? Jeden Moment wird ein Stückchen Gegenwart zur Vergangenheit. „Die Vergangenheit ist nicht mehr, die Zukunft ist noch nicht, und auch in der Gegenwart gibt es keinen festen Halt", sagt ein Zen-Meister der alten Zeit.

Jeder Moment unseres Lebens, und sei er noch so kurz, ist ein kleiner Tod. Je größer die Zeitspanne, um so deutlicher offenbart sich, daß das Vergangene unwiederbringlich dahin ist. Wo ist das Kind geblieben, das wir einmal gewesen sind, wo der Jüngling oder das junge Mädchen, und wo der reife Mann oder die reife Frau, wenn das Leben ausklingt? Und was liegt vor uns? Alter, Krankheit, Tod und Wiedergeburt!

Wer nach dem Leben greift, greift gleichzeitig auch nach dem Tode, denn Leben und Tod sind untrennbar. Und wer läßt uns so heftig nach dem Leben greifen? Nichts als Gier, verblendet durch den Wahn, daß im Leben und in der Welt „etwas zu holen" sei. Nichts führt diese Gier so sehr ad absurdum wie die Leichenbetrachtung; was die Gier zu erhaschen vermag, ist nur eine Anhäufung vergänglicher Dinge, die sich in ihrer Gesamtheit ausnehmen wie eine fluktuierende Wolke, in der nichts den Moment überdauert: Körperliches, Gefühle, Wahrnehmungen, Willensregungen und Bewußtsein. Und was bleibt übrig? Ein verwesender Leichnam, der sich in seine Elemente auflöst.

> *„Die Knochenburg, bedeckt mit Fleisch,*
> *gefüllt mit Blutes Saft und Kraft,*
> *beherbergt Alter, Not und Tod,*
> *Hochmut, Stolz und Heuchelei."*

So heißt es in den Texten. Diese Knochenburg lebt natürlich, gelenkt durch ihre geistig-seelische Komponente wie eine Marionette durch ihren Spieler. Betrachten wir einmal dieses Leben! Welchen zum Teil wahrhaft bedrückenden Einflüssen ist der Embryo ausgesetzt, solange er noch im Mutterleib weilt? Und die Geburt? Ist sie nicht auch eine leidvolle Erfahrung für Mutter und Kind? Wie oft bringt die Dressur der Erziehung auch in den glücklichsten Familienverhältnissen das

Kind zur Verzweiflung? Nicht viel anders ist es mit der Schulzeit, der Berufsausbildung, dem Auf und Ab des Liebeslebens mit seinen zum Teil recht schmerzlichen Erfahrungen, dem Berufsleben mit seinem Verdruß, den Ehejahren mit ihren Sorgen, den Problemen der Kindererziehung, den Schwierigkeiten mit Ämtern und Behörden, der Absicherung des Alters, und am Ende erwartet uns noch der Tod. Wieviele Kriege mit Millionen von Toten, Hungersnöten, Seuchen und Katastrophen sind über die Menschheit hinweggezogen? Wieviele Menschen werden von Diktatoren entrechtet, in Straflager abtransportiert, gefoltert und ermordet? Nicht zu vergessen das seelische Elend in unserer eiskalten modernen Welt, wo der Mensch zur Wegwerfware geworden ist! Lohnt es sich wirklich, immer wieder nach Dasein zu greifen, von Hoffnung und Erwartung geblendet? Und was geschieht, wenn sich die Daseinsgier, durch übles Karma belastet, einmal „vergreift" und zur Wiedergeburt in den niedrigen Daseinsbereichen unterhalb der menschlichen Stufe führt? Eine Verkettung von Leiden könnte Wirklichkeit werden, gegen die Konzentrationslager und Folter harmlos sind.

Natürlich können wir auch, gestützt auf Verdienste und geistige Übung, in Götterwelten landen und lange Zeit überirdisches Glück genießen. Aber auch die Götter sind sterblich, auch sie zittern vor dem Tode und dem Absturz aus dem Glück. Kein Glück hat Bestand, und dies ist eine leidvolle Tatsache, an der kein Gott und kein Teufel etwas zu ändern vermag.

Furchtbar, nicht wahr! Aber dies ist die Daseinsrealität, wie sie ist, und es hat keinen Sinn, vor ihr die Augen zu verschließen und sich der Glücksillusion zu ergeben. Wohl weilten wir in der anfangs- und endlosen Daseinsrunde schon viele Male in den Götterwelten, doch wieviel öfter sind wir grausame Tode gestorben und werden es immer wieder, solange wir nicht das todlose Nibbana erreicht haben und somit dem Daseinskreislauf für immer entronnen sind. Wir brauchen nur fallenzulassen, was wir bisher festgehalten haben: das Daseinwollen um jeden Preis! Es liegt in unseren Möglichkeiten, nur die Wolke der Verblendung hindert uns daran. Daß sie sich überwinden läßt, sollte uns mit der größten Zuversicht erfüllen.

Sollten wir nun in Körperfeindlichkeit verfallen, weil der Körper eine todgeweihte Knochenburg ist? Mitnichten! Auch unser Auto wird einmal schrottreif, und trotzdem pflegen und warten wir es, damit es uns lange Zeit sicher von Ort zu Ort trage. Ebenso sollten wir mit unserem

Körper umgehen, er will mit Liebe behandelt werden, gerade weil er so hinfällig ist. Körperfeindlichkeit ist Selbsthaß und Anzeichen einer inneren Gespaltenheit, die sich in Unlebendigkeit äußert und kopflastig macht.

Ein Beispiel dafür, wie wir nicht mit dem Körper umgehen sollten, ist der Hochleistungssport, in dem man um flüchtiger Siegerehren willen den Körper durch Training und Medikamente mißhandelt, um das Letzte aus ihm herauszuholen. So mancher hat sich dadurch zum Krüppel gemacht. Auch dies geschieht aus einem verkappten Selbsthaß, hinter dem der Dünkel steht: Ich will besser sein als der andere!

Es ist kein Fehler, wenn wir durch gezielte Körperübungen wie zum Beispiel Yoga gesteigerte Bewußtheit zu erlangen und unser Lebensgefühl zu verbessern versuchen, mögen auch manche Kopfbuddhisten sagen, es verstieße gegen die Lehre, weil es lustbetont ist. Gewiß kann körperliches Wohlgefühl zu körperlicher Begehrlichkeit und narzistischer Selbstgefälligkeit führen, wer jedoch diese Falle kennt, tappt nicht mehr in sie hinein. Ihm ist das Erleben der Wechselwirkungen zwischen Geist und Körper (nama und rupa) wichtiger als das Aufgeladensein mit neuen Energien.

Scheinbar Unbedeutendes kann zum Schlüsselerlebnis werden. Jemand berichtete mir, daß er bei der Arbeit am Atem Vokale summte und ihr Vibrieren bis in die Finger- und Zehenspitzen verspürte. Ihm war dabei, als ob ein sanftes Feuer seinen Körper von innen heraus belebte. Bei genauerem Hinsehen aber fragte er sich, ob er nicht gerade durch diese Übung das Niederbrennen zum Tode wahrnähme, so wohltuend es auch sei.

Ja! Ihm wurde klar, daß unser ganzes Leben ein Prozeß des Niederbrennens ist, der sich in der Übung widerspiegelt. Das soll nicht heißen, daß solche Übungen das Abbrennen der Lebenskraft beschleunigen, im Gegenteil, sie erneuern sie. Und doch ist das Auf und Ab der Vokalschwingungen beispielhaft für das Entstehen und Vergehen von Moment zu Moment, das unaufhaltsam dem Tode zusteuert. So erkannte er, daß der Lebensprozeß gleichzeitig auch ein Sterbeprozeß ist.

Bei Körperübungen solche Entdeckungen zu machen, setzt natürlich Geschultsein in der Vipassana-Meditation voraus, zu deutsch: Einblicks-Meditation. Je intensiver der Einblick in den Körper wird, um so mehr offenbaren sich alle die geistig-seelischen Vorgänge, die mit dem Geschehen im Körper parallel laufen. Eine unsterbliche Seele ist nirgends zu finden, was wir als „geistig-seelisch" bezeichnen, ist nichts als ein Geflimmer von Gefühlen, Wahrnehmungen, Willensimpulsen und Bewußtsein ohne Dauer, ein Aufleben und Sterben von Moment zu Moment. „Das bin ich, das gehört mir, das ist mein Selbst" - welch ein Wahn! „Was nützt mir die ganze Meditation, wenn sie mich doch nur zu solch grausigen Entdeckungen führt", möchte mancher sagen, „ich will schöne Erlebnisse haben!" Keine Angst, du wirst sie haben! Aber sie sind vergänglich. Gibt es etwas Schöneres, als die Daseinsrealität hinnehmen zu können, wie sie ist, ohne in Lebensfeindlichkeit zu verfallen? Gibt es etwas Schöneres, als die Glücksillusion nicht mehr nötig zu haben?

„In diesem sechs Spannen großen Körper, mit Wahrnehmung und Bewußtsein ausgerüstet, ist die Welt enthalten, der Welt Entstehung, der Welt Auflösung und der zu der Welt Auflösung führende Pfad", sagt eine Textstelle. Das heißt, Nibbana ist da wie das Wasser in der Tiefe eines Brunnens oder der uns umgebende Luftraum, und es gibt einen Pfad zu ihm hin, einen Ausweg inmitten unserer geistig-leiblichen Gesamtheit (nama-rupa). Wir beschreiten ihn in der losgelösten Betrachtung des Körpers, der Gefühle, des Geistes und der geistigen Gestaltungskräfte, und er führt todsicher zum Leidensende, wenn wir nicht von ihm abirren. Gibt es eine „frohere Botschaft"?

Die Überwindung des Todes

Lama Anagarika Govinda

Da der Tod kein unmittelbares Erlebnis, sondern nur ein aus äußeren Geschehnissen abgeleiteter Begriff ist, so hängt die Befreiung vom Tode von der Überwindung des Begriffs ab. Dies aber kann nie durch den Intellekt geschehen, der ja gerade die Zone des begrifflichen Denkens ist, sondern nur durch Wiederherstellung des Erlebniszustandes.

In anderen Worten: Die Verbegrifflichung unserer Individualität schafft das „Ich", die Verbegrifflichung des Wechsels (der einseitig nur unter dem Aspekt des Vergehens gesehen wird), unter Bezugnahme auf jenes illusorische „Ich", schafft den Tod. Weder der Tod noch das „Ich" können erlebt werden. Sie sind die beiden entgegengesetzten Enden derselben Begriffsreihe. Ihr Kennzeichen, wie das jedes Begriffes, ist Begrenzung, Abgrenzung.

Wäre der Tod etwas Wirkliches, so könnten wir ihn erleben. In dem Augenblick aber, in dem wir ihn erleben würden, hätten wir den Beweis erbracht, daß er das erlebende Subjekt nicht zerstört und somit nicht das ist, wofür wir ihn halten.

Wenn der Tod aber etwas ist, das gar nicht erlebt werden kann, warum sollten wir uns dann vor ihm fürchten? Wir würden uns ja auch nicht vor einer Krankheit fürchten, von der wir wissen, daß sie uns gar nicht befallen kann. Wenn wir den Tod dennoch fürchten, so beweist dies nur, wie sehr wir unter der Herrschaft des Intellekts stehen.

Eine typische Eigenschaft des Intellekts ist das Streben nach Objektivität. Sie ist berechtigt und nützlich, solange es sich um Objekte, das heißt um begrifflich Abgrenzbares handelt (denn be-"greifen" kann man nur Begrenztes, Gegenständliches); sie versagt aber naturgemäß in allen lebenswichtigen Fragen, das heißt in denen, die den Menschen selbst angehen. Anstelle jener intellektuellen Objektivität subjektives Erleben zu setzen, ist der einzige Ausweg aus dem Dilemma des Geistes.

Das Problem der Todesüberwindung (oder der Unsterblichkeit) ist somit gar kein objektives, sondern ein rein subjektives und ist dementsprechend nur erlebnismäßig zu lösen. Objektiv gibt es noch weniger einen Tod als subjektiv, sondern höchstens den Leichnam, den aber doch ernstlich niemand für die Person des Verstorbenen ansieht - andernfalls man ihn nicht beerdigen oder verbrennen würde.

Die Überwindung des Todes liegt also durchaus im Bereich des Möglichen. Zwar können wir uns die Bewußtseinslage des Kindes oder des Tieres, das nicht stirbt, weil es vom Sterben nichts weiß, nicht zurückversetzen; aber wir können uns über den Standpunkt des Durchschnittsmenschen, der dem Tod ausgeliefert ist, weil er ihn glaubt, hinausentwickeln, indem wir die Ich-Illusion durchschauen und somit die Voraussetzung des Todes zunichte machen.

Die Vernichtung der Ich-Illusion ist aber keineswegs identisch mit der Vernichtung der Individualität oder der individuellen Kontinuität. Ganz im Gegenteil: Erst durch die Vernichtung dieser hemmenden und einschränkenden Illusion wird es möglich, über die Grenzen der momentanen „Ichheit", jenes nur gedachten Bezugszentrums unserer vielfältig bedingten Persönlichkeit, hinauszusehen und den Zusammenhang mit vorhergegangenen und zukünftigen Lebensformen zu erkennen.

Es ist in Tibet eine wohlbekannte geistige Übung der in die Bardo-Lehren Eingeweihten, in jene tieferen Schichten der Psyche einzudringen, in die sich das Bewußtsein im Augenblick des physischen Todes zurückzieht, und so das Erlebnis des Überganges von einer Lebensform zur anderen geistig vorwegzunehmen. Es handelt sich hier nicht um die Bewußtmachung der Vergangenheit oder der Zukunft, die Erinnerung früherer Leben oder die Vorausschau künftiger Existenzen, sondern um etwas viel Wichtigeres: die bewußte Leitung unserer psychischen Kräfte im Augenblick des Aufhörens der körperlichen Funktionen oder die bewußte Projektion dieser Kräfte in einem ähnlichen, während der Meditation hervorgerufenen Zustande der Befreiung vom Einfluß körperlicher Funktionen.

Durch die Beobachtung und Befolgung der Naturgesetze ist es dem Menschen gelungen, die Naturkräfte zu beherrschen. Durch Beobachtung und Befolgung geistiger Gesetze wird er zum Herrn des Geistes.

Seit Jahrtausenden hat man sich darum gestritten, ob der Mensch unsterblich sei oder ob mit dem physischen Tode alles vorbei sei. Dabei hat man das Wesentliche übersehen: daß Unsterblichkeit oder Vernichtung keine naturgegebenen Tatsachen sind, sondern von uns selbst abhängen.

Der Mensch ist sterblich, solange er sich nicht bemüht, über seinen gegenwärtigen Zustand hinauszukommen, das heißt über den Zustand seines gegenwärtigen Unwissens, seines Sichgenügens mit den unwesentlichen Teilerscheinungen seines Daseins. Unsterblichkeit ist nicht eine Gabe der Natur oder eines Gottes: Sie muß erworben werden.

Die alte, so furchtbare Lehre von der ewigen Verdammnis (die so wenig zu der Idee eines gütigen Gottes paßt) hat ihren Ursprung in der richtigen Erkenntnis, daß das Individuum, das den Anschluß an die großen Zusammenhänge seiner Existenz und seines inneren Seins nicht gefunden hat, in der Tat der Vergänglichkeit anheimfällt und sich um seine Unsterblichkeit bringt. Denn Unsterblichkeit ist nicht die Fortexistenz einer unbewußten Lebenskraft, sondern das Bewußtsein der eigenen tieferen Wirklichkeit. Es ist das Wissen um die Wirklichkeit jenes großen Stromes, in dem unser jetziges Leben nur einen Augenblick darstellt. In diesem Wissen liegt die Befreiung vom Tode, das Erlebnis und die Verwirklichung der Unsterblichkeit.

Die Todlosigkeit ist gefunden

Winfried Kruckenberg

Etwa 500 Jahre vor unserer Zeitrechnung ereignete sich der Überlieferung nach folgendes: Der im gesicherten Wohlstand lebende Prinz Siddhartha Gautama Shakyamuni, der spätere Buddha, machte eines Tages eine Ausfahrt und traf dabei auf einen Kranken, auf einen gebrechlichen Alten, auf einen Toten und auf einen wandernden Bettelmönch. Da überfiel ihn plötzlich die Frage: „Muß auch ich so werden? Ist das ganze Leben etwas, was mit viel Hoffnungen beginnt und unwiderruflich mit Altern, Krankheit und Tod enden muß? Ist das Leben unwiderruflich Leiden?"

Diese Frage nach dem Sinn des Lebens, die Frage nach der Überwindung der Todesangst und die Frage, was nach dem Tode ist, stellt sich irgendwann jedem in unerbittlicher Härte. Die Spannung zwischen Leben-Wollen und doch Sterben-Müssen ist offenbar Schicksal allen Lebens. Wo Geburt ist, ist Altern, Krankheit und Tod.

Das Erlebnis dieser Ausfahrt erschütterte den späteren Buddha nun so sehr, daß er beschloß, sein Leben als indischer Prinz aufzugeben und als Bettelmönch diese Frage zu untersuchen. Etwa zehn Jahre lang studierte er so alle diesbezüglichen Lehren des alten Indien, bis er die Erleuchtung erlangte, bis er die Lösung fand. Er gestaltete sie aus und lehrte seinen Weg 45 Jahre lang bis zu seinem Tode. In gleicher Weise wird seine Lehre bis heute dargelegt. „Die Todlosigkeit ist gefunden!", verkündete er in seiner ersten Rede.

Es ist wohl klar, daß er damit nicht behaupten wollte, daß er die Möglichkeit zum ewigen Leben auf der Erde gefunden habe, denn seine ganze Lehre beruht auf einer sorgfältigen Analyse der Wirklichkeit, die sogar zu Erkenntnissen führte, die von den Naturwissenschaften, der Medizin und der Biologie erst in den letzten Jahrzehnten auf anderem Wege erreicht wurden. Aufgrund dieser Analyse der Wirklichkeit erarbeitete er einen Weg zur Aufhebung des Leidens durch rechte Achtsamkeit, rechte Erkenntnis, rechtes Handeln. Er sagt: „Eines nur zeige ich immer wieder: das Leiden, seine Entstehung, seine Aufhebung und den zur Aufhebung führenden Weg!"

Leiden wird hier jedoch viel umfassender gesehen als nur in bezug auf Altern, Krankheit und Tod. Der Buddha sagt in der Rede von Benares: „Qualvolle Welt, von Eindrücken geplagt, das Siechtum, meint sie, sei ihr Wesen. Die Welt, in der sich alles ändern muß, sie hangt und krankt am Dasein, hat es gern. Doch was man gern hat, das bringt Angst. Wenn man sich ängstigt, quält man sich. Vom Dasein loszukommen, hilft das Reinheitsleben. Asketen und Brahmanen, die behaupten, man könne vom Dasein sich befrei'n, indem man es genießt, ach, alle diese sind durchaus unbefreit, erkläre ich. Asketen und Brahmanen, die behaupten, entrinnen könne man dem Dasein, wenn man sich kasteie, ach, auch alle diese sind ihm nicht entronnen, sage ich. Dies Leiden ist bedingt durch alles Haften. Ist alles Haften aufgegeben, gibt's kein Leiden mehr. Sieh diese Welt, die Wesen krank durch Unverstand und doch des Daseins froh, sie sind durchaus nicht frei, denn alles Dasein überall und von jeder Art ist unbeständig, leidvoll, muß sich stets verändern. Wer dieses, wie es ist, in höchster Weisheit schaut, der dürstet nicht mehr nach Genuß, nicht nach Kasteiung. Ist aller Durst von jeder Art vernichtet und jede Spur vertilgt, dann ist Nirvana."

Hier sind zwei Grunderkenntnisse angeführt, auf die immer wieder Bezug genommen wird: die ausnahmslose Veränderlichkeit der Welt, die Feststellung, daß es in der Welt der Erscheinungen nichts gibt, was sich nicht verändert, daß sich alles verändern muß, und die Feststellung, daß alle Veränderungen nach dem Ursache-Wirkungs-Prinzip erfolgen, daß es also keine Wunder geben kann, sondern nur unvollständiges Wissen über die Bedingtheit allen Geschehens.

In bezug auf diese beiden Grunderkenntnisse von der Welt sagt der Buddha nun hinsichtlich des Leides: „Das Leiden ist bedingt durch alles Haften." Nicht-Haften bedeutet folglich die Aufhebung des Leidens. Wer oder was haftet aber nun an den Erscheinungen der Welt? Worin besteht es? Das Haften entsteht durch die Vorstellung von etwas Bleibendem, Statischem, Unveränderlichem im Menschen, die Vorstellung von einer Persönlichkeit, einer Seele, einem Ich, das mit dem Körper, der Person, dem Besitz gleichgesetzt wird. Aufgrund der ständigen Veränderung aller Dinge wird aber unabwendbar offensichtlich, daß diese Vorstellung nicht der Wirklichkeit entspricht, daß Altern einsetzt, Verlust und Tod. Die Gier, es dennoch halten zu wollen, läßt Schmerz, Gram und Verzweiflung entstehen. Leidensaufhebung bedeutet also hier, die nicht der Wirklichkeit entsprechende Vorstellung von einem unveränderlichen, statischen Ich im Menschen aufzulösen, das dann ja auch nicht mehr haften kann.

Der Buddha weist deshalb immer wieder auf den irrealen Charakter des Ich in verschiedensten Beispielen hin, zum Beispiel darauf, daß unsere Gedanken nicht unser Ich sein können, denn, wenn sie nicht mehr vorhanden sind, hat sich an dem Ich nichts verändert. Wenn wir einen Finger, einen Fuß verloren haben, hat sich an unserem „Ich" ebenfalls nichts geändert! Man kann die Beispiele beliebig fortsetzen: Es läßt sich kein Ich finden. Was ist aber nun dieses nicht faßbare und doch so mächtige Ich? Es ist das Ergebnis eines permanent dahinfließenden Bewußtwerdeprozesses, eines dauernd sich verändernden Vorganges.

Die Identität mit dem jeweils Vorangegangenen ist nur eine Täuschung, die durch die Kontinuität des Prozesses entsteht. Diese wiederum entsteht dadurch, daß jeder Bewußtseinsaugenblick einen vorangegangenen als Ursache hat. Die landläufige Täuschung besteht also darin, daß die Kontinuität des Ich-Bewußtwerdens für Identität gehalten wird und so der Eindruck eines Seins, einer Statik, einer Persönlichkeit entsteht, wo in Wirklichkeit nur ein ständig weiterlaufender Prozeß vorhanden ist. Das Wort „Ich" hat also keinen realen Seinswert, sondern dient nur der Verständigung unter den Menschen, so, wie wir vom Sonnenuntergang sprechen und doch genau wissen, daß die Sonne nicht untergeht.

Wer diesen ungewohnten Gedanken bis hierher gefolgt ist und sie auch verstanden hat, wird sich vielleicht sagen: „Verstanden habe ich zwar, aber wie soll ich diese Trennung von meiner bisherigen Ich-Vorstellung nicht nur denken, sondern wirklich erreichen?" Der Buddha empfiehlt unter anderem die Übung der Leichenfeldbetrachtung. Das bedeutet die Betrachtung von Toten, verwesenden menschlichen Leichen, die im alten Indien und in Tibet an bestimmten Stellen niedergelegt wurden und auch Geiern zum Fraß dienten. Hier soll nun zunächst das reine Beobachten und die reine Achtsamkeit geübt werden. Die dabei auftretenden Emotionen müssen unbeirrt, unerschütterlich und standhaft durchlebt werden, bis nur noch reines, klar bewußtes, von Gefühlen nicht verzerrtes und gestörtes Sehen der Zusammenhänge, der Gesetzmäßigkeit allen Geschehens da ist und die Erkenntnis: So ist die Welt - unbeständig, leidvoll, unpersönlich, nicht-ich! Kein Sein, keine

Statik, kein bleibendes Ich ist zu erkennen, das hier zerstört werden könnte.

Bei uns gibt es solche Totenstätten nicht, aber es gibt viele Gelegenheiten, wo man üben kann, was hier geübt werden soll. Jeder Medizinstudent muß es üben, wenn er in die Anatomie oder die Pathologie kommt. Wer es nicht lernt, wird nie ein guter Chirurg, aber auch kaum ein guter Arzt werden. Es geht bei dieser Übung ganz allgemein darum, die Identifizierung mit der Umwelt zu verhindern, um sie dadurch unverzerrt, ich-frei erkennen zu können, wie sie ist, als Grundlage richtigen Handelns, gleichmütig, aber nicht gleichgültig.

Die gleiche Haltung strebt der erfahrene Buddhist in bezug auf seine körperlichen und geistigen Vorgänge an. Wenn sie dem Erlöschen zustreben, so ist sein Ziel, auch den Augenblick des Todes in gleicher Weise zu erfahren: klarbewußt, gleichmütig, verstehend, gütig und freudig, ohne Zuneigung, ohne Abneigung. Wo ist der Tod als Schrecken oder Vernichtung? Wo kein Ich ist, kann auch keines vernichtet werden oder sterben, und alle anderen Prozesse laufen in ewig wechselnder Weise weiter. Vor undenklichen Zeiten beginnend und bis in unendliche Zeiten weiterlaufend, treten sie hier als Fels oder Fluß, dort als Blume, dort als Tier oder Mensch in immer wechselnden Formen von neuem in Erscheinung. Wo und was sind hier Geburt und Tod? Es sind willkürlich von uns der Verständigung halber herausgenommene Punkte eines endlosen Fließens von Erscheinungen, die nur aufgrund unserer unvollständigen Erkenntnis und unserer Identifizierung mit ihnen besonders herauszuragen und besondere Bedeutung zu haben scheinen.

Leben und Tod in dieser ausgewogenen, wirklichkeitsgemäßen Weise in allen Situationen zu erkennen und zu erfahren, gelingt trotz vielen Übens nur schwer; aber mit jedem erfolgreichen Schritt wird das Leben leichter, schöner, unbeschwerter, furchtloser. Da es darauf ankommt, das Ich-bin-Denken und die Identifizierung mit ihm zu vermeiden und das Ich-Phänomen als reinen, substanzlosen, permanent fließenden Bewußtwerdeprozeß zu begreifen und zu handhaben, muß man seinen Gesetzmäßigkeiten, dem Entstehen und Vergehen von Vorstellungen, Gedanken und Gefühlen besondere Aufmerksamkeit widmen. Besonders gute, zusammengefaßte Hinweise hierfür finden sich im Tibetischen Totenritual, in dem diese Belehrungen dem Sterbenden als Wegweisungen mitgegeben werden. Abschließend sagt hier der Lama: „Hast du dich abgewendet, bist du am Ende deines langen

Traumes des Bardo angekommen. Nun stehst du vor Shindje, dem Herrn des Todes. Du wirst vergeblich versuchen zu lügen, die schlechten Taten, die du begangen hast, zu verbergen. In dem widerstrahlenden Spiegel, den der höchste Richter in den Händen hält, erscheinen die Formen aller mentalen und physischen Handlungen. Höre dennoch zu! Wisse, daß alle Gestalten, welcherlei sie auch sein mögen, die du im Bardo erblickst und fürchtest, unwirkliche Traumbilder sind, durch dich erschaffen, von dir projiziert, ohne daß du sie als deine Schöpfung erkennst. Der Spiegel, in dem Shindje zu lesen scheint, ist die Erinnerung, die die Kette der vergangenen Taten zurückruft, und diese richtet nach deinen eigenen Begriffen.

Du selbst wirst dir nach deinen eigenen Neigungen dein Urteil sprechen und dir diese oder jene Wiedergeburt zuteilen. Kein schrecklicher Gott treibt dich. Du gehst von allein! Die Gestalten der erschrekkenden Wesen, die sich deiner bemächtigen und dich zu deiner neuen Geburt drängen werden, sind von dir selbst mit den Kräften bekleidet, die in dir wohnen. Denn wisse: Außerhalb deiner Trugbilder gibt es weder den Herrn, den Richter der Toten, noch Götter oder Dämonen, noch auch den Besieger des Todes. Verstehe dies und sei frei!"

Der Tod und Buddhas Weg

Edgar Thriemer

Die Erfahrung von Tod und Vergänglichkeit ist ein zentraler Punkt im Buddhismus. Sie kann ein sehr direkter Zugang für das Verständnis der buddhistischen Grundlehren sein. Kein Geringerer als Max Scheler nannte daher Buddha ‹den großen Lehrer des Todes›. Wenn wir aus buddhistischem Verständnis über den Tod, das Nachtodliche, das Todlose und die Unsterblichkeit sprechen, müssen wir uns zunächst klarmachen, daß wir hier zwei Problemkreise unterscheiden müssen:

Auf der einen Seite müssen wir verstehen, daß Geburt und Tod ein und derselbe Vorgang ist. In beiden Durchgängen sind wir im Kreislauf des Samsara also noch unterwegs zum Ziel. Alle Wiedergeburtslehren gehören hierher. Alle Stadien des Sterbeprozesses, alle Zwischenzustände sind noch im Kreislauf von Samsara anzusiedeln. Es handelt sich dabei nach der Definition von Lama Govinda um „die Kontinuität einer ständig wachsenden und im Wachstum sich wandelnden Bewußtseinskraft".

Auf der anderen Seite ist das Ziel des Kreislaufes von Samsara das Nirvana. Nirvana ist das Erwachen zur Ganzheit, zur Universalität und damit zur Unsterblichkeit, zur Todlosigkeit, zur Befreiung, zum Heil.

Buddhas Lehre hat das zweite, hat Nirvana zum Ziel - also Befreiung von den Samsara-Zuständen. Damit liegt das Ziel der Lehre Buddhas jenseits von Leben und Tod. Nicht umsonst wird Buddha daher der ‹große Lehrer des Todes› genannt. Oft wird Buddha auch als der ‹beste Arzt› bezeichnet, als der ‹Zerstörer der Sterblichkeit› und als einer, der ein Heilmittel gegen den Tod zu geben weiß. Wir bekommen von Buddha keine Antwort auf die Frage des ‹Danach›! Das Heilsziel ist auch kein ‹Jenseits›. Das Heilsziel ist hier im Leben erfahrbar und erreichbar! Buddha sagt nichts über das Nachtodliche. Leben und Tod sind eine Einheit. Er gibt uns aber ein Medikament, ein Heilmittel gegen den Tod, gegen die Sterblichkeit, gegen das Leiden. Dieses Heilmittel ist der ‹Achtgliedrige Pfad›. Er wird auch der ‹Mittlere Weg› genannt. Ein Weg, der die Gegensätze der Dualität überwindet und die Einheit zum Ziel hat.

In der Kommentarliteratur zum Pali-Kanon wird uns die Legende von Kisagotami überliefert. Sie berichtet von einer jungen Frau, die im vollen Glück des Lebens steht. Von großer Schönheit, mit dem einzigen Sohn eines begüterten Mannes verheiratet, hat Kisagotami einem Knaben das Leben geschenkt. Doch als ihr einziges Kind im zarten Alter stirbt, raubt ihr dieses Ereignis ihre Fassung. Von Verzweiflung und Hoffnung gejagt, wie von Sinnen, läuft Kisagotami, das tote Kind an die Brust gedrückt, von Haus zu Haus, auf der Suche nach einem Heilmittel gegen den Tod. Ein buddhistischer Mendikant dachte jedoch: „Sie hat keine Einsicht", und sprach zu ihr: „Mein liebes Kind, ein Heilmittel, wie du es wünschst, habe ich selber zwar nicht, aber ich glaube, einen zu kennen, der es hat." „Oh, sage mir, wer das ist", sprach Kisagotami. „Der Buddha kann dir das Heilmittel geben, geh' zu ihm", lautete die Antwort. Sie begab sich zu Gautama und, indem sie sich vor ihm verneigte, sprach sie: „Herr und Meister, kennt ihr ein Heilmittel, das für mein Kind gut sein würde?" „Ja, ich kenne eines", antwortete der Lehrer. „Ich brauche einige Senfkörner", fuhr er fort, und als das arme Mädchen eifrig versprach, etwas von diesem ganz gewöhnlichen Arzneimittel zu bringen, fügte er hinzu: „Du mußt sie Dir von einem Hause geben lassen, wo nicht ein Sohn, Gatte, Vater, Mutter, Sklave gestorben ist." „Sehr wohl", sagte sie und ging fort, um die Senfkörner zu erbitten, während sie stets ihr totes Kind bei sich trug. Die Leute sprachen: „Hier sind Senfkörner, nimm sie." Aber wenn sie fragte: „Ist vielleicht in dem Hause meines Freundes der Sohn oder Gatte, Vater, Mutter oder Sklave gestorben?", dann antwortete man ihr: „Frau, was redest du da? Der Lebenden sind wenige und der Toten so viele!!" Sie ging alsdann in andere Häuser, aber hier hieß es: „Ich habe einen Sohn verloren", dort: „Wir haben unsere Eltern verloren", an anderer Stelle: „Ich habe meinen Sklaven verloren."

Jetzt, als es ihr nicht möglich war, auch nur ein einziges Haus zu finden, wo niemand gestorben war, fing es an, in ihrem Geiste hell zu werden, und, indem sie sich zur Entschlossenheit aufraffte, begrub sie die Leiche des Kindes in einem Walde, kehrte zum Buddha zurück und beugte sich vor ihm nieder.

Buddha sprach zu ihr: „Hast du die Senfkörner?" „Herr", erwiderte sie, „ich habe sie nicht; die Leute sagen mir, daß der Lebenden wenige und der Toten so viele sind." Darauf redete er mit ihr über jenen wesentlichen Teil seiner Lehre - über die Unbeständigkeit der Dinge - bis ihre Zweifel verscheucht waren und sie, ihr Los auf sich nehmend, eine Schülerin ward und den ersten Pfad betrat.

Kisagotami hat sicherlich einen Trost bekommen: nämlich den, daß es allen Menschen gleich geht - alle sterben, alle erleiden einen Verlust. Aber es ist sicher nicht die einzige Konsequenz aus dieser Geschichte. Kisagotami bekommt zwar kein Heilmittel, das ihren Sohn wieder zum Leben erweckt, aber man hat den Eindruck, daß Buddha ihr dennoch ein Heilmittel gegeben hat. Denn es heißt: Während der Suche nach den Senfkörnern fing es an, „in ihrem Geist hell zu werden". Die Wirkung des Medikaments bezieht sich offensichtlich auf ihren eigenen Geist. Auf der Suche nach den richtigen Senfkörnern tritt eine innere Wandlung ein. Die äußeren Zeichen sind: Sie läßt die Leiche des Kindes los, läßt sie im Wald zurück und tritt den Jüngern des Buddha bei. Sie betritt den Achtfachen Pfad, und dieser beginnt bekanntlich mit der rechten Einsicht.

Wir sehen, es besteht ein wichtiger Zusammenhang zwischen unserem Leid und unserer Erkenntnis. Wie wir die Dinge in der Welt sehen und erleben, hängt von unserer Einsicht ab. Und aus diesem Zusammenhang entwickelt sich konsequenterweise der Weg zur Beseitigung des Leides. Unsere Lebenseinstellung ist es, das Festhalten-Wollen, das nicht Los-Lassen-Können ist es, was Leid erzeugt. Wir akzeptieren nicht die Vergänglichkeit, die Unbeständigkeit, die ständige Veränderung - anicca -, und dies führt uns zu dukkha - dem Leid.

Der Weg, auf den wir geschickt werden, um die Senfkörner zu suchen, ist unser Heilmittel, ist unser Heilsweg. Wir machen Erfahrungen und gewinnen dabei Einsichten, die wir in Handlungskonsequenzen umsetzen, die dann zum Heilsziel, zu einer verwandelten Existenz führen - wir machen uns auf den Weg. Der Weg selbst ist also das Heilmittel.

Der Weg zum Todlosen führt über die Annahme des Todes, über die geistige Verarbeitung von Erfahrungen. Es gilt dabei, eine innere Freiheit angesichts dieser vergänglichen Welt zu gewinnen. Buddha bietet uns den Weg an als ein Medikament gegen unser Leiden, den Weg gegen Krankheit, Alter und Tod. Buddha läßt sich niemals ein auf allerlei metaphysische Spekulationen und er weist immer wieder Vorwürfe zurück von Leuten, die ihn mißverstehen. Er sagt: „Dessen, was ich nicht lehre, beschuldigen mich manche fälschlich. Nach wie vor lehre ich nur, was Leiden und Übel ist und wie es aufhört."

Klassisch für die Sichtweise des Buddha ist das Pfeil-Gleichnis. In Majjhima-Nikaya 63 wird berichtet, wie der Mönch Malunkyaputta sich eines Tages darüber zu ärgern beginnt, daß ihm Buddha nie Auskunft über folgende Fragen gegeben habe: Ob die Welt ewig oder nicht ewig, begrenzt oder unbegrenzt ist; ob Seele und Leib ein und dasselbe oder verschieden sind; ob ein Vollendeter nach dem Tod lebt oder nicht lebt oder sowohl lebt als auch nicht lebt oder weder lebt noch nicht lebt.

Malunkyaputta entschließt sich, den Buddha um Aufklärung zu bitten. Buddhas Antwort lautete: „Nimm an, ein Mensch sei von einem vergifteten Pfeil getroffen worden und seine Freunde und Verwandten holten einen tüchtigen Wundarzt, der Verwundete aber sagte: ‹Nicht eher will ich den Pfeil herausziehen lassen, als bis ich weiß, ob der Mensch, der mich verwundet hat, ein Adliger oder Brahmane oder ein Bürger oder ein Schudra ist, wie er mit Vornamen und Familiennamen heißt, ob er groß oder klein oder von mittlerer Größe ist, ob seine Haut schwarz, braun oder hell ist, aus welchem Dorf oder aus welcher Stadt er stammt, ob er einen Bogen oder eine Armbrust benutzt hat, woraus die Bogensehne bestand, welcher Art der Pfeil ist, ob die Pfeilfeder von einem Geier oder einem Reiher oder von einem Habicht oder von einem Hahn oder von einem anderen Vogel stammt, ob die Sehne von einem Rind oder von einem Büffel oder von einem Hirsch oder von einem anderen Tier stammt, wie die Pfeilspitze beschaffen ist.› Dieser Mensch würde sterben, bevor er all dies erfahren hätte."

Buddha hat all die Fragen, die in dem Pfeilgleichnis anklingen, nicht beantwortet. Lassen wir also unerklärt, was der Buddha nicht erklärt hat. Halten wir uns an das, was er erklärt hat. Er sagt selbst: „Auf jeden Fall gibt es Geburt, Alter und Sterben, Kummer, Trauer, Schmerz, Gram und Verzweiflung, deren Überwindung in diesem Leben schon ich lehre." Buddha lehrt die Vier Edlen Wahrheiten und sonst nichts:

1. Was das Leid ist;
2. woraus das Leid entspringt;
3. wie es aufhört;
4. auf welchem Weg es zum Aufhören gebracht wird.

Unser unsinniges Verhalten wird geschildert im Pfeilgleichnis. Auch im Floßgleichnis klingt dies an, wie man sich sinnvoll und situationsentsprechend verhält. In Majjhima-Nikaya 22 erzählt Buddha von einem Wanderer, der auf seinem Weg an ein gefährliches Flußufer gerät und auf die sichere, gegenüberliegende Seite übersetzen will. Da er weder Brücke noch Schiff zur Verfügung hat, baut er sich aus Schilf und Rohr ein Floß, mit dem es ihm gelingt, heil das andere Ufer zu erreichen. Die Pointe der Erzählung liegt nun darin, daß der Mann, dort angelangt, aus lauter Begeisterung für sein Floß beschließt, es sich auf die Schulter zu laden und auf dem weiteren Weg mitzuschleppen, wohin auch immer.

Buddha erklärt seinen Mönchen dieses Verhalten als völlig unsinnig. Richtig wäre es vielmehr gewesen, das Floß am Ufer liegenzulassen und unbeschwert weiterzugehen. Mit dieser Erklärung bezieht er das Gleichnis auf seine eigene Lehre: „Die Lehre gleicht einem Floß, das man benutzt, um über einen Strom an das andere Ufer zu gelangen, das man aber, wenn es diesen Zweck erfüllt hat, nicht mehr mit sich herumschleppt."

Wie im Pfeilgleichnis beschrieben, sind wir alle in einer lebensbedrohenden Situation, und ein guter Arzt mit seinem Medikament ist da. Alle unsere metaphysischen Fragen sind völlig überflüssig. Das Wissen, von welchen Vögeln die Pfeilfedern stammen, ist für das Herausnehmen des Pfeiles, die Beseitigung des Leides, belanglos.

Buddha spricht allen metaphysischen Theorien, allen Kosmologien, Anthropologien, Eschatologien, allen Aussagen über das Ende der Welt, über die Auferstehung der Toten, über das jüngste Gericht, über ein Reich Gottes auf Erden, grundsätzlich jegliche Funktion für die wahre Erlösung ab.

Buddha will keine Auskunft geben über interessante Themen, sondern er zeigt, wie der Mensch sich befreien kann vom Leiden. Der giftige Pfeil muß beseitigt werden, und alle Spekulationen, Theorien und Mutmaßungen entspringen immer nur unserer falschen Lebenseinstellung. Buddha sagt: „Menschen mit falschen Lebenseinstellungen befinden sich wie Fische gefangen in einem Netz, aus dem sie sich durch noch so viel Herumzappeln nicht befreien können." Falsche Anschauungen sind es also, die uns gefangenhalten. Die Aufhebung des Nicht-Wissens, die rechte Einsicht, ist der Beginn der Leidensaufhebung. Die Todesproblematik in der eigenen Existenz ist nur zu lösen durch veränderte Sicht - nämlich der Ein-sicht in ‹dukkha› - ‹anicca› - ‹anatta› und die Kausalreihe der ‹Bedingten Entstehung›.

Die Erfahrung und die Einsicht sind - wie wir sahen - von allergrößter Bedeutung in der Lehre Buddhas. Er selbst hat in den bekannten Ausfahrten - in der Begegnung mit dem Kranken, Alten und Sterbenden - den Anstoß bekommen, die „Welt zu verlassen", so wie es Kisagotami getan hat. Die „Welt verlassen" als Konsequenz unserer Einsicht bedeutet nun aber nicht, irgendwohin zu gehen oder auszusteigen!

Buddha sagt: „Das aber verkündige ich, oh Freund: In eben diesem sechs Klafter hohen, mit Wahrnehmung und Bewußtsein versehenen Körper, da ist die Welt enthalten, der Welt Entstehung, der Welt Ende und der zu der Welt Ende führende Pfad."

Die Welt und der Welt Ende befindet sich im Menschen selbst. Welt, Vergänglichkeit und Leid stehen in einer Reihe. Damit ist der Mensch das Wesen im Kreislauf der Geburten (Samsara), das in seiner eigenen Existenz die Erlösung finden kann. „Die Welt verlassen" heißt somit, die Wandlung der inneren weltlichen Gesinnung. Buddha beschreibt dies so: „Vernichtet war Nicht-Wissen, aufgegangen Wissen, vernichtet war Dunkelheit, aufgegangen Licht, wie ich da wachsam eifrig, zielbewußt weilte." „Das Todlose ist gefunden" - war sein Jubelruf nach seiner Erleuchtung. Die Welt zu verlassen, wie Buddha es tat und Kisagotami, heißt, das Heilsame zu suchen; die Welt zu verlassen heißt, die Vergänglichkeit des Daseins klar zu erkennen, die Substanzlosigkeit und die Ichlosigkeit.

Die Welt zu verlassen hat nichts mit Askese zu tun. Askese wäre eine negative Weltbezogenheit, ebenso wie Weltverfallenheit die positive Weltbezogenheit wäre. Buddha lehrt den Mittleren Pfad, das heißt, er verwirft beide Extreme, da beide Extreme eine Fixierung an die Welt darstellen. Er zeigt den Weg zum inneren Frieden - durch Einsicht. Begierde und Askese, Genuß und Todessehnsucht, Leben und Tod - beides ist Anhaften, ist Illusion, ist Bindung an die Welt, ist ‹Durst›.

Der Mittlere Pfad ist der Weg in die Freiheit, er macht sehend und will herausführen aus der Vergänglichkeit - in die Todlosigkeit. Der Tod soll nicht verdrängt werden. Todesverdrängung wäre die größte Verblendung, wäre vollendetes Nicht-Wissen. Die Vorstellung vom ewigen Leben als ein Danach ist ebenso eine Verdrängung wie die Vorstellung der Materialisten, daß mit dem Tode alles aus ist. Der Tod soll nicht verdrängt werden, sondern eine Änderung der Geisteshaltung soll herbeigeführt werden. Die Lehre von dukkha - dem Leiden - soll erkannt und der Weg zur Befreiung gegangen werden. Die Welt bleibt dieselbe, was sich ändert, ist der Unterschied im Erleben.

Gleichmut ist das Ziel - nicht Gleichgültigkeit. Keine griesgrämige Todessehnsucht - diese wäre nur der negative Ausdruck des ‹Durstes›

- sondern heiterer Gleichmut und gütige, mitleidsvolle Gesinnung, beides ist Ausdruck und Kennzeichen von Freiheit.

Der Erlöste identifizierte sich nicht mehr mit dem Vergänglichen, damit ist er befreit von der Sorge um sein eigenes Ich. Damit hat er das Leid und den Tod selbst überwunden, und ebenso alle Spekulationen und Mutmaßungen über das nachtodliche Schicksal. Buddha sagt, er kenne keine Form des Ich-Glaubens, aus der nicht Kummer, Gram und Verzweiflung erwachse.

Gefordert ist das Aufgeben des Ich-Wahnes. Die Anatta-Lehre ist somit eine spirituelle Übungsanweisung, und in der Praxis bereitet sie allen Spekulationen über das Nachtodliche ein Ende. Die Anatta-Lehre teilt weder den Standpunkt des modernen Materialismus, der glaubt, mit dem Tod gehe auch das Ich zugrunde, und sie teilt auch nicht den Standpunkt und die Spekulationen über ein ewiges oder transzendentes Sein nach dem Tode.

Wer die Anatta-Lehre befolge, gewinne zu Lebzeiten eine neue Freiheit, in der auch der Tod überwunden ist. Eine Bewußtseinsentwicklung in genau diesem Sinne ist gefordert. Diese notwendigen Bewußtseinsentwicklungen können die Worte Albert Einsteins verdeutlichen: „Ein menschliches Wesen ist Teil des Ganzen, das wir Universum nennen, ein in Raum und Zeit begrenzter Teil. Es erfährt sich selbst, seine Gedanken und Gefühle als etwas von allem anderen Getrenntes, eine Art optische Täuschung seines Bewußtseins. Diese Täuschung ist für uns eine Art Gefängnis, das uns auf unser persönliches Verlangen und unsere Zuneigungen für einige wenige uns nahestehende Personen beschränkt. Unsere Aufgabe muß es sein, uns aus diesem Gefängnis zu befreien."

Und Buddha will hinausführen aus diesem Gefängnis. Sein Weg hat ein therapeutisches Ziel - es ist die Loslösung von der Welt, das heißt, von unserer weltlichen Gesinnung zur Ego-Freiheit. Er weist deshalb alle Ansichten zurück wie: daß dieses Bewußtsein durch die Wiedergeburten hindurch wandere und sich nicht ändere (Egoverstärker); die Frage, welches Selbst von den Wirkungen meiner Taten berührt werde (Antwort: Nicht-Ich-Lehre); die Frage nach dem, was war oder sein wird, oder ob man ist oder nicht ist, schon geboren war oder nicht; er warnt vor den Gefahren der Wiedergeburtslehre für das rechte Verständnis der Lehre Buddhas; er warnt ausdrücklich davor, wegen der Hoffnung auf ein himmlisches Leben ein heiliges Leben zu führen, dies wäre nur eine Art ‹Durst› auf spätere Lust!

Er will das Todlose - das Nirvana - das Verwehen, die Einsicht in ‹dukkha›, ‹anicca› und ‹anatta› und die Freiheit von Gier, Haß und Verblendung: „Alles habe ich überwunden, alles habe ich erkannt, von allen Dingen bleibe ich unberührt, alles habe ich aufgegeben. Durch die Vernichtung der Gier bin ich frei geworden, nachdem ich selbst die Erkenntnis erlangt, wessen Anhänger sollte ich mich nennen? Nirvana habe ich erreicht!"

Was ist nun Nirvana im Leben - als Verwirklichung? In Digha-Nikaya II,41 heißt es programmatisch: „Weltflucht ist die Freiheit." Negativ ausgedrückt ist es Freiheit von Durst und Leid, von Egozentrik, von Unwissenheit, von den fünf Hemmnissen, frei von Todesfurcht, Zeitfrei, frei vom Ich-Wesen.

Positiv ausgedrückt ist es Ruhe, Frieden, Gleichmut. Die Todesfurcht soll - im Leben - überwunden werden, durch die Befreiung vom anhaftenden Durst. Die Überwindung der Todesfurcht führt zu einem neuen Verhalten im Leben. Der Schrecken des Todes liegt in der Grundangst, mit dem Vergänglichen selbst unterzugehen, in der Furcht, sich selbst zu verlieren.

Der Vollendete gewinnt in der Freiheit des Nirvana seine wahre Identität, die sich allerdings nicht mehr positiv bestimmen läßt als Individualität, denn er vergißt darin, nach sich selbst zu fragen und um sich selbst besorgt zu sein. Im Shodoka von Meister Yoka heißt es im ersten Vers:

„Lieber Freund,
Hast du nie einen Menschen gesehen,
Der selbst die Wahrheit ist,
Der, über aller Lehre stehend,
Sich auch über alles Tun erhebt,
Der aufgehört hat, sich abzumühen,
Der vollkommen frei ist?
Er sucht nicht mehr die Wahrheit,
Den Irrtum verwirft er nicht mehr."
Und im Chinesischen heißt es:
„Tritt er in den Wald,
So bewegt sich kein einziges Gras;
Taucht er in das Wasser ein,
So bildet sich nicht eine einzige Welle.
Niemand bemerkt ihn,

Weil er von sich selbst
Keine Notiz mehr nimmt."

In der Meditation sterben wir ein wenig. Mit der Erleuchtung wird der Tod vorweggenommen. Buddha sagte, wenn ein Mensch etwas über sein Schicksal nach dem Tode wissen wolle, so solle er in den ‹Spiegel der Wahrheitslehre› blicken. Dieser bestehe im Vertrauen auf die drei Kleinodien Unbeständigkeit (anicca), Unpersönlichkeit (anatta), Unzulänglichkeit (dukkha).

Die Lehre der Wahrheit, die der Erhabene so wohl verkündet hat, hat ihren Wert schon für das irdische Dasein in der Gegenwart, nicht erst in einer ungewissen Zukunft. Sie ist so, daß man sagen kann: „‹Komm und sieh›, sie ist klar, überzeugend, und ihre Erkenntnis finden, die Weisen im eigenen Innern."

Buddha lenkt den Blick weg von der Frage über die Existenz nach dem Tod, hin auf die Verwirklichung des Nirvana, der Erlösung im Leben. Er weist von sich selbst weg - auf den ‹Spiegel der Weisheitslehre›, er sagt, die Weisheit werde im eigenen Innern erkannt.

Buddha hält die Frage nach dem Danach für unmöglich und zugleich für unnötig. Ein sogenanntes ewiges Leben gehört immer noch zu dem Kreislauf von Samsara - es ist nur die Verlängerung des Problems von Leben und Tod. Vorstellungen über ein Jenseits sind ebenso Spekulation, mit ihnen verfällt der Mensch der Selbsttäuschung und der Todesverdrängung.

Buddha lehrt den Mittleren Pfad - er vermeidet die Antipoden, er meidet den Vernichtungsglauben und den Jenseitsglauben. Er nimmt Elemente von beiden auf. Indem er einerseits die Sittlichkeit lehrt, vermeidet er den Nihilismus, und indem er andererseits die Einsicht lehrt, vermeidet er den blinden Glauben. Indem er Sittlichkeit und Einsicht mit Meditation verknüpft, zeigt er den Heilsweg - den Weg, der die Grenzen des sogenannten Diesseits sprengt.

Der Tod ist dann keine Bedrohung mehr. Sehnsucht und Unruhe sind gestillt. Der Befreite hat das Geheimnis des Nirvana ins Leben geholt und es ist zum Geheimnis seines eigenen freien Wesens geworden, das nicht mehr in begrifflicher Benennbarkeit einzufangen ist.

Die Frage des Danach ist unnötig geworden. Nötig allein ist, die Lebensproblematik zu klären und zu lösen, aus der heraus die Frage nach dem Danach entspringt.

Es ist ein Weg zu finden, der sowohl Nihilismus als auch Jenseitsspekulationen vermeidet. Dieser Weg ist nur zu finden über ein Leben selbstloser Sittlichkeit. Er ist die Verwirklichung der Selbstlosigkeit in der Liebe, einer heilsamen Liebe ohne jede Anhaftung.

Es heißt, daß alle Tugendverdienste, die wir im Rahmen des Geburtenkreislaufes bewirken können, um schließlich ans Ende zu kommen, nicht den Wert eines Sechszehntels von dem hätten, was die Liebe, die Gemütserlösung bewirke (Itivuttaka 27). Der Erhabene sprach: „Wer die Liebe entstehen läßt unermeßlich, mit Bedacht - dünn werden die Bande ihm..."

„Wie eine Mutter ihren eigenen Sohn, ihr einziges Kind mit ihrem Leben schützt, so möge man zu allen Lebewesen entfalten ohne Schranken seinen Geist."

Es sind die Vier Göttlichen Verweilzustände Liebe - Mitgefühl - Mitfreude - Gleichmut. Diese vier gilt es immer mehr zu realisieren. Gleichmütige Liebe heißt aber nicht, ohne Engagement, sondern ohne eigennützige Interessen zu sein.

Apostel Paulus sagt es mit ähnlichen Worten: „Die Liebe sucht nicht das ihre." Und in Korinther 13/5 heißt es: „Sie treibt die Selbstsucht aus." Und in Korinther 14 heißt es: „Die Liebe sei euer Weg und euer Ziel."

Und so konnte Buddha sagen (Majjhima-Nikaya 22): „So wurde verkündet von mir die Lehre: klar, unverhüllt, geklärt, unverschleiert: Diejenigen Mönche, die zu Lebzeiten Heilige geworden sind, das Werk getan haben, die Bürde niedergelegt haben, zum Heil gelangt sind, die Daseinsfesseln vernichtet haben und in vollkommener Weise erlöst sind, für die gibt es keine Rückkehr zum Wiedererscheinen. So ist, oh Mönche, wohlverkündet worden von mir die Lehre: Diejenigen Mönche, die die fünf weltlichen Fesseln beseitigt haben, sie werden spontan wiedergeboren, um dort zu erlöschen, ohne Wiederkehr in diese Welt. So ist, oh Mönche, wohlverkündet worden von mir die Lehre: diejenigen die die drei Fesseln beseitigt haben und von Gier, Haß und Verblendung erleichtert wurden, sie sind Einmalwiederkehrende, sie sind in den Strom der Erlösung gelangt. Dem Untergang entronnen, entschlossen zur Erleuchtung strebend. So ist, oh Mönche, wohlverkündet worden von mir die Lehre: Diejenigen die gemäß der Erwachung, gemäß dem Glauben leben, sie alle streben zur Erwachung. So ist, oh Mönche, wohlverkündet worden von mir die Lehre: Diejenigen, in denen Vertrauen und Liebe sind, sie alle streben zum Himmel. Dies sprach der Erhabene. Mit Wohlgefallen freuten sich die Mönche an des Erhabenen Rede."

Leben und Tod

Shigetsu Sasaki Sokei-an Roshi

„So habe ich gehört: Einmal weilte der Buddha im Karanavenuvana in Rajagriha. Sthavira Mahakasyapa und Sthavira Shariputra hielten sich zu der Zeit auf dem Berg Gridhrakuta auf. Damals gab es viele Ketzer (Ketzer ist eine unangebrachte, völlig unbuddhistische Übersetzung. Gemeint sind Andersdenkende, Mönche, Gelehrte, die einer anderen Lehrmeinung anhängen als der buddhistischen; Anm. der Red.), und eines Tages kamen einige von ihnen zu Shariputra. Als sie den Sthavira sahen, grüßten sie ihn und erkundigten sich nach seiner Gesundheit. Dann traten sie zur Seite und, nachdem sie sich gesetzt hatten, richteten sie folgende Frage an ihn: ‹Was denkst du, o Shariputra, wird der Tathagata in der Zukunft Leben und Tod haben?›

Shariputra antwortete den Ketzern: ‹Lokanathas Antwort auf diese Frage war avyakrta (erhabenes Schweigen).›

Die Mönche fragten weiter: ‹Was denkst du, o Shariputra, wird der Tathagata nicht Leben und Tod haben in der Zukunft?› Shariputra antwortete den ketzerischen Mönchen: ‹Der Buddha antwortete auf diese Frage mit avyakrta.›

Wieder fragten sie Shariputra: ‹Wird der Tathagata in Zukunft beides haben, Leben und Tod sowie nicht Leben und Tod?› Shariputra erwiderte: ‹Auf diese Frage antwortete Lokanatha mit avyakrta.›

Sie fragten weiter: ‹Shariputra, wird der Tathagata weder Leben und Tod noch nicht Leben und Tod haben in der Zukunft?› Shariputra sagte: ‹Lokanatha antwortete mit avyakrta.› Noch einmal richteten sich die ketzerischen Mönche an Sthavira Shariputra: ‹Warum antwortete Lokanatha auf diese Fragen - ob der Tathagata Leben und Tod habe in der Zukunft, oder ob er nicht Leben und Tod habe in der Zukunft, oder ob er sowohl Leben und Tod als auch nicht Leben und Tod habe in der Zukunft, oder ob er weder Leben und Tod noch nicht Leben und Tod habe in der Zukunft - mit avyakrta? 0 Sthavira, das ist die Antwort eines Idioten oder Narren. Sie entscheidet nichts und erklärt nichts.

Buddha ist wie ein Kind, er hat keine Selbsterkenntnis.› So sprachen die Ketzer. Dann erhoben sie sich und gingen weg.

Zu jener Zeit pflegten Sthavira Mahakasyapa und Sthavira Shariputra die übliche Mittagsmeditation unter einigen Bäumen zu praktizieren, die nicht weit auseinander lagen. Als Sthavira Shariputra bemerkte, daß die ketzerischen Mönche aus dem Garten verschwunden waren, begab er sich zu Sthavira Mahakasyapa. Sie grüßten einander, und jeder erkundigte sich nach der Gesundheit des anderen. Dann trat Sthavira Shariputra zur Seite, und nachdem er sich gesetzt hatte, berichtete er Mahakasyapa über den Besuch der ketzerischen Mönche und sagte:

‹0 Sthavira Mahakasyapa, aus welchem Grund und zu welchem Zweck hat Lokanatha nie ein Wort gesagt zur Frage, ob der Tathagata Leben und Tod habe in der Zukunft, ob er nicht Leben und Tod habe in der Zukunft, ob er beides, Leben und Tod sowie nicht Leben und Tod habe in der Zukunft, oder ob er weder Leben und Tod noch nicht Leben und Tod habe in der Zukunft?›

Sthavira Mahakasyapa antwortete Sthavira Shariputra: ‹Wenn der Tathagata gesagt hätte, er habe Leben und Tod in der Zukunft, hätte er rupa als Wirklichkeit anerkannt. Wenn der Tathagata gesagt hätte, er habe kein Leben und Tod in der Zukunft, hätte er ebenfalls rupa anerkannt. Auch wenn er gesagt hätte, er habe beides, eine Zukunft und keine Zukunft, hätte er rupa anerkannt. Tathagata ist derjenige, dessen rupa vollständig vernichtet worden ist, dessen Geist vollkommene Befreiung erlangt hat, und unergründlich, grenzenlos, zeitlos ist und der im Nirvana weilt, dem Zustand absoluter Vernichtung. Wenn deshalb jemand sagen würde, der Tathagata habe zukünftig Leben und Tod, wäre seine Ansicht nicht richtig. Wenn jemand sagen würde, Tathagata habe kein Leben und Tod in der Zukunft, oder er habe sowohl eine Zukunft als auch keine Zukunft, oder er habe weder Zukunft noch keine Zukunft, wäre auch das nicht richtig. 0 Shariputra, wenn der Tathagata gesagt hätte, daß er Leben und Tod habe in der Zukunft, hätte er vedana (Sinneswahrnehmung), samskara (das Unterbewußte) und vijnana (Bewußtsein selbst) als Wirklichkeit anerkannt, er hätte Bewegung, Denken, Täuschung, Zweckdenken und Anhaften anerkannt.

Wenn der Tathagata gesagt hätte, er habe weder Zukunft noch keine Zukunft, wäre es genau dasselbe, wie das eben Dargelegte. Tathagata hat Anhaften vernichtet, er hat Befreiung erlangt. Hätte er also gesagt, daß es eine Zukunft gebe, wäre seine Sicht nicht richtig gewesen. Hätte er gesagt, es gebe sowohl eine Zukunft als auch keine Zukunft, oder es gebe weder Zukunft noch keine Zukunft, wäre das auch nicht richtig gewesen. Tathagata hat Anhaften vernichtet und Befreiung erreicht. Sein Geist ist unergründlich, grenzenlos, zeitlos und weilt im Nirvana, dem Zustand absoluter Vernichtung. 0 Shariputra, das ist der Grund und der Zweck, daß Tathagata auf alle diese Fragen mit avyakrta antwortete.› Nach diesem Gespräch kehrten Mahakasyapa und Shariputra beide zu ihrem eigenen Aufenthaltsort zurück."

Dieses Sutra ist in sehr einfacher Form geschrieben, doch es ist sehr wichtig, weil es den wirklichen Drehpunkt des Buddhismus zum Thema hat. Dieser Drehpunkt ist avyakrta.

In den Agamas gibt es viele Erzählungen, die mit der Frage, ob der Buddha in Zukunft Leben und Tod erfahren werde, im Zusammenhang stehen. Der Buddha antwortete darauf immer mit Schweigen. Dieses Schweigen wird durch das Wort avyakrta angedeutet. Wörtlich bedeutet es, der Buddha ‹sagte nichts›. Doch das genügt nicht. Es ist auch nicht richtig, avyakrta bloß als ‹Stille› zu übersetzen.

Buddhas Schweigen ist nicht dasselbe, wie wenn man einfach nichts sagt, und seine Haltung ist nicht bloß Ausdruck der Stille. Die Chinesen benutzen für dieses Schweigen den Ausdruck ‹lautloser Donner›. So ein wichtiges Prinzip des Buddhismus kann nicht mit Worten erklärt werden, es muß demonstriert werden. Doch alle Götter und Göttinnen, alle empfindenden Wesen, Katzen, Hunde, Bäume und Sträucher verstehen es. Dieser Zustand des Wortes existierte vor dem ersten Wort, welches ‹A-a-a› war, und wird nach dem letzten Wort existieren, welches ‹Ha-a-a› sein wird. Mit euren Worten ausgedrückt heißt das, daß dieses Schweigen vor Alpha und nach Omega existiert. Es ist allgegenwärtig, seine Weisheit allwissend und seine Kraft allmächtig. Der buddhistische Glaube wird durch dieses Tor betreten, und jeder, der Erleuchtung erlangen will, muß dieses Schweigen üben. Das ist Meditation. Die Wirklichkeit dieses avyakrta ist also etwas sehr Großes.

Natürlich gibt es viele Ausdrücke zur Beschreibung dieses Zustandes: akasa, sunyata, Leerheit usw. Man kann auch den buddhistischen Ausdruck dharmakaya benutzen und sagen, Buddhas dharmakaya ist allgegenwärtig, allmächtig, allwissend. Oder man verwendet westliche philosophische Begriffe wie ‹Realität›, ‹Wirklichkeit› oder ‹absolutes Nichts›.

Die Mönche, die Shariputra die Fragen stellten, waren Brahmanen und Jains, d. h. Mönche, die nicht zur Sangha des Buddha gehörten und deshalb aus der Sicht der Buddhisten ‹Ketzer› waren. Sie glaubten an die Existenz eines Ichs. Sie glaubten, daß es eine individuelle Seele gebe, die nach dem Tod irgendwo weiterlebe. Buddhisten glauben nicht an ein solches Ich. Unser Ich ist kolossal, grenzenlos, es ist das ganze Universum. Es hat keinen Kern. Dieses ganze Universum ist Einheit, Bewußtsein, Seele, Ich. Es ist nicht nötig, kleine Ichs hineinzustellen wie kleine Punkte. Das ganze Universum ist Ich selbst, Ich ist das Universum. Doch die ketzerischen Mönche verfolgten eine bestimmte Absicht mit ihren Fragen. Sie wollten nämlich Shariputra eine Falle stellen und dachten: ‹Wenn er sagt, der Tathagata werde nach dem Tod existieren, können wir ihn fragen, wo er existieren werde.›

Die Fragen der Mönche wurden in der üblichen, der Logik Indiens entsprechenden Form gestellt. Die Konstruktion der Hindu-Logik ist: ‹ja›, ‹nein›, ‹sowohl ja als auch nein›, ‹weder ja noch nein›. Man nennt dies die Frage auf vier Füßen. Wir sagen gewöhnlich ‹ja› oder ‹nein› - das sind zwei Füße, doch die Inder sagen auch ‹sowohl ja als auch nein› und ‹weder ja noch nein›. Die europäischen Gelehrten lassen diese Formen oft als Ballast beiseite, doch Buddhisten müssen sich daran halten.

Diese vier Fragen sind zusammengefaßt in der einen Frage: ‹Hat der Buddha Leben und Tod nach dem Tod, hat er Leben und Tod nach Nirvana?› Es ist eine große Frage.

Gewöhnlich antwortet man auf die Frage, ob es Leben nach dem Tod gebe: ‹Oh ja, es gibt ewiges Leben.› ‹Wie lange dauert das?› ‹Oh, es dauert Äonen, endlose Kalpas.› Ein Kalpa ist eine sehr lange Zeit. Es dauert so lange, bis ein Engel, der alle hundert Jahre einmal aus dem Himmel kommt, um mit dem Ärmel seines Schleiergewandes einmal über den Kalpastein zu fahren, diesen Stein schließlich ganz und gar weggewischt hat. Der Buddha antwortete nicht so. Seine Antwort war - Schweigen.

Im Sanskrit wird Buddhas Haltung oder Zustand ‹tatha› genannt. Tatha bedeutet nichts anderes als ‹Dies› oder ‹Das›. Man kann es nicht mit Worten erklären. Es ist die absolute Wahrheit des Zustandes der Wirklichkeit. Es kann nicht erklärt und nicht verstanden werden, der menschliche Intellekt kann es nicht erfassen. Gott hat keinen Namen. Doch es gibt einen zutreffenden Ausdruck dafür, ein absolutes ‹Wort›, das die Bedeutung vermittelt, es ist - Schweigen. Dieses Schweigen ist ein Seinszustand. Stellt euch vor, daß es im ganzen Universum nichts gibt, außer diesem ‹tatha›. In euren Worten ausgedrückt, heißt das: ‹Gott existiert, Gott ist.› Im Sanskrit heißt diese Existenz ‹bhutathata›(‹so seiend›) und ist Ausdruck der ‹Seinheit› (engl. ‹Isness›) oder des ‹Soseins›. Das Universum wurde von niemandem geschaffen, doch es existiert vom anfanglosen Anfang bis zum endlosen Ende. Der Buddha kam von dort und kehrt dorthin zurück. Deshalb nennen wir ihn ‹Tathagata› (‹gata› bedeutet ‹gekommen›): ‹So ist er gekommen und so wird er gehen.› Buddha ist von nirgends gekommen und wird nirgends hingehen. Er kam in die Welt, sich umgestaltend in die menschliche Form mit zwei Beinen, genau als ‹Das›, bhutathata. Deshalb ist es töricht, Fragen zu stellen wie: ‹Hat Tathagata ein zukünftiges Leben oder nicht?› Shariputras Antwort an die Mönche, avyakrta, war genau und klar. Es ist nicht nötig, ‹ja› oder ‹nein› zu sagen. Wenn das Auge der Mönche dieses Schweigen hätte sehen können, hätten sie sofort verstanden, ohne ein weiteres Wort zu verlieren.

Wenn man diese Antwort auf dem Papier beschreiben will, kann man natürlich nicht einfach eine leere Stelle lassen, also benutzt man das Wort avyakrta. Auf einem Musikblatt ist der leere Raum zwischen den Noten avyakrta. Das ist der wirkliche Drehpunkt des Buddhismus.

Die ‹ketzerischen› Mönche waren von Shariputras Antwort enttäuscht: „‹O Sthavira, das ist wie die Antwort eines Idioten oder Narren. Sie entscheidet nichts und erklärt nichts. Buddha ist wie ein Kind. Er hat keine Selbsterkenntnis.› So sprachen die ‹Ketzer›, dann erhoben sie sich und gingen weg."

Schweine erkennen den Wert eines Diamanten nicht. Shariputra gab eine wunderbare Antwort. Seine Rede war laut wie Donner, doch Taubstumme konnten kein Wort hören.

In einem anderen Sutra nimmt diese Art der Unterweisung ein anderes Ende: Ein Jain stellte dem Buddha dieselben Fragen: ‹Hat Buddha Leben und Tod nach seinem Tod? Hat Buddha nicht Leben und Tod nach seinem Tod? Hat er sowohl Leben und Tod als auch nicht Leben und Tod nach seinem Tod? Hat er weder Leben und Tod noch nicht Leben und Tod nach seinem Tod?› Buddha antwortete auf jede dieser Fragen mit - Schweigen. Darauf verbeugte sich der Jain tief und sagte: ‹O Tathagata, durch eure Güte, euer mahamaitri (grenzenlose Güte) und euer mahakaruna (grenzenloses Mitgefühl) habt Ihr mein geistiges Auge geöffnet. Ich habe Buddhas Wissen erreicht.› Dann ging er weg.

Ananda war bei dieser Begegnung dabei und hörte aufmerksam zu. Nachdem der Jain gegangen war, sagte Ananda: ‹Lokanatha, warum sagtet Ihr kein Wort zu ihm? Ich kann nicht verstehen, warum dieser Jain sagen konnte, daß Ihr sein geistiges Auge öffnetet, wegen eurem mahamaitri und mahakaruna, wo Ihr doch nicht ein Wort gesagt habt. Bitte enthüllt mir euer Geheimnis!›

Der arme Ananda konnte Buddhas Geist nie verstehen und stellte dem Buddha viele Fragen. Dieser antwortete ihm immer geduldig und freundlich: ‹0 Ananda, dieser Jain war wie ein gutes Pferd. Er sah den Schatten der Peitsche und rannte.› Ein gutes Pferd rennt, bevor es von der Peitsche getroffen wird. Dieser Jain war wie ein gutes Pferd. Der Buddha lobte ihn.

Das tiefgründige Prinzip des Schweigens wird auch in der folgenden Erzählung behandelt: Als der Buddha einmal am Straßenrand meditierte, gab es ein Gewitter. Ein Blitz schlug in einen riesigen Baum ein, spaltete ihn in zwei Hälften und tötete neun Ochsen auf dem Feld. Ein Fußgänger sah den Buddha am Straßenrand meditieren und sagte: ‹0 Buddha, habt Ihr diesen schrecklichen Donnerschlag gehört?› Der Buddha antwortete: ‹Nein›. Der Fußgänger war sehr erstaunt. ‹Eure Meditation war so tief, daß Ihr den Donner nicht gehört habt? Der Blitz sauste durch einen großen Baum und schlug ihn entzwei. Habt Ihr das Krachen nicht gehört?› Der Buddha blieb still. ‹Der Blitz hat neun Ochsen getötet. Wißt Ihr das?› ‹Nein.› Der Fußgänger lobte das tiefe und bodenlose Samadhi des Buddha. ‹Buddha, Ihr seid wunderbar, Ihr habt den schrecklichen Donner nicht gehört.›

Wenn die Leute dieses Sutra lesen, denken sie gewöhnlich, der Buddha habe den Donner tatsächlich nicht gehört. Wie dumm! Man kann den Buddhismus nicht verstehen, wenn man die Sutras so falsch interpretiert. Wie könnte ein Mensch in der Meditation sein gegenwärtiges Bewußtsein so taub machen, daß er einen Blitz, der einen Baum spaltet und neun Ochsen tötet, nicht bemerken kann? Ein derartiger Glaube ist Unsinn! Natürlich erkannte der Buddha in der Meditation das Geräusch des krachenden Donners sehr genau und sah den Blitz, sah den Baum auseinanderfallen und neun Ochsen töten. Aber er beobachtete diese Erscheinung vom Standpunkt des bhutathata aus, dem Standpunkt des wesentlichen Seins des Universums, und gab diesem Ausdruck: Da war kein Geräusch, kein Blitz, kein Baum, weder Donner noch Ochsen, weder Raum noch Zeit, weder Vergangenheit noch Gegenwart noch Zukunft. ES ist absolut, ES ist unendlich.

Dieses Schweigen ist der Stützpunkt des Buddhismus. Was ist der Stützpunkt des Christentums? Es ist Gott! Im Buddhismus nennen wir es DAS. Zu Beginn meiner Vorträge sitze ich immer eine kleine Weile im Schweigen. Jemand sagte einmal: ‹Osho, machen Sie doch nicht so ein komisches Gesicht, ich muß einfach lachen, wenn Sie so dasitzen.› Es tut mir leid, ich mache kein komisches Gesicht. Ich sitze nur hier im Schweigen. Es gibt keinen anderen Weg, um DAS auszudrücken. Das ist der Anfang meines Vortrages.

Früher dachten die Zuhörer, wenn ich im Schweigen dasaß, ich hätte ein Wort vergessen, und versuchten, es zu finden. Manchmal sagte jemand: ‹Hochwürden, brauchen sie ein Wörterbuch?› Nein, ich brauche kein Wörterbuch. Das, was ich ausdrücke, steht nicht im Wörterbuch. Es gibt kein Wort dafür. Das menschliche Wesen kann DAS nicht erklären. Ich sage DAS, ich sage nicht ‹Diese Haltung› oder ‹Dieses Schweigen›. Menschliche Wesen können DAS nicht erklären. Bevor ich meinen Mund öffne für einen Vortrag, bilden wir alle zusammen eine vollkommene Einheit in derselben Natur des Geistes, in avyakrta.

Dieses Schweigen wird auch raja-yoga-samadhi genannt. Es ist das Höchste aller yoga-samadhi. Theoretisch gesprochen werden die vier Aspekte ‹haben›, ‹nicht haben›, ‹sowohl haben als auch nicht haben› und ‹weder haben noch nicht haben in diesem Schweigen vollständig vereinigt und ausgedrückt. ‹Ja› und ‹nein› verschmelzen vollkommen, deshalb wird es raja-yoga-samadhi genannt. Wenn jemand in einem Zen Tempel auf diese Art spräche, würde er allerdings geschlagen. Eine derartige Erklärung ist nicht Zen. Kümmert euch nicht um solche Erklärungen, folgt der Antwort des Buddha!

Mahakasyapa antwortete auf Shariputras Frage, warum der Buddha nie ein Wort sagte, wenn er gefragt wurde, ob er Leben und Tod habe in der Zukunft: ‹Wenn Tathagata gesagt hätte, er habe Leben und Tod in der Zukunft, hätte er rupa als Wirklichkeit anerkannt.› Das ist eine wunderbare Antwort. Sie bezieht sich auf die fünf skandhas: rupa, vedana, samjna, samskara, vijnana. Wenn der Buddha gesagt hätte, er habe Leben und Tod in der Zukunft, hätte er seinen Körper als Wirklichkeit anerkannt. Er hätte zugegeben, daß er endlos im physischen Körper leben würde. Hätte er gesagt, ‹Nein, es gibt keine Zukunft für den Tathagata›, hätte er seinen physischen Körper ebenfalls anerkannt, denn dieses ‹Nein›, diese negative Antwort, wäre aus der Bejahung gekommen: ‹Jetzt habe ich einen Körper, doch in der Zukunft werde ich keinen haben.› Deshalb sagte er kein Wort.

Für den Buddha ist DAS weder Existenz noch Nicht-Existenz. ES hat keinen Anfang, also wurde ES nicht geschaffen. Aber wenn es im ganzen Universum keinen Anfang gäbe, wäre überhaupt nichts vorhanden. DAS ist ein Sein, - wir können nicht darüber sprechen, doch DAS existiert. Wir können nicht sagen DAS existiere nicht. In diesem Fall sind die Worte ‹ja› oder ‹nein› vollkommen nutzlos. Wir brauchen dieses Sein weder zu verneinen noch zu bejahen. Verneinung und Bejahung gehören zum menschlichen Denken. Aber das große Sein hat nichts mit dem menschlichen Denken zu tun. DAS ist vor allem anderen dagewesen - vor der menschlichen Wahrnehmung, vor dem menschlichen Wort, vor dem menschlichen Denken. Also brauchen wir kein Wort darüber zu sagen. Wir enden bei avyakrta. Das ist der Anfang, die Mitte und das Ende des Buddhismus.

Fast jedermann ist damit einverstanden, Körper, Sinneswahrnehmung, Gedanken und das Unterbewußte als unwirklich zu betrachten, aber alle bejahen das zentrale Bewußtsein, vijnana. Das ist die Seele.

Warum hat der Buddha dann aber nicht gesagt: ‹Sicher, nach meinem Tod existiert Bewußtsein?› Warum bestätigte der Buddha dieses Bewußtsein nicht?

Das wäre nicht Buddhismus. Unser Bewußtsein existiert nach dem Tod nicht. Es existiert nur solange, wie es Spiegelung gibt. Wenn es keine Spiegelung gäbe, entstünde kein Bewußtsein. Bewußtsein erscheint, wenn der physische Körper mit seinen Sinnen erscheint. Wenn der physische Körper verschwindet, brauchen wir kein Bewußtsein. Wenn Bewußtsein sein eigenes Gewahrsein verliert, ist es nicht mehr Bewußtsein.

Wir können weder über Existenz noch über Nicht-Existenz sprechen. Wenn wir versuchen, etwas gedanklich zu erfassen, suchen wir immer nach einer Grundlage für den verbalen Ausdruck und bauen dann auf diesen verbalen Gedanken auf. Deshalb gelingt es uns nicht, die wirkliche Grundlage herzustellen. Buddhisten finden die Grundlage im Schweigen. Philosophen verschwenden Millionen von Wörtern, um die Definition des Lebens zu finden. Wir Buddhisten sagen kein Wort, doch die Definition ist hier: Schweigen. Das ist wirklich die Grundlage und die Definition des alltäglichen Lebens. Wir bewegen uns von dort aus. Ihr könnt euch natürlich zur Unterhaltung dem Denken hingeben und darin schwelgen, aber im Zen ist der Ausgangspunkt Schweigen, avyakrta. Auch die fünf skandhas beruhen darauf.

Die Hauptverse zu den Bardos

Aus dem Tibetischen Totenbuch

„Nun, da mir der Bardo der Geburt (dieses Lebens) dämmert, will ich die Faulheit aufgeben, für die in diesem Leben keine Zeit ist, will unbeirrt den Pfad von Lernen, Nachdenken und Meditation beschreiten, die Projektionen und den Geist zum Pfad machen und die drei Kayas verwirklichen; nun, da ich einmal einen Menschenkörper erlangt habe, bleibt dem Geist auf dem Pfad keine Zeit mehr zu schweifen."

„Nun, da mir der Bardo der Samadhi-Meditation dämmert, will ich die Vielzahl der Ablenkungen und Verwirrungen aufgeben und will im grenzenlosen Zustand ruhen ohne Greifen und Störung, sicher in den zwei Übungen: Visualisation und Vollendung. Zu dieser Zeit der Meditation, einsgerichtet und frei von Aktivität, will ich der Macht verwirrter Emotionen nicht verfallen."

„Nun, da mir der Bardo des Träumens dämmert, will ich den leichengleichen Schlaf gleichgültiger Ignoranz aufgeben und meine Gedanken ohne Ablenkung in ihren natürlichen Zustand eintreten lassen, indem ich die Träume kontrolliere und in Lichtheit verwandle. Ich will nicht schlafen wie ein Tier, sondern Schlaf und Praxis vollkommen vereinen."

„Nun, da mir der Bardo des Augenblickes vor dem Tode dämmert, will ich alles Greifen, Sehnen und Anhaften aufgeben, will unabgelenkt in das klare Gewahrsein der Lehre eintreten und mein Bewußtsein in den Raum des ungeborenen Geistes aussschleudern; nun, da ich diesen aus Fleisch und Blut zusammenge-

fügten Körper verlasse, werde ich ihn als vorübergehende Illusion erkennen."

„Nun, da mir der Bardo des Dharmata dämmert, will ich alle Regungen von Furcht und Panik aufgeben, will, was immer auch erscheint, als meine Projektion erkennen und als Vision des Bardo; nun, da ich diesen entscheidenden Punkt erreicht habe, will ich die Friedvollen und Zornvollen, meine eigenen Projektionen, nicht fürchten."

„Nun, da mir der Bardo des Werdens aufgeht, will ich meinen Geist einsgerichtet konzentrieren und versuchen, die Wirkung guten Karmas zu verlängern...

Dies ist die Zeit, die Standhaftigkeit und reine Gedanken erfordert..."

(Deutsche Fassung - nach der englischen Übersetzung von Sogyal Rinpoche -: Thomas Geist)

Quellennachweis

Ajahn Chah: Unser wirkliches Heim. Ein Lehrgespräch für eine ältere, dem Tode nahe Laienanhängerin und ihre versammelte Familie, in: Lotusblätter, Nr. 4/1991, S. 17-24; Übersetzung: Manfred Wiesberger

Anagarika Govinda: Das Mysterium des Lebens und des Sterbens, in: Schöpferische Meditation und Multidimensionales Bewußtsein, Freiburg 1982, S. 231-233 (Aurum Verlag)

Anagarika Govinda: Die Überwindung des Todes, in: Schöpferische Meditation und Multidimensionales Bewußtsein, Freiburg 1982, S. 229-231 (Aurum Verlag)

Bokar Rinpoche: Der Tod der anderen, in: Der Tod und die Kunst des Sterbens im Tibetischen Buddhismus, Mechernich 1992, S. 74-88 (Kagyü-Dharma-Verlag Peter Wägerle)

Chögyam Trungpa: Umgehen mit dem Tod, in: Dharma-Nektar, Nr. 2-3/1991, S. 29-32; Übersetzung: Irmtraud Schlaffer

Daishin Morgan: Gedanken zum Thema Organtransplantation und Sterben, Erstveröffentlichung; deutsche Fassung: Stefan Lang

Daishin Morgan: Tod und Vergänglichkeit im Buddhismus, in: DBU (Hrsg.): Einheit in der Vielfalt - Buddhismus im Westen, München o.J. (1994), S. 37 - 43; deutsche Fassung: Stefan Lang

Debes, Paul: Die Fortexistenz in der Lehre des Buddha, in: Lotusblätter, Nr. 3/1993, S. 36-41

Frischknecht, Martin/Christine Longaker: Mitgehen durch Tod und Trauer, in: Spuren, Nr. 13/1989, S. 16-21; ebenfalls in: Dharma-Nektar, Nr. 2-3/1991, S. 22-28

Goenka, S.N.: Der Tod meiner Mutter - Ein Tod in Dhamma, in: Vipassana Newsletter, Nr. 1/1992, S. 8-9

Goenka, S.N.: Was geschieht im Moment des Todes?, in: Vipassana Newsletter, Nr. 1/1992, S. 1-4

Grimm, Georg/A. H. Leonowens: Ein echter Bhikkhu, in: Yana, Nr. 6/1992, S. 218 - 222; Zusammenfassung eines Berichts von A. H. Leonowens durch Georg Grimm; zuerst in: Buddhistischer Weltspiegel, 1921, S. 253 ff.

Heinsch, Klaus: Wiedergeburt - Glaube oder Realität?, in: Buddhistische Monatsblätter, Nr. 11/1992, S. 368-271 (in teilweise abweichender Fassung)

Kalu Rinpoche: Bardo, in: Dharma-Nektar, Nr. 2-3/1991, S. 2-6

Kassapa: Der Tod zeigt sein Gesicht, in: Bodhi-Baum Nr. 3-4/1988, S. 35-38; ebenfalls in: Lotusblätter, Nr. 4/1991, S. 12-16

Keller-Grimm, Maya: Im Angesicht des Todes, in: Yana, Nr. 5/1980, S. 172-182

Krasomil, Dean: Buddhistische Sterbevorbereitung und Sterbebegleitung, in: Dharma-Nektar, Nr. 2-3/1991, S. 33-36

Kruckenberg, Winfried: Die Todlosigkeit ist gefunden, in: Die Naturwissenschaften und die Lehre des Buddha, Leverkusen o. J. (1989), S. 17-22 (Selbstverlag)

Longaker, Christine: Hoffnung und Inspiration im Tod finden, in: Dharma-Nektar, Nr. 2-3/1991, S. 16-21

Nakagawa, Fumon S.: Der Tod aus der Sicht des Zen, Erstveröffentlichung; Redaktion: Eva de Buron

Neumeyer, Günter: Die Achtung vor dem Tod, in: Buddhistische Monatsblätter, Nr. 11/1992, S. 350-353

Pilartz, Jürgen: Über den Tod von Mayum Künsang Detschen, in: Dharma-Nektar, Nr. 2-3/1991, S. 44-45

Saß, Ekkehard: Am Sarg meiner Mutter, Erstveröffentlichung

Saß, Ekkehard: Eine buddhistische Betrachtung über Einsicht und Tod, Radio-Manuskript, NDR, 18.9.1988

Shigetsu Sasaki Sokei-an Roshi: Leben und Tod, in: Der Zen Weg zur Befreiung des Geistes, Zürich 1984; ebenfalls in: Lotusblätter, Nr. 3/1993, S. 19-23 (Theseus-Verlag)

Sogyal Rinpoche: Das Überleben des Bewußtseins, in: Lotusblätter, Nr. 4/1988-1/1989, S. 5-12; deutsche Fassung: Rigpa-Übersetzerteam

Sogyal Rinpoche: Der Tod aus tibetisch-buddhistischer Sicht, in: Im Spiegel des Todes, München/Berlin 1991, S. 3-14 (Hrsg.: DBU und Rigpa); deutsche Fassung: Karin Behrendt, Thomas Geist, Hans Hofinger

Thriemer, Edgar: Der Tod und Buddhas Weg, in: Lotusblätter, Nr. 4/1988-1/1989, S. 37-43

Thubten Ngawang: Tod - Bardo - Wiedergeburt, in: Tibet und Buddhismus, Nr. 2/1991, S. 8-16

Weil, Alfred: Begleitet sterben - geleitet sterben?, in: Bodhi Baum, Nr. 2/1992, S. 29-31 (unter dem Titel ‹Zur letzten Reise›)

Yeshe Tharchin: Erinnerungen an den Tod von Wilfried Behre, in: Dharma-Nektar, Nr. 2-3/1991, S. 48-49

Weitere Literatur (Auswahl)

Auster, Guido: Der Tod aus buddhistischer Sicht, in: Raguse, Siegfried (Hrsg.): Was erwartet uns nach dem Tod?, Gütersloh 1986 (2. Aufl.), S. 47-56

Braun, Claudia: Betrachtung des Todes, in: Buddhismus und Erziehung, Wien 1985, S. 97-107

Buys, H.: Wie stellen wir uns zum Tod?, in: Die Einsicht, Nr. 1-2/1959, S. 30-31

Chandra, Subhash S.: Das Phänomen des Todes im Denken Heideggers und in der Lehre Buddhas, Köln 1965

Chögyam Trungpa/Fremantle, Francesca (Hrsg.): Das Totenbuch der Tibeter, München 1991 (13. Aufl.)

Csak-Löbel, Eva: Sterben und Buddhismus, in: Chökor, Nr. 15, November 1993, S. 37-39

Dahlke, Paul: Der Reiche und der Tod, in: Wissen und Wandel, Nr. 11-12/1992, S. 164-168

Daishin Morgan: Zuflucht nehmen in jedem Augenblick, in Lotusblätter, Nr. 3/1992, S. 16-18

Dalai Lama: Tibetische Ansichten über das Sterben, in: Logik der Liebe, München 1989, S. 213-228

Dargyay, Eva/Lobsang Dargyay (Übers.): Das tibetische Buch der Toten, Bern 1981

Debes, Paul: Denken an den Tod, in: Wissen und Wandel, Nr. 9-12/1979, S. 336-343

Debes, Paul: Die Fortexistenz in der Lehre des Buddha, in: Wissen und Wandel, Nr. 7/1965-10/1965

Debes, Paul: Rückkehr ‹Gestorbener› aus verschiedenen Zeiten und Kulturen, in: Wissen und Wandel, Nr. 5-6/1980, S. 134-227

Debes, Paul: Tod ist keine Katastrophe, in: Wissen und Wandel, Nr. 1-2/1981, S. 44-47

Debes, Paul: Tod ist nicht Tod, in: Wissen und Wandel, Nr. 9-10/1977, S. 321-323

Deshayes Laurent/Irmtraut Schlaffer: Palden Pawo Rinpoche - Ein Nachruf, in: Dharma-Nektar, Nr. 2-3/1991, S. 47

Dharma-Nektar. Buddhistische Zeitschrift der Kagyü-Überlieferung, Schwerpunktheft: Den Tod verstehen, Nr. 2-3/1991

Evans-Wentz, Walter Y. (Hrsg.): Das Tibetanische Totenbuch oder die Nach-Toderfahrungen auf der Bardo-Stufe, Olten 1990 (17. Aufl.)

Fischer, Klaus: Darstellungen vom Tode auf einigen buddhistischen Kunstwerken, in: Klimkeit, Hans-Joachim (Hrsg.): Tod und Jenseits im Glauben der Völker, Wiesbaden 1983 (2. Aufl.), S. 158-174

Görtler, Hermann: Memento Mori, in: Die Einsicht, Nr. 8/1954, S. 124-125

Grimm, Georg: Der Samsaro. Die Weltenirrfahrt der Wesen, Büdigen-Gettenbach 1960 (2. Aufl.)

Grimm, Georg: Der Freitod in der Lehre des Buddho, in: Yana, Nr. 3/1992, S. 84-101 (ebenfalls: Yana, Nr. 1-2/1962)

Grimm, Georg: Die Todesfurcht und ihre Überwindung, in: Yana, Nr. 6/1989, S. 216-235

Hecker, Hellmuth: Kisagotami, in: Wissen und Wandel, Nr. 3/1972, S. 91-96

Hecker, Hellmuth: Patacara, in: Wissen und Wandel, Nr. 3/1972, S. 97-100

Hookham, Shenpen Susan: Die Erfahrung des Sterbens, in: Dharma-Nektar, Nr. 2-3/1991, S. 11-13

Hookham, Shenpen Susan: Vorbereitung auf den eigenen Tod, in: Dharma-Nektar, Nr. 2-3/1991, S. 14-15

Hopkins, Jeffrey/Lati Rinpoche: Stufen zur Unsterblichkeit. Tod, Zwischenzustand und Wiedergeburt im tibetischen Buddhismus, München 1990 (3. Aufl.)

Kantowsky, Detlef: Nicht-Ich und Wiedergeburt, in: Buddhismus, Freiburg 1993; ebenfalls in: Lotusblätter, Nr. 3/1993, S. 24-27

Karwath, Walter: Leben, Tod und Wiedergeburt, in: Bodhi-Baum, Nr. 3/1979-80, S. 155-166

Keller-Grimm, Maya: Gedanken zum Freitod, in: Yana, Nr. 5/1982, S. 148-158

Keller-Grimm, Maya: Tod, wo ist dein Schrecken?, in: Yana, Nr. 5/1993, S. 164-178

Krasomil, Dean: Psychologische Aspekte von Tod und Sterben in Ost und West, in: Dharma-Nektar, Nr. 2-3/1991, S. 37-41

Kruckenberg, Winfried: Sterben, Tod und was kommt dann?, in: Bodhi-Baum 3-4/1988, S. 41-45; ebenfalls in: Die Naturwissenschaften und die Lehre des Buddha, Leverkusen o. J. (1989)

Ladner, Max: Das Todlose, in: Die Einsicht, Nr. 4/1960, S. 97-102

Lauf, Detlef Ingo: Geheimlehren tibetischer Totenbücher, Braunschweig 1979 (3. Aufl.)

Levine, Stephen: Wer stirbt? Wege durch den Tod, Bielefeld 1991

Longaker, Christine: Der Scheideweg von Leben und Tod, in: Lotusblätter, Nr. 4/1991, S. 38-40

Longaker, Christine: Ein essentieller Rat für Betreuer, Angehörige und Freunde Sterbender, in: Rigpa Rundbrief, Nr. 3/1993, S. 19-31

Lotusblätter. Zeitschrift für Buddhismus, Schwerpunktheft: Im Spiegel des Todes - Tod und Sterben aus buddhistischer Sicht, Nr. 4/1991

Lotusblätter. Zeitschrift für Buddhismus, Schwerpunktheft: Wiedergeburt und Ichlosigkeit, Nr. 3/1993

Mullin, Glenn: Die Schwelle zum Tod, München 1987

Maronde, Curt: Selbstmord, in: Bodhi-Baum, Nr. 3/1978, S. 183-187

Olvedi, Ulli: Nun sag, wie hast du's mit der Reinkarnation?, in: Lotusblätter, Nr. 3/1993, S. 32-35

Onken, Kurt (Hrsg.): Buddhistische Bestattungsfeier, Bodhi-Blätter, Nr. 14, Dicken 1982

Padmasambhava: Die Quintessenz der mündlichen Unterweisung, in: Bercholz, Samuel/Sherab Chödzin (Hrsg.): Ein Mann namens Buddha. Sein Weg uns seine Lehre, Bern-München-Wien 1994, S. 341 - 347

Ray, Reginald A.: Wiedergeburt in der buddhistischen Tradition, in: Bercholz, Samuel/Sherab Chödzin (Hrsg.): Ein Mann namens Buddha. Sein Weg uns seine Lehre, Bern-München-Wien 1994, S. 348 - 359

Rigpa Rundbrief, Sondernummer: Tod, Sterben und Sterbebegleitung, Nr. 3/1993

Sagaster, Klaus: Grundgedanken des tibetischen Totenbuches, in: Klimkeit, Hans-Joachim (Hrsg.): Tod und Jenseits im Glauben der Völker, Wiesbaden 1983 (2. Aufl.), S. 175-189

Saß, Ekkehard: Abschied nehmen,, in: Buddhistische Monatsblätter, Nr. 11/1993, S. 327-329

Saß, Ekkehard: Den Tod fest in der Vorstellung haben, in: Buddhistische Monatsblätter, Nr. 10/1993, S. 295-296

Saß, Ekkehard: Gebrochen, giebelförmig, geknickt, abgezehrt, in: Vom Glück der Stille, Freiburg 1989, S. 76-83

Saß, Ekkehard: Gedanken über Tod und Sterben, in: Yana, Nr. 6/1987, S. 266-268

Saß, Ekkehard: Sterben lernen, in: Yana, Nr. 5/1989, S. 207-209

Saß, Ekkehard: Sterben lernen, in: Vom Glück der Stille, Freiburg 1989, S. 141-144 (nicht identisch mit Yana, Nr. 5/1989)

Schoenwerth, Christine: Über die letzten Dinge des Menschen, in: Yana, Nr. 6/1989, S. 250-261

Schmidt-Leukel, Perry: Die Bedeutung des Todes für das menschliche Selbstverständnis im Pali-Buddhismus, Sankt Ottilien 1984

Schumacher, Wolfgang: Buddhistische Philosophie - Tod und Wiedergeburt, in: Buddhistische Monatsblätter, Nr. 11/1992, S. 364-367

Sogyal Rinpoche: Das tibetische Buch vom Leben und Sterben, München 1993

Sogyal Rinpoche: Im Spiegel des Todes, München/Berlin 1991 (Hrsg.: DBU und Rigpa); auszugsweise in: Lotusblätter, Nr. 4/91, S. 3-11

Sogyal Rinpoche: Im Zyklus von Leben und Tod, in: Rigpa Rundbrief, Nr. 3/1993, S. 4-18

Sogyal Rinpoche: Jenseits von Geburt und Tod. Der Schlüssel zu den Bardos, in: Rigpa Rundbriefe 3/1990, S. 19-30, und 1/1991, S. 16-29; ebenfalls in: Im Spiegel des Todes, S. 3-42

Sogyal Rinpoche: Reflexionen zur Vergänglichkeit, in: Rigpa Rundbrief, Nr. 3/1992, S. 2 - 16

Thubten Ngawang: Tod, Bardo und Wiedergeburt im Tibetischen Buddhismus, Hamburg 1990 (3. Aufl.)

Vogel, Claus: Tod und Jenseits nach der Lehre des Buddha, in: Klimkeit, Hans-Joachim (Hrsg.): Tod und Jenseits im Glauben der Völker, Wiesbaden 1983 (2. Aufl.), S. 145-157

Weil, Alfred: Wege zur Todlosigkeit. Tod und Transzendenz in der Lehre des Buddha, Konstanz 1993

Yeshe Tharchin: Den Tod der hohen Lamas verstehen, in: Dharma-Nektar, Nr. 2-3/1991, S. 42-43

Zahblocki, Abraham: Leben und Tod der Mayum Künsang Detschen, in: Dharma-Nektar, Nr. 2-3/1991, S. 44-45; Übersetzung: Irmtraud Schlaffer

Danke!

Ein solches Buch kann nur unter der Mitwirkung vieler entstehen, die an dieser Stelle nicht unerwähnt bleiben dürfen. Gedankt sei den Autorinnen und Autoren für die Texte und den DBU-Mitgliedsgemeinschaften für die Unterstützung auf vielen Ebenen beziehungsweise den Verlagen für die Genehmigung des Nachdrucks.

Herzlichen Dank an Susanne Stackler für die große Hilfe bei der Erstellung des Manuskripts, an Eva de Buron, Sylvia Wetzel und Doris Wolter für die kritische Durchsicht der Einführung, an Heike Misskampf für das Korrekturlesen und an Thomas Geist für Satz und Layout.

A.W.

Die
Deutsche Buddhistische Union

Viele buddhistische Gemeinschaften unterschiedlicher Tradition in Deutschland haben sich zum Zweck des Erfahrungsaustausches und der Erfüllung gemeinsamer Aufgaben in der Deutschen Buddhistischen Union (DBU) lose zusammengeschlossen.

Die Geschäftsstelle der DBU in München informiert gern über die verschiedenen Richtungen, ihre Zentren und Aktivitäten. Von der DBU werden auch die "LOTUSBLÄTTER - Zeitschrift für Buddhismus" herausgegeben, die nun schon im 8. Jahrgang vierteljährlich erscheinen. Nähere Auskünfte über buddhistische Aktivitäten, ein kostenloses Probeexemplar der LOTUSBLÄTTER und ein Verzeichnis der lieferbaren Schriften erhalten Sie von der

DBU-Geschäftsstelle
Amalienstr. 71
80799 München
Tel. 089-280104 Fax 089-281053